잃어버린 역사를 찾는 책들 1

실증 환국사 **I**

실증 환국사 I

발행일초판 2015년 4월 30일
    2쇄 2017년 4월 30일
    3쇄 2022년 6월 10일

지은이 전문규
펴낸이 손형국
펴낸곳 (주)북랩
편집인 선일영   편집 정두철, 배진용, 김현아, 박준, 장하영
디자인 이현수, 김민하, 김영주, 안유경   제작 박기성, 황동현, 구성우, 권태련
마케팅 김회란, 박진관
출판등록 2004. 12. 1(제2012-000051호)
주소 서울특별시 금천구 가산디지털 1로 168, 우림라이온스밸리 B동 B113~114호, C동 B101호
홈페이지 www.book.co.kr
전화번호 (02)2026-5777   팩스 (02)2026-5747

ISBN   979-11-5585-534-8 04910(종이책)   979-11-5585-535-5 05910(전자책)
           979-11-5585-538-6 04910(세트)

(주)북랩 성공출판의 파트너
북랩 홈페이지와 패밀리 사이트에서 다양한 출판 솔루션을 만나 보세요!
홈페이지 book.co.kr   • **블로그** blog.naver.com/essaybook   • **출판문의** book@book.co.kr

작가 연락처 문의 ▸ ask.book.co.kr
작가 연락처는 개인정보이므로 북랩에서 알려드릴 수 없습니다.

잃어버린 역사를 찾는 책들 1

실증 환국사 I

전문규 지음

한 민족의 기원은 그 민족의 정체성과 밀접한 관계를 갖고 있기에 반드시 알아야 한다. 아쉽게도 우리는 우리 민족의 첫번째 나라인 환국이 처음 어디에 개구했는지조차 제대로 모르고 있다.

북랩 book Lab

서문(序文)

  필자는 역사연구가(歷史硏究家)라고 자칭(自稱)한다. 왜냐하면 필자는 대학에서 과학을 전공한 사람으로, 역사를 전공하지 않아 역사학자는 아니기 때문이다.

  우리나라는 역사 전공 여부와는 상관없이 연구 성향에 따라 강단사학자(講壇史學者), 재야사학자(在野史學者)로 분류한다. 또한 단군(檀君) 역사를 어떻게 인식하느냐에 따라 식민사학자(植民史學者) 또는 민족사학자(民族史學者)라고 구별하기도 한다. 한편 우리 민족의 상고사 영역에 대한 연구 철학에 따라 반도사관(半島史觀), 만주사관(滿洲史觀), 대륙사관(大陸史觀)으로 분류한다. 이런 분류로 본다면 필자는 대륙사관을 가진 재야사학자이자 민족사학자로 구별할 것이다. 그러나 이러한 구별은 한민족의 역사 연구를 연구 성향에 따라서 편을 가르는 바람직하지 않은 파벌주의(派閥主義)라고 생각되어 역사연구가라고 자칭하였으며, 앞으로도 이렇게 불러주길 바랄 뿐이다. 역사를 전공하지 않아도 열정만 있으면 역사를 연구할 수는 있다. 역사는 한 시대의 기록이다. 그 역사 기록에 대한 평가는 평가하는 시대에 따라서 달라질 수도 있다. 그래서 다양한 시각으로 기록된 역사서들은 후대에 다양한 방향에서 평가할 수 있는 기초를 제공한다. 이런 관점에서 졸저를 평가해 주기를 바란다.

  이 책의 핵심 주제는 다섯 가지이다. 한민족 최초의 나라 환국(桓國)의 역사를 실증적으로 살펴보고자 가장 많이 알려져 있는 상고사(上古史)의 핵심 주제를 연구하였다.

첫째, 승(僧) 일연의 ≪삼국유사(三國遺事)[1]≫에 소개된 **환인(桓因)**이다. 한민족(韓民族) 상고사의 핵심 인물임에도 역사학계에서는 신화의 인물로만 생각하고 누구인지 설명하지 않았다. 수많은 한민족 사서에 등장하는 환인(桓因)은 누구인가? 스스로에게 물어 보라! ≪삼국유사(三國遺事)≫에 등장하는 환인(桓因)이 누구인지? 정확한 답변을 듣기가 어려울 것이다. 이것이 우리 역사교육의 현실이다. 현 역사학계에서는 환인(桓因)의 기록을 부정하지 못하고 있다. 부정할 수 없으면 연구를 해야 하는데, 연구조차하지 않고 무관심으로 일관한다. 환인(桓因)은 ≪조선왕조실록≫에도 많은 기록으로 남아있다. 환인(桓因)은 상고역사를 풀어줄 열쇠이다. 또한 구환족(九桓族)에 대해서도 상세하게 알아보았다.

둘째, 환인(桓因)의 나라 **환국(桓國)**에 관한 이야기이다. 현재 역사학계에서는 '환국(桓國)은 없다.'라고 한다. 그러나 역사의 기록은 환국(桓國)을 기록하고 있다. 그것도 명확하게 기록하고 있다. 또한 ≪환단고기(桓檀古記)≫에 최초로 기록된 12환국(十二桓國)에 대해서도 역사자료들를 상세하게 살펴보았다. 많은 시간을 연구한 끝에 사서의 원본을 구하여 함께 기록하였다. 열두 나라의 이름을 사서를 통하여 찾을 수 있었다. 지금까지 고의적으로 위서(僞書)로 취급하여 찾지 않았기 때문에 발견되지도 않은 것이다. 따라서 본서의 역사 연구는 가능성을 찾아 나선 첫 결실이다. 그러나 아직도 정확한 위치를 추정하기에는 많은 연구가 이루어져야 한다. 환국의 국화인 환화(桓花)에 대해서도 연구하였다. 중요한 사실은 구환족의 역사만큼이나 유구한 세월 동안 한민족과 함께 해온 무궁화의 역사는 민족사의 진실을 대변하고 있다는 점이다. 따라서 무궁화의 역사성 또한 살펴보고자 한다.

---

[1] 고(故) 손본기교수 파른본 ≪삼국유사(三國遺事)≫는 환인(桓囯)으로 기록하고 있다.

셋째, 환인(桓因)의 나라 환국(桓國)이 터전을 삼았던 곳을 연구하였다. 환국(桓國) 최초의 터전은 흑수백산(黑水白山)의 **백산(白山)**이었다. 후에 구환족(九桓族)의 후손인 흉노족(匈奴族)이 천산(天山)으로 고쳐 불렀다. 순수한 우리말로는 파내류산(波奈留山)이라고 불렀다. 또한 환국을 파내류산(波奈留山) 아래 있다고 해서 파내류국(波奈留國)이라고 하였다. 만약에 파내류산(波奈留山)의 비밀이 밝혀진다면 환국은 바로 파내류산(波奈留山) 아래 있었던 것이다. 실증(實證) 환국사(桓國史)에서 필자는 파내류산(波奈留山)의 비밀을 상세하게 밝혀 놓았다. 이 비밀이 밝혀지면 자연스럽게 구환족(九桓族)의 이동 경로를 추적하여 알 수 있게 되는 셈이다. 그곳이 비록 지금 우리의 영토가 아닐지라도 우리 민족의 시원지라는 사실은 알고 있어야 할 것이다.

넷째, 환국(桓國) 최초의 터전은 '흑수백산(黑水白山)이라.'라는 기록이 있다. 여기에서는 **흑수(黑水)**, 천하(天河), 천해(天海), 북해(北海)에 대해서 상세하게 연구해 보고자 한다. 우리나라 상고사 서적의 모든 연구가 흑수(黑水)는 흑룡강(黑龍江)이라 하고, 천하(天河), 천해(天海), 북해(北海)를 바이칼 호라고 추정한다. 또한 백산(白山)은 백두산(白頭山)이라 한다. 이 부분에 대해서 명확하게 잘못 추정하고 있음을 설명하고 다양한 연구 자료를 통하여 우리 민족의 터전을 밝히고자 한다.

다섯째, 환국(桓國) 최초의 도읍지를 살펴보고자 한다. **아이사타(阿耳斯陀)**와 **사타리아(斯陀麗阿)**라고 기록한 도읍지명이 후에 《삼국유사(三國遺事)》에서는 **아사달(阿斯達)**로 기록되어 있다. 그러나 아사달(阿斯達)에 대한 연구는 각주에 몇 줄 정도로만 설명하고 있다. 환국(桓國)이 최초의 국가였다면 그 문화적 파장은 인류에게 큰 영향을 주었을 것이다. 특히 지명(地名)은 많은 지역에 영향을 주었다. 특히 중앙아시아 지역에는 그 이름이 지금까지 잘 보전되어 있다. 또한 태백산(太白山)에서 하늘에 제사를 지냈던 제천문화가 그대로 전수되어 전세계 곳곳에 태백(太白)이란 지명이 지금까지 남아 있다. 또한 ≪삼국유사(三國遺事)≫에도 삼위태백(三危太伯)으로 기록되어 있다. 전세계에 건축되어 있는 거석문화의 근원은 **태백(太白)문화**이다. 그 역사의 현장을 정리하여 보았다.

특히 태백(太白)이란 이름은 전세계 고대 문명(文明)을 건설하는 토대가 되었다. 이름하여 "**태백문명론(太白文明論)**"이다. 그 역사 유적을 정리하였다.

이 책은 논쟁의 소지가 많은 부분을 연구의 대상으로 다루었다. 연구의 결과가 항상 옳은 수는 없다. 오직 그 때까지 발견된 모든 문헌을 치열하게 찾고 끈질기게 연구하여 최선을 다할 뿐이다. 후학들이 더 많은 연구를 통하여 새로운 사실을 밝혀낸다면 잘못된 연구라고 비판을 받을 수도 있다고 본다. 필자 또한 그런 철학적 생각으로 기존의 역사 연구를 비판하고 역사의 진실을 찾으려고 노력하였다. 다소 비판의 정도가 심할지라도 이는 역사 연구의 정신을 비판한 것이지 개인의 인격을 비판하지 않았음을 밝혀두고자 한다. 이 연구서가 책으로 편찬될 수 있도록 도와준 많은 분들에게 감사의 마음을 전한다.

환국기원(桓國紀元) 9212년
배달국 신시개천(神市開天) 5912년
단군기원(檀君紀元) 4348년
서력기원(西曆紀元) 2015년 을미년(乙未年) 광복70년 봄
전문규

차 례

서문__4

일러두기__15

 환인(桓因)

제1절 환인(桓因)   19

1. 삼국유사三國遺事 환인桓因 기록 ······························ 21

2. 제왕운기帝王韻紀 환인桓因 기록 ···························· 25

3. 규원사화揆園史話 환인桓因 기록 ···························· 31

4. 응제시주應製詩註 환인桓因 기록 ···························· 33

5. 조선왕조실록 환인桓因 기록 ································ 36

　1) 조선왕조실록 환인桓因 기록 / 39

　2) 세종실록지리지 환인桓因 기록 / 44

　3) 조선왕조의 수서령收書令 / 47

6. 동사보유東史補遺 환인桓因 기록 ························· 70

7. ≪환단고기≫〈삼성기전 상편〉 환인 기록 ·················· 72

8. ≪환단고기≫〈삼성기전三聖紀소 하편〉의 환인 기록 ····· 75

  1) ≪장자莊子≫ 제9장 혁서씨赫胥氏의 환인 기록 / 77

  2) ≪사기史記≫〈삼황본기이三皇本紀二〉의 환인 기록 / 79

9. 〈태백일사〉〈삼신오제본기三神五帝本紀〉의 환인 기록 ··· 83

10. 〈태백일사〉〈환국본기桓國本紀〉의 환인 기록 ············· 85

11. ≪부도지符都誌≫의 환인桓因 기록 ······················· 87

12. 기언記言 환인씨桓因氏 기록 ···························· 89

13. 환인桓因 기록의 의미 ································· 91

  1) 한민족의 상고사 환인 기록 분석 / 91

  2) 환인桓因에 대한 호칭의 의미 / 93

  3) 환桓의 의미와 기원起源 / 98

제2절 구환족(九桓族)   101

1. 〈삼성기전 하편〉 구환족九桓族 기록 ···················· 102

2. 〈태백일사〉 구환족九桓族의 기록 ······················· 104

3. ≪후한서後漢書≫〈동이열전東夷列傳〉 기록 ················ 107

4. 사마정司馬貞 ≪사기색은史記索隱≫ 기록 ··············· 111

5. 〈단군세기檀君世紀〉 구환족 기록 ····················· 112

제2장 환국(桓國)

제1절   환국(桓國)   116

1. ≪환단고기桓檀古記≫ 〈삼성기전三聖記全 상편〉 ········· 117

2. ≪환단고기桓檀古記≫ 〈삼성기전三聖紀全 하편〉 ········· 120

3. 〈태백일사〉 〈삼신오제본기三神五帝本紀〉 ··················· 122

4. 〈태백일사太白逸史〉 〈환국본기桓國本紀〉 ················· 123

5. ≪삼국유사三國遺事≫의 환인桓因과 환국桓国 ········· 125

   1) ≪삼국유사三國遺事≫ 파른본의 환인桓因 기록 / 126

   2) ≪삼국유사≫ 정덕본正德本의 환국桓国 기록 / 132

   3) 석유환국昔有桓国과 석유환인昔有桓因 / 136

   4) 서자환웅庶子桓雄 / 149

6. 남구만南九萬의 ≪약천집藥泉集≫ 환국 기록 ············· 154

7. 유광익柳光翼의 ≪풍암집화楓巖輯話≫ 환국 기록 ········ 156

8. 이종휘李種徽의 ≪수산집修山集≫ 환국 기록 ············· 158

9. 정황丁潢의 ≪유헌집游軒集≫ 환국桓國기록 ············· 159

10. 이복휴李福休 ≪해동악부海東樂府≫의 환국 기록 ······· 160

11. ≪관암전서冠巖全書≫ 환국桓國 기록 ····················· 162

12. 환국桓國 기록의 의미 ····································· 164

   1) 환국桓國에 대한 현 역사학계의 인식 / 164

   2) 환국桓國 기록에 대한 부정 현황 / 167

제2절 십이환국   169

   1) ≪환단고기桓壇古記≫〈삼성기전 하편〉 / 170

   2)〈태백일사〉〈환국본기〉 / 173

1. 12환국-비리국(卑離國, Biri-guk) ·············· 178

   1) 진수陳壽 ≪삼국지≫ 비리국(卑離國, Biri-guk) / 179

   2) ≪진서≫〈사이전〉 비리국(卑離國, Biri-guk) / 183

   3) 비리국에 대한 ≪요사遼史≫ 자료 / 185

   4) 광개토경평안호태황비廣開土境平安好太皇碑 / 187

   5) 비리국(卑離國, Biri-guk)에 대한 지도 / 190

2. 양운국(養雲國, Yangun-guk) ·············· 197

   1)〈단군세기〉 십오세十五世 단군대음檀君代音 / 198

   2)〈단군세기〉 이십일세二十一世 단군소태檀君蘇台 / 200

   3)〈단군세기〉 이십칠세二十七世 단군두밀檀君豆密 / 202

   4) ≪진서≫ 양운국 / 204

   5) 양운국에 대한 지리地理 자료 / 206

3. 구막한국(寇莫汗國, Gumakhan-guk) ·············· 207

   1) ≪진서≫〈사이전〉의 구막한국寇莫汗國 기록 / 207

   2) ≪진서≫의 구막한국 기록 / 209

   3) 구막한국 에 대한 지리地理 자료 / 211

4. 구다천국勾茶川國 독로국瀆盧國 ·············· 212

   1)〈태백일사〉〈환국본기〉 구다천국 / 212

   2)〈단군세기檀君世紀〉 구다천국勾茶川國 기록 / 216

   3) ≪삼국사기三國史記≫〈고구려본기高句麗本紀〉 / 219

   4) 구다국句茶國의 옛 이름 독로국瀆盧國 / 220

5. 일군국—羣國 ·· 223

　　1) ≪진서≫ 〈사이전〉의 일군국—羣國 기록 / 224

　　2) 단군세기 이십일세二十一世 단군소태檀君蘇台 / 225

　　3) 〈북부여기北夫餘記〉 3세 단군三世 檀君 / 228

6. 우루국虞婁國, 필나국畢那國 ······························· 230

　　1) ≪신당서新唐書≫ 〈북적전北狄傳〉 〈흑수말갈전黑水鞨傳〉
　　　/ 231

　　2) 〈단군세기〉 십오세十五世 단군대음檀君代音 / 233

　　3) 〈태백일사〉 〈대진국본기大辰國本紀〉 / 235

7. 객현한국客賢汗國 ·· 237

　　1) 광개토경평안호태황비廣開土境平安好太皇碑 / 237

8. 구모액국勾牟額國 ·· 238

　　1) 광개토경평안호태황비廣開土境平安好太皇碑 / 238

9. 직구다국稷臼多國, 매구여국賣勾餘國 ················· 240

　　1) ≪환단고기≫ 〈태백일사〉 〈환국본기〉 / 241

　　2) ≪삼국사기≫ 매구여국賣勾餘國 / 242

　　3) 광개토경평안호태황비廣開土境平安好太皇碑 / 243

10. 사납아국斯納阿國 ·· 245

　　1) 〈태백일사〉 〈신시본기神市本紀〉 기록 / 245

　　2) 〈태백일사〉 〈고구려본기高句麗本紀〉 / 247

　　3) ≪조선왕조실록≫ 〈세종실록지리지〉 〈평안도〉 〈평양부〉
　　　/ 248

　　4) 안함로 〈삼성기三聖記 상편〉 / 251

11. 선비이국(鮮卑爾國, Seonbi-guk) ·· 254

　　1) ≪삼국사기≫ 선비鮮卑 기록 / 256

　　2) 〈단군세기〉 선비산鮮卑山에 대한 기록 / 258

　　3) 〈태백일사〉〈고구려본기〉 선비鮮卑 / 259

　　4) 〈태백일사〉〈대진국본기〉 선비鮮卑 / 261

　　5) ≪중국사고지도집中國史稿地圖集≫ 선비鮮卑 / 262

12. 수밀이국(須密爾國, Sumiri-guk) ·· 263

　　1) 〈단군세기〉 십오세단군十五世檀君 대음代音 / 264

　　2) 〈단군세기〉 이십칠세단군二十七世檀君 두밀豆密 / 265

　　3) 수밀이국須密爾國과 수메르(Sumer) / 267

13. 십이환국 연구의 의미 ·· 269

제3절　환화(桓花)　　　　　　　　　　　272

1. 무궁화 기록 ≪환단고기≫ 환화桓花 ···························· 276

2. 무궁화 기록 ≪성경≫ A rose of Sharon ···················· 280

3. ≪산해경山海經≫ 훈화초薰華草 기록 ····························· 281

4. ≪단군세기≫ 5세 단군 구을 환화 기록 ····················· 284

5. ≪단기고사檀奇古史≫ 근수槿樹 기록 ···························· 286

6. ≪단군세기≫ 11세 단군 도해 환화 기록 ··················· 287

7. ≪단군세기≫ 13세 단군 흘달 환화 기록 ··················· 289

8. ≪규원사화揆園史話≫ 훈화薰華 기록 ···························· 290

9. ≪단군세기≫ 16세 단군 위나 환화 기록 ·················· 291

10. ≪시경詩經≫ 순화舜華 기록 ····································· 294

11. ≪고운선생문집≫ 근화향槿花鄕 기록 ······················ 295

12. 무궁화 기록의 의미 ································· 297

참고문헌__ 299

일러두기

1. 이 책은 인용한 고전 원본을 복사하여 [원문]을 옮겨 적고 직접 [해석]을 하여 독자로 하여금 원본에 대한 이해를 돕고자 하였다.

2. 구성은 '장'과 '절'로 하였다.

3. 부호의 의미는 다음과 같다.
   ≪ ≫책, 잡지, 신문 이름을 표기한다.
   〈 〉문헌속의 부(部), 편(編), 기(記), 지(誌) 등 편명을 표기한다.
   [ ] 인용문을 표기한다.
   " " 대화체를 묶는다.
   ' '시나 글의 제목을 표기하고 강조할 단어와 문구를 묶는다.
   ( ) 추가 설명을 기록한다.

4. 도표, 그림 부연 성명
   [도표01~]도표를 첨부하였다.
   [그림01~]그림, 사진, 자료를 첨부하였다.

제1장

환인(桓因)

실증實證 환국사桓國史라는 역사 이야기를 시작하려한다. 1980년대 이후 상고사上古史 연구가 30년이 넘도록 지속되고 있지만, 우리 한민족 최초의 국가인 환국桓國에 대해서는 알려진 사실이 몇 가지밖에 없다. 그러나 그 몇 가지 단서에 주목하려 한다. 유구한 세월 동안 몇 가지 정보라도 전해진 것은 천만다행이다. 그 첫번째 단서가 바로 환인桓因이다. ≪조선왕조실록≫ 중 〈세종실록〉에는 단인천왕檀因天王으로 기록되어 통치자 호칭으로도 기록하고 있다. 사람들이 모여들어 나라를 형성하게 되는데, 그 사람들의 우두머리를 먼저 역사 기록에서 찾아 보고자 한다.

제1절에서는 환인桓因의 역사 기록들과 그 역사 기록이 신화가 아닌 실존 역사임을 몇 가지 주제를 가지고 설명할 예정이며, 조선왕조 시대의 수서령收書令에 의한 상고사 역사책의 수거로 역사를 잃어버리게 된 사연을 정리하려고 한다. 또한 환인桓因을 기록한 역사 서적들을 상세하게 찾아내어 원문과 함께 해석을 통하여 그 의미를 재해석하고자 한다. 현 역사학계에서는 환인의 기록은 부정하지 못하고 신화의 인물 정도로만 취급하고 연구는 전혀 하지 않는다.

제2절에서는 환인桓因께서 환국桓國을 건국하시고 구환족九桓族으로 분화되어 다스리시게 되는 과정과 구환족에 대해서 역사 자료를 통하여 상세하게 연구해 보고자 한다. 그럼 먼저 제1절 환인桓因의 기록을 살펴보도록 하겠다.

환국桓國의 건국자建國者이시고 통치자이신 환인천제桓因天帝의 기록은 사서별로 차이가 있다. ≪환단고기桓檀古記≫〈삼성기전三聖記全〉 상편上篇에는 환인桓因, 하편에는 환인桓仁, 혹왈단인或日檀仁이라 하여 단인檀仁으로 기록되어 있다. ≪삼국유사三國遺事≫ 파른본에서는 환인桓因으로 기록하고 있으며, 간혹 단인檀因으로도 기록하고 있다. 여러 사서에서 환인桓因으로 가장 많이 기록하고 있다. 본서에서는 환인桓因으로 기록하고자 한다.

환인桓因을 기록한 사서는 일연一然의 ≪삼국유사三國遺事≫ 파른본, 이승휴李承休의 ≪제왕운기帝王韻紀≫, 북애자北崖子의 ≪규원사화揆園史話≫, 권람權擥의 ≪응제시주應製詩註≫, ≪조선왕조실록朝鮮王朝實錄≫과〈세종실록지리지〉, 조정趙挺의 ≪동사보유東史補遺≫, ≪환단고기≫의〈삼성기전 상편〉〈삼성기전 하편三聖紀全 下篇〉〈삼신오제본기三神五帝本紀〉〈환국본기桓國本紀〉, 박제상朴堤上의 ≪부도지符都誌≫, 허목許穆의 ≪기언記言≫등에서 환인 기록과 7대 환인 기록이 상세하게 나와 있다.

[도표 001] 환국의 통치자 환인桓因을 기록한 주요 사서

상고사적 上古史籍	기록	비고
삼국유사 파른본 三國遺事	환인 桓因	일연 一然
제왕운기 帝王韻紀	환인 桓因	이승휴 李承休
규원사화 揆園史話	환인 桓因	북애자 北崖子
응제시주 應製詩註	환인 桓因	권람 權擥
조선왕조실록 朝鮮王朝實錄	환인 桓因	조선왕조실록 朝鮮王朝實錄
동사보유 東史補遺	환인 桓因	조정 趙挺
삼성기전 상편 三聖記全 上篇	환인 桓因	환단고기 桓檀古記
삼성기전 하편 三聖紀全 下篇	환인 桓仁	환단고기 桓檀古記
삼신오제본기 三神五帝本紀	환인 桓仁	환단고기 태백일사 桓檀古記 太白逸史
환국본기 桓國本紀	환인 桓仁	환단고기 태백일사 桓檀古記 太白逸史
부도지 符都誌	환인 桓因	박제상 朴堤上
기언 記言	환인 桓因	허목 許穆

① 삼국유사三國遺事 환인桓因 기록

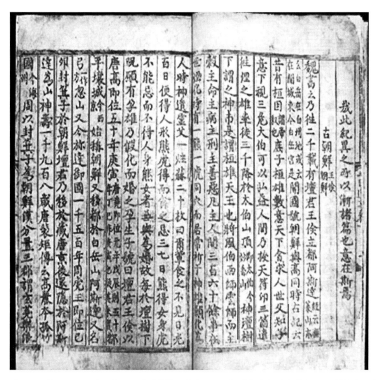

[그림 001] 위 ≪삼국유사≫판본은 연세대학교에서 2013년 기증받아 보관중인 고故 손보기 교수의
파른본 《삼국유사》이다. 조선 중종 7년 1512년(壬申年) ≪삼국유사≫ 정덕본보다 이른
조선초기 간행본이다. 정확한 간행 연도는 알 수 없다. 단, ≪삼국유사≫ 정덕본보다는 먼
저 간행된 초판본이다. 손보기 교수는 생전에 판본을 공개하지 않았으며, 사후에 가족을
통하여 공개되었다. ≪삼국유사≫ 파른본에서는 석유환인昔有桓因으로 기록하고 있다.

[원문原文]

古記云 昔有桓因(謂帝釋也) 庶子桓雄
고 기 운 석 유 환 인 위 제 석 야   서 자 환 웅

數意天下 貪求人世 父知子意
삭 의 천 하 탐 구 인 세 부 지 자 의

下視三危太伯 可以弘益人間
하 시 삼 위 태 백 　 가 이 홍 익 인 간

乃授天符印三箇 遣往理之 雄率徒三千
내 수 천 부 인 삼 개 　 견 왕 리 지 　 웅 솔 도 삼 천

降於太伯山頂(卽太伯今妙香山) 神壇樹下
강 어 태 백 산 정 즉 태 백 금 묘 향 산 　 신 단 수 하

謂之神市 是謂桓雄天王也
위 지 신 시 　 시 위 환 웅 천 왕 야

[해석解釋]

옛 기록에 이르기를, 옛적에 환인桓因[2]이 있었다. (제석을 이른다.) 서자부에 환웅桓雄께서 계셨다. 항상 천하에 뜻을 두었으며, 인간 세상을 탐구하였다. 아버지께서 자식의 뜻을 아시고 삼위태백三危太伯을 살펴보시니 가히 인간을 널리 이롭게 할 만한 곳이라. 이에 천부인 삼개를 전수하시고, 그 이치로써 다스리게 하였다. 환웅께서 무리 3천 명을 이끌고 가셨다. 태백산太伯山 정상 (즉 태백은 현재의 묘향산[3])의 신단수 아래로 내려가셨다. 이름하여 신시神市이며, 환웅천왕桓雄天王이시다.

≪삼국유사三國遺事≫ 기이紀異 제일第一 고조선古朝鮮 왕검조선王儉朝鮮편에 있는 기록이다. (일연一然, 1206~1289) 스님은 고려 후기의 인물이다. ≪삼국유사≫에는 고기 원문을 인용하여 고대 기록을 편찬하였다. 그러나 고려시대에 편찬된 원본은 전해지지 않는다. 조선 초기에 간행되어 2013년에 공개된 손보기 교수의 ≪삼국유사≫ 파른본에 석유환인昔有桓因과 조선 중종

---

2 ≪삼국유사≫ 파른본은 환인의 인 자가 인(因) 자로 기록되어 있다. 옛 글자(古文)로 현재 글자체가 없어 사진복사로 기록하였다.

3 태백을 묘향산으로 추정하였다. 하지만 이는 잘못된 추정이다. 별도로 태백(太白)에 대해서 상세하게 설명하고자 한다.

1512년(壬申年)에 간행된 ≪삼국유사≫ 정덕본正德本에 석유환국昔有桓国 기록이 있다. 파른본의 석유환인昔有桓国에서 '인(国)' 자는 '나라 국(口) + 선비 사(士)' 자로 봐야 한다. 선비 사(士) 대신에 흙 토(土)라고 주장하는 경우도 있다. 파른본의 확대 사진을 살펴보면 선비 사(士) 자로 확인된다. 선비 사(士)나 흙 토(土)로 기록되어도 같은 글자인 인囚 자로 읽는다. 결론적으로 환국桓國을 건국하신 환인桓因에 대한 기록이 있다는 점이다. 물론 ≪삼국유사≫ 정덕본에는 환국 기록이 남아 있다. 위 문제는 상고사의 논쟁의 중심에 있는 주제로 제2장 환국桓國 편에서 상세하게 살펴보고자 한다.

이어진 ≪삼국유사≫ 기록에 수일천구백팔세壽一千九百八歲의 기록이 있다[4]. 즉 1908년의 단군 역사를 기록하고 있는 것이다. 이런 역사적인 단서는 역사 연구에서 매우 중요한 단서이다. 왜냐하면 단군의 자연 수명이 아니라 단군조선의 존속 기간이 될 수 있기 때문이다. 그러나 현 사학계는 이런 부분에 대해서 적극적인 연구를 하고 있지 않다.[5] 그냥 단군신화檀君神話로 취급하고 있는 것이다. 현 사학계에서 위서 논쟁이 없는 ≪삼국유사≫나 ≪삼국사기三國史記≫로는 이 문제를 풀어낼 수 없다. 현 사학계에서 위서라고 억지 주장을 하고 있는 ≪환단고기桓檀古記≫〈단군세기檀君世紀〉나 ≪단기고사檀奇古史≫의 기록을 활용하면 이 문제를 명확하게 풀어낼 수 있다. 어떻게 해서 1908세인지 알아보고자 한다.

---

[4] 단군은 중국 당나라 요임금이 즉위한 지 50년인 경인년(당고가 즉위한 원년은 무진(戊辰)년이다. 그러니 50년이면 정사(丁巳)년이요, 경인(庚寅)년이 아니다. 사실인지 아닌지 의심스럽다)에 평양성(지금의 평양)에 도읍하여 비로소 조선이라 하였다. 또 주나라 호왕(虎王: 武王)이 즉위한 기묘년에 기자箕子를 조선 왕으로 봉함에 단군은 장당경으로 옮기었다가 후에 아사달에 돌아와 숨어서 산신이 되었는데, 그때 나이 1908세이었다. ≪삼국유사三國遺事≫ 파른본

[5] 김원중, ≪삼국유사≫, 민음사, 2013년, 책 37쪽에 1908년에 대한 부연 설명이 없다.

[도표 002] 단군조선의 역대 단군표(단군세기 참고)

역대 단군	연도	단군조선(2096년)
1세 단군왕검	BC 2333년	(대륙)삼한三韓 송화강 아사달 1048년
21세 소태	BC 1286년	
22세 색불루	BC 1285년	삼조선三朝鮮 백악산 아사달 860년
43세 물리	BC 426년	
44세 구물	BC 425년	대부여大夫餘 장당경 아사달 188년
47세 고열가	BC 238년	

먼저 ≪환단고기桓檀古記≫〈단군세기檀君世紀〉의 단군조선 시대를 정리하여 보면 위의 도표와 같다.

여러 논란이 있지만[6] 단군조선 건국은 당요 25년 무진(戊辰)년 BC 2333년이 정설이다. ≪삼국유사≫에서는 측주에 나와 있는 것처럼 당고唐高 50년으로 기록하고 있다. 당요 25년 무진戊辰년 BC 2333년부터 21세 소태단군 BC 1286년까지 대륙삼한大陸三韓 송화강 아사달시대 1048년 기간과 22세 색불루단군 BC 1285년부터 43세 물리단군 BC 426년까지 삼조선三朝鮮 백악산 아사달시대 860년 기간을 합한 기간이 1908년이다. 이 기간을 단군의 나이로 1908년을 기록(壽一千九百八歲)한 것이다. 44세 구물단군에 이르러 대부여大夫餘로 국명이 변경되었기에 단군조선의 역사에서 제외한 것이다. 그러나 47세 고열가 단군 BC 238년까지 포함한 2096년이 단군조선의 실존 역사이다.

---

6 단군 기원에 대한 학설은 3가지이다. 요임금 즉위 원년설 BC 2,357년 갑진(甲辰)년, 요임금 25년설 BC 2,333년 무진(戊辰)년, 요임금 50년설 BC 2,308년 계사(癸巳)년 설이다.

② 제왕운기帝王韻紀 환인桓因기록

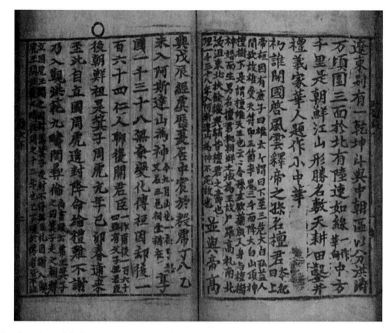

[그림 002] 고려 충렬왕 13년 1287년 이승휴가 쓴 역사서 ≪제왕운기≫. 보물 제418호. 곽영대 소장
본으로 환인 기록이 있다.

[원문原文]

初誰開國啓風雲　釋帝之孫名檀君
초 수 개 국 계 풍 운　석 제 지 손 명 단 군

並與帝高興戊辰　經虞歷夏居中宸
병 여 제 고 흥 무 진　경 우 역 하 거 중 신

於殷虎丁八乙未　入阿斯達山爲神
어 은 호 정 팔 을 미　입 아 사 달 산 위 신

亨國一千三十八　無奈變化傳桓因
향 국 일 천 삼 십 팔　무 내 변 화 전 환 인

却後一百六十四　仁人聊復開君臣
각 후 일 백 육 십 사　인 인 료 복 개 군 신

처음에 어느 누가 나라를 개국하여 풍운을 헤쳐 나갔는가? 석제釋帝의 손자 이름은 단군檀君7일세! 요堯임금과 같은 해에 나라를 세우니 무진년戊辰年이다. 우虞나라를 거쳐 하夏나라에 이르기까지 왕위王位에 계시었다. 은殷나라 호정(虎丁, 武王) 8년 을미乙未해에 아사달에 입산하여 신이 되셨다. 나라를 누리기를 1038년이라. 어찌 변화가 없었겠는가! **환인**桓因의 힘이로다. 그 뒤 164년 어진 사람께서 군신君臣의 길을 열었구나.

≪제왕운기帝王韻紀≫는 고려시대 충렬왕 13년에 이승휴(李承休 1224~1300년)가 찬한 역사서이다. 원본이 전해지고 있는 곳은 곽영대 소장본(보물 제418호), 동국대학교 소장본(보물 제895호), 삼성출판박물관 소장본(보물 제1091호) 등이 있다. 2권 1책으로 상권은 반고盤古로부터 금金나라까지 중국의 역사를 칠언시로 읊었으며, 하권은 1·2부로 나누어 단군부터 충렬왕까지의 역사를 서술하고 있다. 이 역사서에 최초의 환국桓國을 건국한 환인桓因의 기록이 있다.

1287년 충렬왕 13년 쓰인 ≪제왕운기≫는 상고사上古史 기록에서 많은 사실을 알려주고 있다. 먼저 단군조선의 시원이 바로 **환인**桓因으로부터 시작되었다는 사실이다. 분명하게 환인桓因으로 기록하였으며, 인因자도 인할 인因자를 사용하였다. 그런데 비슷한 시기인 1281년 충렬왕 7년에 쓰여진 ≪삼

---

7 곽영대 소장본 ≪제왕운기(帝王韻紀)≫ 단군檀君 측주 해석 : 본기(本紀)에 이르기를 '상제(上帝) 환인桓因에게 서자부(庶子部) 대인이 있으니 이름을 웅(雄)이라 하였다.' 환인桓因이 웅에게 이르기를 "하계(下界)에 내려가 삼위태백(三危太白)에 이르러 인간에게 크게 이롭게 할 수 있겠는가."라고 하문하였다. 이리하여 '웅이 천부인(天符印) 세 개를 받고 귀신 삼 천을 거느리고 태백산 정상에 있는 신단수(神檀樹) 아래에 내려왔으니, 이가 곧 단웅천왕(檀雄天王)이라고들 하였다. 손녀로 하여금 약을 먹어 사람의 몸이 되게 하여 단수신(檀樹神)과 혼인하여 아들을 낳으니 단군이라 하였다. 단군은 조선(朝鮮) 땅에 근거하여 왕이 되었다.' 라고 하였다. 이런 까닭에 시라(尸羅)·고례(高禮)·남북옥저(南北沃沮)·동북부여(東北扶餘)·예(穢)와 맥(貊) 모든 나라가 단군의 후예이다. 1038년을 다스리다가 아사달산(阿斯達山)에 들어가 신(神)이 되어 죽지 아니한 것이다.

국유사≫ 판본에 따라 파른본은 석유환인昔有桓因, 정덕본은 석유환국昔有桓国
으로 기록하였다. ≪제왕운기≫에서도 단군의 수명을 1038년으로 하였으
며, 164년과 그 이후에 928년의 역사를 말하고 있다. 이런 부분에 대해서 명
확하게 설명이 되어야 한다.

[도표 003] 사서별 단군조선 존속 기간 기록 비교표

사서	건국 유래	건국 시기 멸망 시기	존속 기간
삼국유사 1281년	환인桓因 환웅桓雄 단군壇君	당요50년 경인庚寅년 ~ BC425년	1908년 (1048년 +860년)
제왕운기 1287년	환인桓因 환웅桓雄 단군檀君	당요원년 무진戊辰년 ~ 을미乙未년 BC1286년	1028년 1038년
세종실록 지리지 1454년	환인桓因 환웅桓雄 단군檀君	무진戊辰년 BC2333년 ~ 을미乙未년 BC1286년	1038년
응제시주 1462년	환인桓因 환웅桓雄 단군檀君	무진戊辰년 BC2333년 ~ 을미乙未년 BC1286년	1048년
동국통감 1485년	단군檀君	무진戊辰년 BC2333년 ~ 을미乙未년 BC1286년	1048년

≪제왕운기≫에서는 단군의 수명이 판본에 따라 1028년 또는 1038년으로 기록되고, 〈세종실록지리지世宗實錄地志〉에서도 1038년으로 기록되었다. 그 이후에 1462년 권람權擥의 ≪응제시주應製詩註≫와 ≪동국통감東國通鑑≫에는 여러 사서를 참고하여 1048년으로 기록하였다. 결론적으로 1048년이 정설이 되었다.

또한 그 이후에 164년은 어떤 기간이며, 또한 928년 역사는 또한 무엇인가? 이 기록을 명확하게 설명하기 위해서는 ≪환단고기桓檀古記≫〈단군세기檀君世紀〉를 인용해야만 설명할 수 있다. 먼저 1048년은 대륙삼한大陸三韓 송화강 아사달시대로 BC 2333년 1세 단군왕검으로부터 BC 1286년 21세 소태단군까지이다. ≪제왕운기≫는 단군조선의 역사를 송화강 아사달 시대까지만 기술하였다. 즉 단군조선이 1048년에 끝나고 새롭게 164년의 공백 기간이 있었다고 인식하였다. 164년은 어떤 기록에 근거하였을까? 1048년 송화강 아사달 시대가 마무리되던 때가 21세 소태단군 BC 1286년이다. 이로부터 164년이 지난 시대는 은나라가 멸망하던 때인 BC 1122년이다. 이때 은나라가 멸망하던 때와 우리 단군조선과 무슨 관련이 있었는가? 기록을 살펴보자!

[원문原文]

於是武王乃封箕子於朝鮮 而不臣也
어 시 무 왕 내 봉 기 자 어 조 선 이 부 신 야

[해석解釋]

무왕武王은 기자箕子를 조선朝鮮에 봉하였다. 그러나 신하로 삼지는 못했다.

위 기록은 사마천司馬遷 ≪사기史記≫〈세가世家〉〈송미자세가宋微子世家〉에 나와 있다. 또한 복생伏生의 ≪상서대전尙書大傳≫과 반고의 ≪한서漢書≫ 그리고 진수陳壽 ≪삼국지三國志≫에도 기자箕子 관련 기록이 나와 있다.

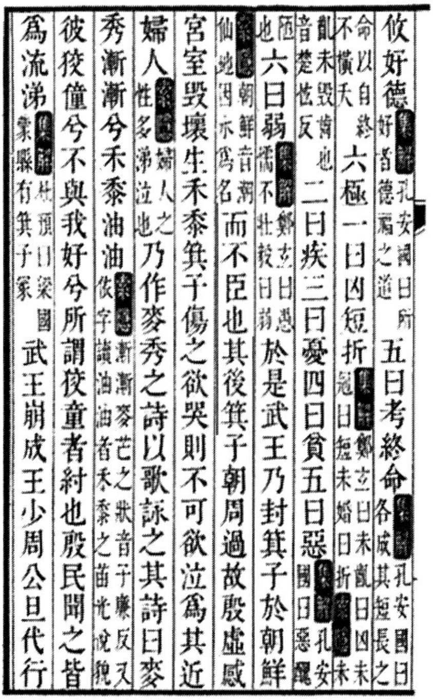
攸好德 [集解]孔安國曰所好者德福之道 五曰考終命 [集解]孔安國曰各成其短長之命以自終不橫夭 六極一曰凶短折 [集解]鄭玄曰未齓曰凶未婚曰折 齓未毀齒也音楚世反 二曰疾三曰憂四曰貧五曰惡 [集解]孔安國曰醜陋 六曰弱 [集解]鄭玄曰愚懦不壯毅曰弱 於是武王乃封箕子於朝鮮而不臣也 [索隱]朝鮮音潮仙 地因水為名 其後箕子朝周過故殷虛感宮室毀壞生禾黍箕子傷之欲哭則不可欲泣為其近婦人 [索隱]婦人之性多涕泣也 乃作麥秀之詩以歌詠之其詩曰麥秀漸漸兮禾黍油油 [索隱]漸漸麥芒之狀音子廉反又依字讀油油者禾黍之苗光悅貌 彼狡僮兮不與我好兮所謂狡童者紂也殷民聞之皆為流涕 [集解]杜預曰梁國蒙縣有箕子冢 武王崩成王少周公旦代行

[그림 003] 사마천 ≪사기≫〈세가〉〈송미자세가〉 청나라 판본(중국 북경사범대학 소장본)에 나와 있는 기자어조선箕子於朝鮮 기사. 결론적으로 역사의 사실과 부합하지 않는다. 잘못된 기사이다.

기자箕子는 상나라 제후국인 기국箕國을 다스리던 왕족으로 고조선을 다스린 왕은 아니다. ≪환단고기桓檀古記≫〈단군세기檀君世紀〉에 의하면 기자는 상나라가 망한 후에 상(은)나라 유민을 이끌고 고조선 국경지역인 산서성 태원太原으로 이주하여 6년 정도 살다가 고향 땅 하남성 서화현西華縣으로 돌아가 생을 마감하였다고 기록하고 있다. 중국 산동성 조현에 가면 왕성두촌에 기자묘箕子墓가있다. 그럼 역설적으로 이곳이 바로 고조선의 중심지였다는 것인가? 결론적으로는 기자가 단군조선 국경 지역으로 이주한 사건을 사마천은 조작하여 기자를 조선에 봉하였다는 〈기자조선설〉을 만든 것이다. 그러나 ≪제왕운기≫에서는 기자 조선을 단군조선의 송화강 아사달시대가 끝나고 BC 1286년 21세 소태단군에서 백악산 아사달의 22세 색불루단군으로

[도표 004] 단군조선의 역대 단군 시대표

역대단군	년도	단군조선	번한
1세 왕검	BC 2333년	대륙삼한 송화강 아사달 1048년	BC 2333년
~	~		번한
21세 소태	BC 1286년		BC 1286년
22세 색불루	BC 1285년	삼조선 백악산 아사달 860년	BC 1285년
~	~		(164년)
은 멸망	BC 1122년		BC 1122년
~	~		
43세 물리	BC 426년		
44세 구물	BC 425년	대부여 장당경 아사달 188년	번조선
			1092년
~	~		(928년)
47세 고열가	BC 238년		
준왕 멸망	BC 194년	2096년	BC 194년

정권교체되던 때로부터 은(商)나라가 망한 BC 1122년까지 164년의 공백 기간이 있었다는 기록이며, 기자를 조선에 봉했다는 중국 사서를 기준으로 하여 번조선의 마지막 왕인 75세 기준箕準왕의 멸망 시기인 BC 194년까지를 계산하여 존속 기간을 928년으로 계산하였던 것이다. 즉 단군조선 - 기자 조선 - 위만 조선으로 인식하고 있었던 것이다. 그러나 기자 조선은 잘못된 기록이며, 위만 조선은 변방을 찬탈한 위만 정권으로 이해해야 한다.

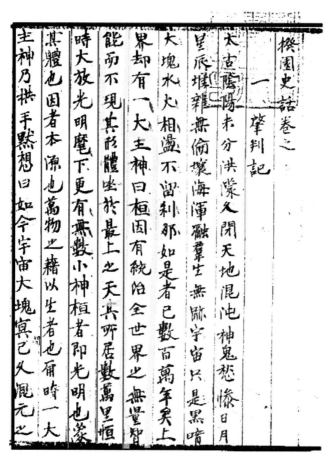

主神乃拱手默想曰如今宇宙大塊寘已久混元之

其體也固者本源也萬物之藉以生者也有時一大

時大放光明麗下更有無數小神桓者即光明也盞

能而不現其形體坐於最上之天其所居數萬里恒

界却有一大主神曰桓因有統治全世界之無量智

大塊水火相盪不留刹那如是者已數百萬年矣上

星辰壤雜無倫壞海渾融羣生無跡宇宙只是黑暗

太古陰陽未分洪濛乂開天地混沌神鬼愁悽日月

一、肇判記

揆園史話卷之

[그림 004] 1946년 5월 25일 국립중앙도서관 귀중본 629번, 고서 2105-1 등록. 이 ≪규원사화≫를 국립중앙도서관에서 1972년 11월 3일 이가원, 손보기, 임창순 3인의 고서심의위원이 심의를 거쳐 조선조 숙종 2년인 1675년에 작성된 진본임을 확인하고 국립중앙도서관 귀중본으로 지정한 자료임.

[원문原文]

一大主神曰 桓因有統治全世界之無量智能
일 대 주 신 왈　환 인 유 통 치 전 세 계 지 무 량 지 능

而不現其形體坐 於最上之 天其所居數萬里
이 불 현 기 형 체 좌 어 최 상 지 천 기 소 거 수 만 리

恒時大放光明 摩下更有無數小神
항 시 대 방 광 명 마 하 갱 유 무 수 소 신

桓者卽光明也 象其體也
환 자 즉 광 명 야 상 기 체 야

因者本源也 萬物之籍以生者也
인 자 본 원 야 만 물 지 적 이 생 자 야

[해석解釋]

　일대주신一大主神이 말씀하시기를 **환인桓因**이 계서서 무량한 지혜와 능력으로 전 세계를 통치하셨다. 그 형체는 보이지 아니하시고 최상의 하늘에 앉아 게시면서 사는 곳이 수만리였다. 항시 광명을 갈고 닦아 크게 내보내시고, 다시 아래로는 무수히 많은 작은 신神들이 있었으니 환桓 자는 광명光明이오. 밝다는 것은 그 형체를 말하는 것이다. 인因 자는 본원本源을 말하는 것이며 만물이 여기에서 생겨난 것이다.

　≪규원사화揆園史話≫는 북애자北崖子께서 찬하였으며, 1675년 을묘乙卯년 음력 3월 10일날 서문 기록이 있다. 1674년 8월 18일은 현종이 승하한 해로, 숙종 즉위년이고 1675년은 숙종 2년으로 상지이년上之二年의 서문과 일치한다. 원본이 국립중앙도서관 고서 귀중본실에 보관되어 있다.

　≪규원사화揆園史話≫는 환인桓因과 환웅桓雄, 단군檀君을 기록하여 삼성조三聖祖를 모두 역사의 사실로 기록하고 있다. 표현이 과장되었다고 해서 신화神話로 취급해서는 아니 되며, 그 과장된 역사의 시간대를 정확하게 증명하는 것이 역사학자들이 해야 할 일이다.

④ 응제시주應製詩註 환인桓因기록

≪응제시주≫는 세조8년 1462년 권람權擥이 지은 책이다. 권람의 조부 권근權近이 태조 5년 1396년에 명나라와의 외교 문제로 발생한 표전문表箋文 사건을 해명하기 위하여 명나라에 갔다. 명태조 주원장朱元璋이 조선에서 명에 보낸 표전表箋의 글귀 중에 불손한 말이 있다고 트집을 잡아 글을 지은 정도전鄭道傳을 소환하자, 그 글의 윤색潤色에 참여한 권근이 책임을 지고 자원하여 명에 들어가 의혹을 푼 것이다. 그리고 명태조 주원장이 내어준 3번의 시제詩題에 따라 24수의 시를 지었는데, 이것이 곧 응제시應製詩이다. 이 응제시에 주註를 달아 설명한 책이 ≪응제시주≫이다. 이 책에 한민족의 상고사에 대한 기록으로 환인桓因에 대한 기록이 있다. 또한 이 응제시應製詩에 대해서 명태조 주원장은 어제시御製詩 3수를 하사하였다.

≪응제시주≫〈시월이십이일 명제십수是月二十二日 命題十首〉〈시고개벽동이주始古開闢東夷主〉에 있는 기록을 살펴보면, 〈시고개벽동이주〉는 명태조 주원장이 정해준 제목이다. '시원시대를 개벽한 동이의 주인(왕)은 누구이냐?'라는 제목에 권근이 응제시를 쓴 내용이다. 주요 내용은 바로 단군檀君을 말하고 있다.

[원문原文]

自註 昔神人降檀木之下 國人立以爲王因號
자주 석신인강단목지하 국인입이위왕인호

檀君 時 唐堯元年戊辰也
단군 시 당요원년무진야

增註 古記云 上帝桓因 有庶子曰雄意欲下
증주 고기운 상제환인 유서자왈웅의욕하

化人間 受天三印 率徒三千 降於太白山
화인간 수천삼인 솔도삼천 강어태백산

神檀樹下 是謂桓雄天王也 桓或云檀
신단수하 시위환웅천왕야 환혹운단

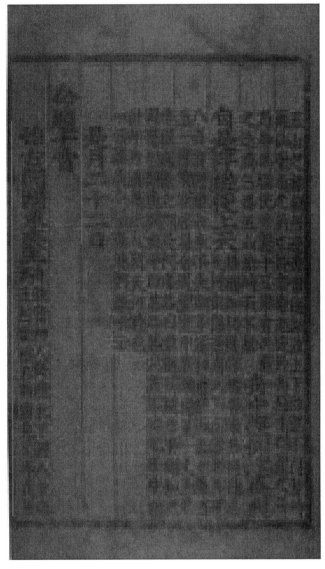

[그림 005] 삼성출판박물관(三省出版博物館) 소장본 ≪양촌응제시陽村應制詩≫ 89페이지 자료. 조선시대
세조8년 1462년 출판 목판본 보물 제 1090호

[그림 006] 삼성출판박물관 소장본 ≪양촌응제시≫ 90페이지 자료. 조선시대 세조8년 1462년 출판 목판본 보물 제 1090호

옛적에 신인이 단목檀木 아래로 내려오시니 나라 사람들이 그를 추대하여 왕으로 삼고 단군檀君이라 불렀는데 그 때가 중국 당요 무진戊辰 원년이다.

옛기록에 이르기를 상제上帝 **환인桓因**에게 서자부에 대인 아들이 있었는데 웅雄이라 불렀다. 아래 인간세상으로 내려가 교화하고자 뜻이 있었기에 천부인을 받으시고 3천 명을 거느리고 태백산 신단수 아래로 내려오셨으니 이름하여 환웅천왕桓雄天王이라 불렀다. 환桓 또는 단檀자를 사용하였다.[8]

여기에서 환인桓因과 환웅천왕桓雄天王, 단군檀君의 기록을 확인할 수 있으며, 단군檀君의 역사를 1,048년이라 하였다. 1048년에 대해서는 앞쪽에서 상세하게 설명하였다. 이처럼 환인의 역사를 실존의 역사로 설명하고 있는 것이다. 그러나 안타깝게도 현 역사학자들은 상고사의 기록에 대해서 명확한 설명을 못하고 있다.

⑤ 조선왕조실록 환인桓因 기록

이번에는 ≪조선왕조실록朝鮮王朝實錄≫에 남아 있는 환인 기록을 살펴보고자 한다. ≪조선왕조실록≫에 있는 역사 기록을 살펴보면 환인 기록은 9번 나와 있다. 또한 많은 기사 내용을 담고 있다.

그런데 상세한 내용을 살펴보면 전부 황해도黃海道 구월산九月山 삼성사三聖祠에 대한 글이다. 삼성사는 환인桓因, 환웅桓雄, 단군檀君의 영정을 모시는

---

8 ≪응제시주應製詩註≫ 단군은 당요와 같은 날에 나라를 세우고 나라 이름을 조선이라 불렀다. 처음 도읍지는 평양이었고 뒤의 도읍지는 백악산이었다. 비서갑 하백의 딸에게 장가 들어 부루를 낳았는데 이 분이 동부여왕이다. 하나라 우왕 때에 이르러 제후들이 도산에 모일 때, 단군은 태자 부루를 보내었다. 단군은 하나라 우 임금을 거쳐 상 무정 8년 을미에 아사달 산에 들어가 신이 되었다. 지금의 황해도 문화현 구월산이다. 사당이 지금도 있다. 나라를 누리기 1048년이었다. 그 뒤 164년 후에 기자가 와서 봉 받았다.

사당이다. 세 분의 성인을 모시는 사당이라 하여 삼성사三聖祠라 하였다. ≪조선왕조실록≫의 기록처럼 조선시대에는 최초의 국가 환국桓國을 건국하신 환인을 사서에 기록하였다는 사실과 환인이 세운 나라 환국을 여러 서적에서 기록하고 있다는 사실에 주목해야 한다. 환국을 기록한 사서들은 제2장에서 살펴보고자 한다.

먼저 ≪조선왕조실록≫의 환인 기록은 세종, 단종, 성종, 선조, 현종, 영조, 정조 시대에 기록으로 남아 있다. 환인 기록과 더불어 신시배달국의 환웅 그리고 단군조선의 단군왕검에 대해서도 같이 기록하고 있다. 나라를 여신 국조國祖 세 분을 모시고 삼성사라 하였다. 조선왕조 500년 내내 제사를 모셨던 역사적인 유적지이다.

[도표 005] 조선왕조실록에 환인桓因, 단인檀因 기록

왕조	호칭	주요기사
세종	단인檀因	유관柳寬 상서上書
	환인桓因	평양부 세종실록지리지
단종	환인桓因	경창부윤府尹 이선제李先齊 석유환인昔有桓因
성종	환인桓因	황해도 관찰사 이예李芮
선조	환인桓因	예조 삼성제 거행 보고
현종	환인桓因	환인桓因·환웅桓雄 묘 개수
영조	환인桓因	황해도 구월산 삼성묘 위판 개조
정조	환인桓因	구월 산성의 삼성사에 향축 하사
	환인桓因	삼성사 개수 제사 의식을 개정

[그림 007] 황해도 구월산 패엽사 삼성전에 모셔져 있는 환인, 환웅, 단군왕검의 영정(왼쪽부터) 삼성전에 모셔져 있는 환국, 배달, 단군조선의 창업 시조로 ≪조선왕조실록≫에 9번의 기록이 남겨져 있다.

[그림 008] 구월산 패엽사 황해도 신천군 용진면 패엽리 1940년대 모습으로 이곳에 삼성전=聖殿이 있다.

[그림 009] 황해도 구월산 패엽사 삼성전三聖殿 전경. 북쪽 벽에는 단웅천왕(檀雄天王, 桓雄天王), 동쪽 벽에는 단인천왕(檀因天王, 桓因天王), 서쪽 벽에는 단군천왕檀君天王이 모셔서 있다. 천왕天王이라 함은 바로 나라를 세운 창업 시조로 한민족의 위대한 세 분의 국조國祖이시다.

1) 조선왕조실록 환인桓因 기록

[원문原文]

右議政仍令致仕 柳寬上書曰
우 의 정 잉 령 치 사 류 관 상 서 왈

黃海道文化縣, 是臣本鄕, 自爲幼學, 下去多年,
황 해 도 문 화 현 시 신 본 향 자 위 유 학 하 거 다 년

聞諸父老之言, 乃知事迹久矣。九月山是縣之
문 제 부 로 지 언 내 지 사 적 구 의 구 월 산 시 현 지

主山, 在檀君朝鮮時 名阿斯達山, 至新羅改稱
주 산 재 단 군 조 선 시 명 아 사 달 산 지 신 라 개 칭

闕山, 其時文化始名闕口縣, 至前朝陞爲儒州監
궐 산 기 시 문 화 시 명 궐 구 현 지 전 조 승 위 유 주 감

務, 至高宗代, 又陞爲文化縣令, 山名闕字, 緩
무 지 고 종 대 우 승 위 문 화 현 령 산 명 궐 자 완

聲呼爲九月山。山之東嶺, 高大而長, 至一息
성 호 위 구 월 산 산 지 동 령 고 대 이 장 지 일 식

安岳郡而止。嶺之腰有神堂焉, 不知創於何代,
안악군이지　령지요유신당언　부지창어하대

北壁檀雄天王, 東壁檀因天王, 西壁檀君天王,
북벽단웅천왕　동벽단인천왕　서벽단군천왕

文化之人常稱三聖堂, 其山下居人, 亦稱曰聖堂
문화지인상칭삼성당　기산하거인　역칭왈성당

里。堂之內外, 鳥雀不棲, 麋鹿不入。當旱暵
리　당지내외　조작부서　미록불입　당한한

之時祈雨, 稍有得焉。或云檀君入, 阿斯達山,
지시기우　초유득언　혹운단군입　아사달산

化爲神, 則檀君之都, 意在此山之下。三聖堂
화위신　즉단군지도　의재차산지하　삼성당

至今猶存, 其迹可見。以今地望考之, 文化之
지금유존　기적가견　이금지망고지　문화지

東, 有地名藏壯者, 父老傳以爲檀君之都, 今只
동　유지명장장자　부로전이위단군지도　금지

有東, 西卵山, 爲可驗耳。或者以爲檀君, 都
유동　서난산　위가험이　혹자이위단군　도

于王儉城, 今合在箕子廟。臣按檀君與堯竝立,
우왕검성　금합재기자묘　신안단군여요병립

至于箕子千有餘年, 豈宜下合於箕子之廟 又或
지우기자천유여년　기의하합어기자지묘 우혹

以爲檀君, 降於樹邊而生, 今之三聖, 固不可信,
이위단군　강어수변이생　금지삼성　고부가신

然臣又按邃古之初, 混沌旣開, 先有天而後有地
연신우안수고지초　혼돈기개　선유천이후유지

旣有天地, 則氣化而人生焉。自後人之生也,
기유천지　즉기화이인생언　자후인지생야

皆以形相禪, 豈得數十萬年之後至堯時, 復有氣
개이형상선　기득수십만년지후지요시　복유기

化, 而生之理 其樹邊之生, 固爲荒怪。 伏惟聖
화　이생지리　기수변지생　고위황괴　　복유성

鑑裁擇, 命攸司講求所都, 以祛其疑。 命留之。
감재택　명유사강구소도　이거기의　　명류지

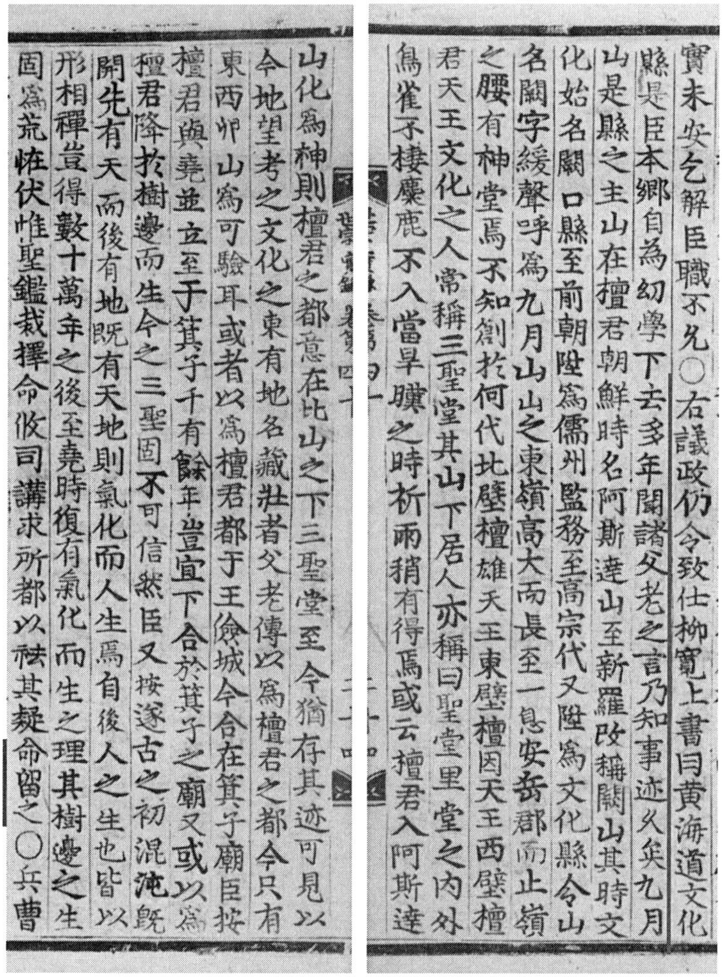

[그림 010] ≪조선왕조실록≫ 세종10년 1428년 무신戊申 6월 14일 5번째 기사에 "유관柳寬이 단군이
도읍한 곳을 찾아내어 의혹을 없애기를 상서하여 청하다." 는 기록에 환인에 대한 기록이
있다.

[해석解釋]

우의정右議政으로 스스로 벼슬을 사양하고 물러난 유관柳寬이 상서上書하여 말하기를 황해도黃海道 문화현文化縣은 본래 신臣의 본향本鄕입니다. 스스로 벼슬을 그만두고 고향에 내려온 지 여러 해 되었습니다. 여러 부로父老의 말씀들을 듣고 비로소 본향本鄕의 사적事迹이 오래되었음을 알게 되었습니다. 구월산九月山은 문화현文化縣의 주산主山입니다. 단군조선檀君朝鮮 때에는 이름을 아사달산阿斯達山이라 불렀으며, 신라 때에 이르러서는 궐산闕山이라 고쳐 불렀습니다. 그때에 문화현文化縣을 처음으로 궐구현闕口縣이라 이름하였습니다. 전조前朝에 이르러서는 유주감무儒州監務를 임명하였으며 고종高宗 때에 이르러 또 문화현령文化縣令을 임명하였습니다. 산의 이름이 궐闕 자를 느린 소리緩聲로 발음하여 구월산九月山이라 하였다고 합니다. 산의 동쪽 산봉우리嶺는 높고 크고 길어서 일식一息정도 가야 안악군安岳郡에 이르러 그치게 됩니다. 산봉우리嶺의 허리쯤에는 신당神堂이 있는데 어느 시대에 처음으로 세워졌는지 알 수가 없습니다. 북쪽 벽에는 단웅천왕檀雄天王 동쪽 벽에는 **단인천왕檀因天王** 서쪽 벽에는 단군천왕檀君天王을 문화현 사람들은 삼성당三聖堂이라고 항상 부르며 그 산 아래 거주하는 동리를 사람들은 또한 성당리聖堂里라고 부르고 있습니다. 신당神堂의 안팎에는 까마귀(烏)와 참새들이 서식처로 삼지 아니하며, 고라니와 사슴도 들어오지 않습니다. 가뭄을 당해서 기우祈雨하면 갑자기 비를 얻는다고 합니다. 어떤 이는 말하기를 "단군檀君은 아사달산阿斯達山에 들어가 신神이 되었다."고 합니다 아마도 "단군의 도읍지가 이 산 아래에 있었을 것이다."라고 합니다. 삼성당三聖堂은 지금까지 있어서 그 자취를 볼 수 있습니다. 지금의 땅 모양을 살펴보면, 문화현의 동쪽에 지명으로 장장藏壯이라는 땅이 있는데 부로父老들이 전하는 말에는 단군의 도읍터라고 합니다. 지금은 다만 동서의 난산卵山이 있어 가히 증험證驗이 가능합니다. 어떤 이는 "단군檀君이 왕검성王儉城에 도읍을 하였다고 하니, 지금의 기자묘箕子廟가 있는 곳王儉城이 바로 그 곳(도읍지)이다."라고 합니다.

신이 살펴보니 단군檀君은 요堯임금과 같은 때에 나라를 세웠으니(立), 그 때부터 기자箕子에 이르기까지는 천여 년이 넘습니다. 어찌 아래로 내려와 기자묘箕子墓)와 합치되어야 한단 말입니까? 또 어떤 이는 말하기를 "단군은 신단수神檀樹 곁에 내려와 태어났다 하니 지금의 삼성三聖은 진실로 믿을 수 없다."고 합니다. 그러나 신臣이 또 살펴보건대, 옛 적에 처음으로 혼돈이 처음으로 열리(開)게 되고, 먼저 하늘이 생기고 뒤에 땅이 생겼으며, 천지天地가 생기게 된 이후에 기氣가 화化하여 사람이 생기게 되었습니다. 그 뒤에 사람이 생겨나게 되어 모두 형상을 서로 갖게 되었으며, 어찌 수십만 년 뒤의 요임금 때에 다시 기가 화하여 사람이 생겨나는 이치가 있었겠습니까? 그 나무 곁에서 생겼다는 것은 진실로 황당하고 괴이한 것입니다. 엎드려 바라옵건대 성감聖鑑으로 헤아려 결정하시고 유사攸司에 명하여 도읍한 곳을 찾아내어 그 의혹을 없애게 하소서." 하니 보류保留하여 두라고 명하였다.

조선왕조 세종 10년 1428년 무신戊申 6월 14일의 5번째 기사에 '유관柳寬이 단군이 도읍한 곳을 찾아내어 의혹을 없애기를 상서하여 청하다.'라는 기록이 있다. ≪조선왕조실록≫에 있는 환인桓因 관련 기록이다.

[도표 006] 조선왕조실록 환인桓因에 대한 주요 기록

기록 일자	환인桓因에 대한 기록
단종 즉위년 1452년 6월 28일	신 이선제가 ≪삼국유사≫를 상고하니 이에 이르기를, '≪고기古記≫에 이르기를, 옛적에 환인의 서자庶子 환웅桓雄이 있어 臣先齊, 夷考≪三國遺史≫, 有曰: "≪古記≫云: '昔有桓因庶子桓雄
성종 3년 1472년 2월 6일	단군檀君과 아버지 환웅, 할아버지 환인을 일컬어 삼성三聖이라 하고 사우祠宇를 세워 제사를 지내다가, 제사를 폐한 뒤로부터 당우堂宇가 기울어져 무너졌는데…… 檀君及父檀雄. 祖桓因, 稱爲三聖, 建祠宇祭之, 自祀廢後, 堂宇傾頹。

기록 일자	환인桓因에 대한 기록
선조 30년 1597년 6월 11일	≪여지승람興地勝覽≫을 상고해 보건대 '전산은 문화현文化縣 북쪽 10리 되는 곳에 있다. 삼성사 역시 문화현 구월산九月山에 있는데 바로 환 인·환웅·단군檀君의 사당이다. ≪興地勝覽≫考之, 則錢山在文化縣北十里. 三聖祠亦在文化. 九月 山, 卽桓因. 桓雄. 檀君之祠.
현종 1년 1660년 9월 5일	윤강이 아뢰기를, "해서海西 삼성묘三聖廟의 단군檀君·환인·환웅의 묘를 개수하는 일은" 海西三聖廟檀君. 桓因. 桓雄修改事
영조 41년 1765년 12월 8일	임금이 부제학 서명응徐命膺을 불러 삼성三聖의 고적故蹟을 물으매, 서 명응이 말하기를, "삼성은 곧 환인·환웅·단군檀君이며, 역사에서 말 하는 바 아사달산阿斯達山은 곧 지금의 구월산입니다." 하고, 그 고사故 事를 심히 상세하게 아뢰었다. 上召問三聖故蹟於副提學徐命膺, 命膺曰: "三聖卽桓因·桓雄·檀君, 而史所謂阿斯達山, 卽今之九月山也. 仍奏其故事甚詳.
정조 13년 1789년 6월 6일	삼성사는 환인·환웅·단군檀君을 제사하는 사당으로 문화현文化縣 구 월산九月山에 있는데 三聖祠, 祀桓因. 桓雄. 檀君之祠, 在文化九月山

세종실록과 더불어 단종, 성종, 선조, 현종, 영조, 정조실록에 환인桓因·
환웅桓雄·단군檀君의 기록들을 살펴보았다. 이번에는 ≪세종실록지리지≫
를 살펴보고자 한다.

2) 세종실록지리지 환인桓因 기록

[원문原文]

靈異, ≪檀君古記≫云: 上帝桓因有庶子, 名雄,
령 이　　단 군 고 기　운　상 제 환 인 유 서 자　명 웅

意欲下化人間, 受天三印, 降太白山神檀樹下,
의 욕 하 화 인 간　수 천 삼 인　강 태 백 산 신 단 수 하

是爲檀雄 天王. 令孫女飮藥成人身, 與檀樹
시 위 단 웅　천 왕　령 손 녀 음 약 성 인 신　여 단 수

神婚而生男, 名檀君, 立國號曰朝鮮。 朝鮮.
신혼이생남 명단군 입국호왈조선 조선

尸羅. 高禮. 南北沃沮. 東北扶餘. 濊與貊,
시라 고례 남북옥저 동북부여 예여맥

皆檀君之理。 檀君聘娶非西岬河伯之女生子,
개단군지리 단군빙취비서갑하백지녀생자

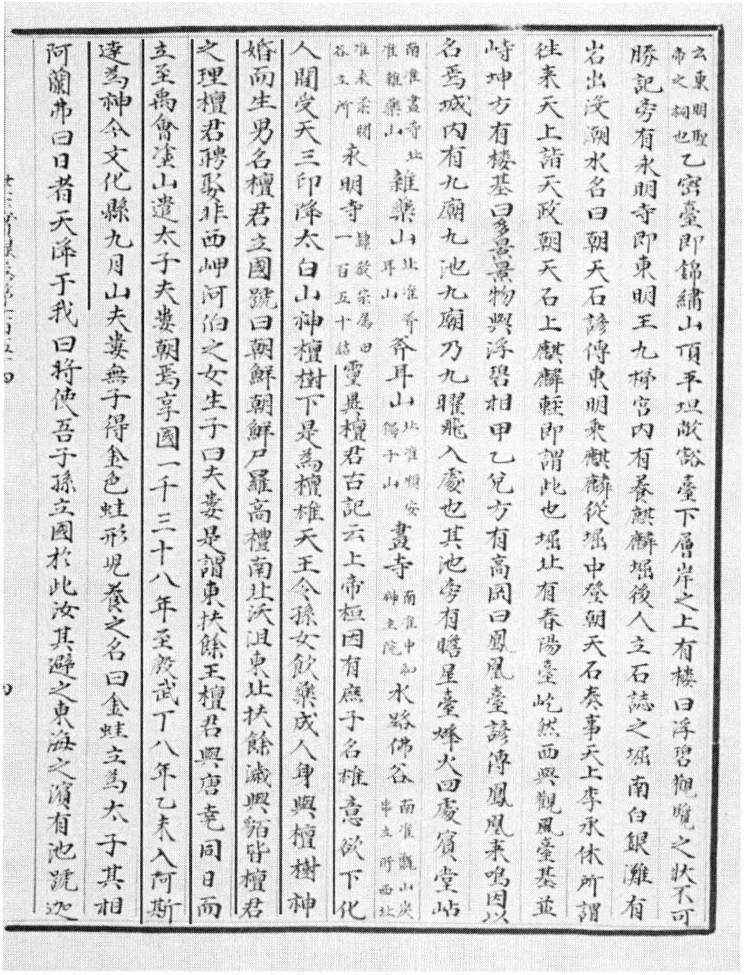
云東明聖帝之祠也 乙密臺即錦繡山頂平坦敞豁臺下層岸之上有樓曰浮碧俯瞰之狀不可
勝記旁有永明寺即東明王九梯宮內有養麒麟堀後人立石誌之堀南白銀灘有
岩出沒潮水名曰朝天石諺傳東明乘麒麟從堀中登朝天石奏事天上李承休所謂
往來天上詣天政朝天石上麒麟軼即謂此也堀北有春陽臺屹然西興觀風臺基並
峙坤方有樓基曰多景景物與浮碧相甲乙兌方有高岡曰鳳凰臺諺傳鳳凰來鳴因以
名焉城內有九廟九池九廟乃九曜飛入處也其池旁有瞻星臺烽火四處寅堂岾
南准畫寺北准雜藥山 雜藥山 北准斧耳山 斧耳山 北准順安獨子山 畫寺 南准中和神主院 水路佛谷 南准甑山火串又所西北
准永柔明谷又所 永明寺 一隸敎宗爲田百五十結 靈異 檀君古記云上帝桓因有庶子名雄意欲下化
人間受天三印降太白山神檀樹下是爲檀雄天王令孫女飮藥成人身與檀樹神
婚而生男名檀君立國號曰朝鮮朝鮮尸羅高禮南北沃沮東北扶餘濊與貊皆檀君
之理檀君聘娶非西岬河伯之女生子曰夫婁是謂東扶餘王檀君與唐堯同日而
立至禹會塗山遣太子夫婁朝焉享國一千三十八年至殷武丁八年乙未入阿斯
達爲神今文化縣九月山夫婁無子得金色蛙形兒養之名曰金蛙立爲太子其相
阿蘭弗曰日者天降于我曰將使吾子孫立國於此汝其避之東海之濱有池號迦

[그림 011] ≪세종실록지리지≫ 평안도 평양부 기록에 환인 관련 기록이 있으며, ≪단군고기檀君古記≫를 인용하였다.

曰夫婁, 是謂東扶餘王. 檀君與唐堯同日而立,
왈 부 루　시 위 동 부 여 왕　　단 군 여 당 요 동 일 이 립

至禹會塗山, 遣太子夫婁朝焉. 享國一千三十
지 우 회 도 산　견 태 자 부 루 조 언　　향 국 일 천 삼 십

八年, 至殷武丁八年乙未, 入阿斯達爲神, 今文
팔 년　지 은 무 정 팔 년 을 미　　입 아 사 달 위 신　　금 문

化縣 九月山.
화 현　구 월 산

[해석解釋]

　신령스럽고 이상한 일[靈異]. 《단군고기檀君古記》에 이르기를, "상제上帝 환인桓因이 서자庶子가 있으니, 이름이 웅雄이었다. 세상에 내려가서 사람이 되고자 하여 천부인天符印 3개를 받아 가지고 태백산太白山 신단수神檀樹 아래에 강림하였으니, 이가 곧 단웅천왕檀雄天王이 되었다. 손녀孫女로 하여금 약藥을 마시고 인신人身이 되게 하여, 단수檀樹의 신神과 더불어 혼인해서 아들을 낳으니, 이름이 단군檀君이다. 나라를 세우고 이름을 조선朝鮮이라 하니, 조선朝鮮, 시라尸羅, 고례高禮, 남·북 옥저南北沃沮, 동·북 부여東北扶餘, 예濊와 맥貊이 모두 단군의 다스림이 되었다. 단군이 비서갑非西岬 하백河伯의 딸에게 장가들어 아들을 낳으니, 부루夫婁이다. 이를 곧 동부여東扶餘 왕王이라고 이른다. 단군이 당요唐堯와 더불어 같은 날에 임금이 되고, 우禹가 도산塗山의 모임을 당하여, 태자太子 부루夫婁를 보내어 조회하게 하였다. 나라를 누린 지 1천 38년 만인 은殷나라 무정武丁 8년 을미에 아사달阿斯達에 들어가 신神이 되니, 지금의 문화현文化縣 구월산九月山이다.

　《세종실록지리지》에서는 단군조선의 역사를 《단군고기》라는 고기를 인용하였다고 구체적으로 기록하고 있다. 또한 상제환인上帝桓因으로 기록하고 있다. 또한 나라를 건국하였는데 조선朝鮮이라 하였고 시라尸羅, 고례高禮, 남북옥저南北沃沮, 동북부여東北扶餘, 예濊와 맥貊 등이 모두 단군의 다스

림을 받았다고 기록하고 있다. 배달국을 건국하신 환웅에 대한 호칭이 바로 환웅천황檀雄天王이다. 바로 나라의 통치자를 의미한다. 이처럼 조선왕조실록 세종실록지리지에 기록이 있지만, 상고사에 대한 현 역사학계의 인식은 신화로만 생각한다.

3) 조선왕조의 수서령收書令

한민족 최초의 나라인 환국桓國을 건국하신 환인桓因의 기록이 있는 ≪조선왕조실록朝鮮王祖實錄≫에서 환인에 대한 기록을 살펴보면서 많은 의문을 갖게 되었다. 조선조 학자들이 상고사上古史에 대한 지식이 너무 부족하다는 것을 실록을 읽으면서 느낄 수 있었다. 물론 유교儒敎를 국교國敎로 삼아 역사에 관심이 적었겠지만, 우리의 역사를 잃어버리게 된 사건은 상고사 역사책에 대한 수서령收書令 사건이었다.

조선시대에 3번 왕(세조, 예종, 성종) 명으로 수서령이 시행되었다. 이렇게 수서령이 시행된 이후에는 상고사에 대한 서책을 구한다는 것은 너무나 어려운 일이었고 상고사 서책을 소장하는 것은 가문의 멸문지화를 재촉하는 일이었다. 이런 분위기 속에서 상고사는 잊혀지고 구전으로만 전해져 오게 되어 신화처럼 전해지게 되었다. 그 피해는 오늘날까지도 역사를 바로 세우지 못하고 있는 현실이 되었다.

상고사 서적 수서령收書令에는 중요한 단서가 있다. 서적 제목으로 ≪삼성밀기三聖密記≫와 ≪삼성기三聖記≫가 저자 이름과 함께 기록되어 있다는 점이다. 저자 이름에 대한 시비가 있지만, 전혀 엉뚱한 이야기로 본질을 흐리게 하려는 시비일 뿐이다. 이 기록이 오히려 ≪환단고기桓檀古記≫의 진실성의 증거가 되고 있다는 점이다.

[도표 007] 조선시대 수서령收書令 서적 목록

1457년 1차 수서령(세조)	1469년 2차 수서령(예종)	1469년3차 수서령(성종)
고조선비사 古朝鮮秘詞		
대변설大辯說		
조대기朝代記		
주남일사기 周南逸士記	주남일사기 周南逸士記	주남일사기 周南逸士記
지공기 誌公記	지공기 志公記	지공기 志公記
표훈삼성밀기 表訓三聖密記	표훈천사 삼성밀기 表訓天詞 三聖密記	표훈천사 삼성밀기 表訓天詞 三聖密記
안함노 원동중 삼성기 安含老 元董仲 三聖記		
도증기 道證記	도증기 道證記	도증기 道證記
지리성모 하사량훈 智異聖母 河沙良訓	지리성모 하사량훈 智異聖母 河沙良訓	지리성모 하사량훈 智異聖母 河沙良訓
문태산文泰山 왕거인王居仁 설업薛業 등 삼인기록 三人記錄	문태文泰 왕거인王居仁 설업薛業 삼인기 三人記	문태文泰 왕거인王居仁 설업薛業 삼인기 三人記
수찬기소 修撰企所		
동천록 動天錄		

1457년 1차 수서령(세조)	1469년 2차 수서령(예종)	1469년3차 수서령(성종)
마슬록 磨虱錄		
통천록 通天錄		
호중록 壺中錄	호중록 壺中錄	호중록 壺中錄
지화록 地華錄	지화록 地華錄	지화록 地華錄
		태일금경식 太一金鏡式
도선한도참기 道詵漢都讖記		도선참기 道詵讖記
	명경수 明鏡數	명경수 明鏡數
17종 도서	9종 도서	11종 도서

조선시대 수서령收書令은 1457년 1회와 1469년 2회 총 3회에 걸쳐 이루어 졌다. 서적은 총 19종이다. 사서史書와 천문天文, 지리地理, 음양陰陽 관련 서적 이다. 그러나 이때 수서된 사서 목록 중에 ≪고조선비사古朝鮮秘詞≫는 고조 선에 대한 역사 기록이다. 이 때 수서된 이후에 전하여 오지 못하고 있지만, 분명하게 고조선古朝鮮이란 책 이름이 있었다는 중요한 사실을 알려준다. 또 한 ≪표훈삼성밀기表訓三聖密記≫와 ≪안함노 원동중 삼성기安含老 元董仲 三聖 記≫가 서적 목록에 있다. 여기에서 주목해야 할 책 제목은 바로 삼성밀기三 聖密記, 삼성기三聖記다. 바로 삼성三聖의 역사 기록이니 역사적인 세 분의 성 인의 기록을 말하고 있는 것이다. 세 분의 성인이란 바로 환국을 건국하신 환 인桓因, 배달국을 건국하신 환웅桓雄, 고조선을 건국하신 단군檀君이시다. 표 훈천사表訓天詞, 안함노安含老, 원동중元董仲은 삼성기三聖記를 찬撰한 인물들 이다. 고조선비사古朝鮮秘詞는 저자를 알 수 없지만, 삼성밀기三聖密記라는 역

사책은 표훈천사表訓天詞가 찬撰하였으며, 삼성기라는 역사책은 2종류 책으로 안함노라는 분이 1권을 찬撰하였으며, 또 한권은 원동중이라는 분이 찬撰하였다는 사실을 객관적이고 정확하게 서지학적으로 알려주고 있다는 점이다. 1457년(세조 3년) 정축丁丑년 5월 26일 무자戊子일 이전에 ≪환단고기桓檀古記≫의 삼성기전三聖記全 상편上篇, 하편下篇이 당시 ≪안함노 원동중 삼성기安含老 元董仲 三聖記≫로 별도로 존재했었다는 것을 증명하고 있다.

가) 조선 세조世祖 수서령收書令

'세조世祖 3년 1457년 정축丁丑년 5월 26일 무자戊子일에 팔도 관찰사에게 고조선비사 등의 문서를 사처에서 간직하지 말 것을 명하다.'라는 원문을 살펴보면 다음과 같다.

[원문原文]

諭八道觀察使曰 "≪古朝鮮秘詞≫, ≪大辯說≫,
유 팔 도 관 찰 사 왈　　고 조 선 비 사　　　대 변 설

≪朝代記≫, ≪周南逸士記≫, ≪誌公記≫,
　조 대 기　　　주 남 일 사 기　　　지 공 기

≪表訓三聖密記≫, ≪安含老 元董仲 三聖記≫,
　표 훈 삼 성 밀 기　　안 함 로 원 동 중 삼 성 기

≪道證記≫, ≪智異聖母河沙良訓≫, ≪文泰山 ·
　도 증 기　　지 리 성 모 하 사 량 훈　　　문 태 산

王居仁 · 薛業等 三人記錄≫, ≪修撰企所≫一百
왕 거 인　설 업 등 삼 인 기 록　　　수 찬 기 소　일 백

餘卷, ≪動天錄≫, ≪磨蝨錄≫, ≪通天錄≫,
여 권　　동 천 록　　　마 슬 록　　　통 천 록

≪壺中錄≫, ≪地華錄≫, ≪道詵漢都讖記≫
　호 중 록　　　지 화 록　　　도 선 한 도 참 기

等文書, 不宜藏 於私處, 如有藏者, 許令進上,
등 문 서 부 의 장 어 사 처 여 유 장 자 허 령 진 상

以自願書册回賜, 其廣諭公私及寺社
이 자 원 서 책 회 사 　기 광 유 공 사 급 사 사

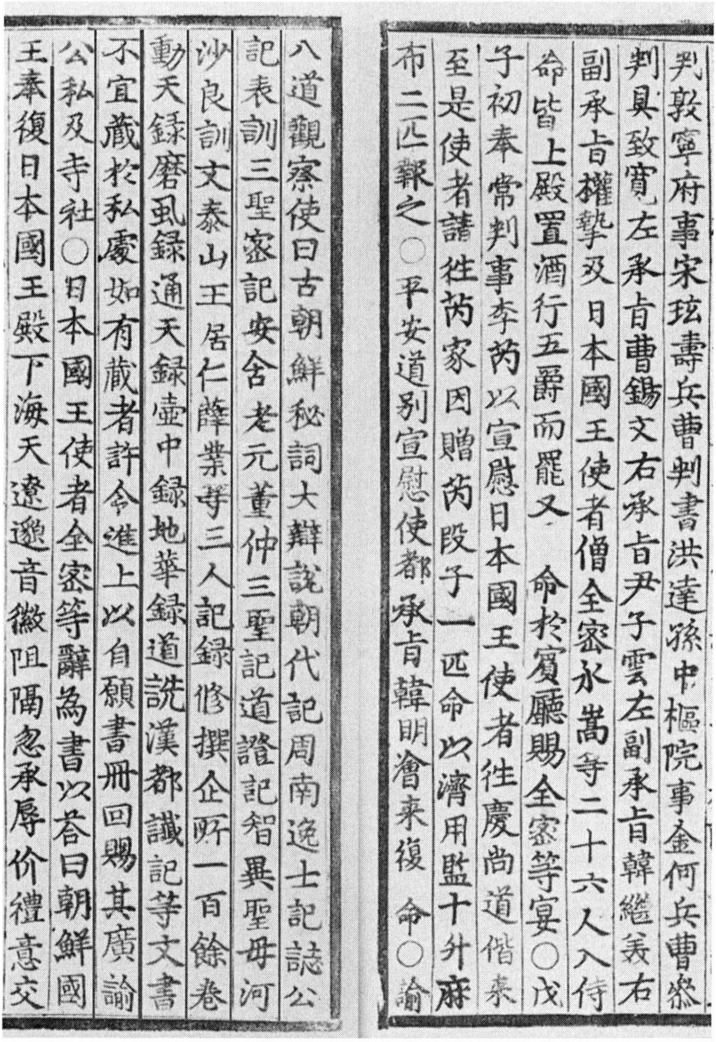
判敦寧府事宋玹壽兵曹判書洪達孫中樞院事金何兵曹參
判具致寬左承旨曹錫文右承旨尹子雲左副承旨韓繼美右
副承旨權摯及日本國王使者僧全密永嵩等二十六人入侍
命皆上殿置酒行五爵而罷又 命於賓廳賜全密等宴○戊
子初奉常判事李芮以宣慰日本國王使者往慶尚道偕來
至是使者請往芮家因贈芮段子一匹命以濟用監十升麻
布二匹報之○平安道別宣慰使都承旨韓明澮來復 命○諭

八道觀察使曰古朝鮮秘詞大辯說朝代記周南逸士記誌公
記表訓三聖密記安含老元董仲三聖記道證記智異聖母河
沙良訓文泰山王居仁薛業等三人記錄修撰企所一百餘卷
動天錄磨蝨錄通天錄壺中錄地華錄道詵漢都讖記等文書
不宜藏於私處如有藏者許令進上以自願書册回賜其廣諭
公私及寺社○日本國王使者全密等辭爲書以答曰朝鮮國
王奉復日本國王殿下海天遼邈音徽阻隔忽承辱价禮意交

[그림 012] ≪조선왕조실록≫ 세조世祖 3년 1457년 5월 26일 무자戊子일 수서령에 대한 기사가 있다. ≪표훈삼성밀기表訓三聖密記≫, ≪안함노 원동중 삼성기安含老 元董仲 三聖記≫가 수서 목록에 있다.

[해석解釋]

세조가 팔도 관찰사八道觀察使에게 유시諭示하기를, "≪고조선비사古朝鮮秘詞≫·≪대변설大辯說≫·≪조대기朝代記≫·≪주남일사기周南逸士記≫·≪지공기誌公記≫·≪표훈삼성밀기表訓三聖密記≫·≪안함노 원동중 삼성기安含老 元董仲 三聖記≫·≪도증기道證記≫, ≪지리성모하사량훈智異聖母河沙良訓≫, ≪문태산文泰山·왕거인王居仁·설업薛業 등 삼인 기록三人記錄≫, ≪수찬기소修撰企所≫의 1백여 권卷과 ≪동천록動天錄≫·≪마슬록磨蝨錄≫·≪통천록通天錄≫·≪호중록壺中錄≫·≪지화록地華錄≫·≪도선한도참기道詵漢都讖記≫ 등의 문서文書는 마땅히 사처私處에 간직해서는 안 되니, 만약 간직한 사람이 있으면 진상進上하도록 허가하고, 자원自願하는 서책書册을 가지고 회사回賜할 것이니, 그것을 관청·민간 및 사사寺社에 널리 효유曉諭하라 하였다.

1457년 1차 수서령에서는 총 17종의 서적이 지목되었다. 서적 목록에서 ≪안함노 원동중 삼성기安含老 元董仲 三聖記≫가 주목받고 있다. ≪환단고기桓檀古記≫가 대중화되면서 ≪안함노 삼성기安含老 三聖記≫와 ≪원동중 삼성기元董仲 三聖紀≫가 ≪환단고기≫〈삼성기전 상편과 하편〉으로 기록되어 있기 때문이다. 즉 2편의 사서는 저술 시기가 1457년 이전으로 추정할 수 있는 단서이다. 또한 ≪환단고기≫가 진서眞書임을 입증할 수 있는 ≪조선왕조실록≫의 국가 공식 자료이기 때문에 더욱 중요한 기록이다. 그런데 ≪환단고기≫를 위서僞書라고 주장하는 위서론자들 중에 위 기록 ≪안함노 원동중 삼성기安含老 元董仲 三聖記≫에 대해서 수준 이하의 비판을 하는 자들이 있다. ≪만들어진 한국사≫45~46쪽에 "≪환단고기≫에 대한 또 다른 의문은?"이라는 주제로 ≪조선왕조실록≫의 기록을 엉뚱한 생각으로 비판하고 있다. 그 내용을 인용하여 구체적으로 살펴보고자 한다. 먼저 내용을 살펴보면 다음과 같다.

▌≪환단고기≫에 대한 또 다른 의문은? [9]

≪환단고기≫에 등장하는 저자들이 의심스럽다는 점입니다. ≪환단고기≫ 〈삼성기〉는 안함로安舍老, 원동중元董仲이 지은 것으로 되어 있는데, 이 안함로와 원동중이라는 이름은 ≪조선왕조실록≫ 세조 3년에 나오는 ≪안함 노원 동중 삼성기安舍老元董仲三聖記≫즉, 안함과 노원과 동중이라는 세 성인의 기록이라는 책이름을 잘못 끊어 읽어서 만들어진 이름인 것입니다. 그럼 이것을 왜 잘못 읽었다고 이야기 할까요? ≪신증동국여지승람≫ 황해도 해주목조에 보면 수양산성首陽山城에 대한 기록에서 이렇게 말하고 있습니다.

世傳, 昔有安咸, 元老, 童仲, 三人卜地以築之
세상에 전하기를 옛날 안함, 원로, 동중 3인이 땅을 택하여 그것을 쌓았다고 전한다.

위 기록에는 '노원'을 '원로'라고 앞뒤 글자를 바꾸어 기재했습니다. 이 잘못 기재된 점과 더불어 3인이라고 명기된 것을 보면 ≪조선왕조실록≫에 실린 글 역시 안함, 노원, 동중 세 성인의 기록이라는 것이 분명하게 됩니다. 이처럼 ≪환단고기≫는 저자 이름에서부터 조작되었다는 확실한 증거가 나와 있습니다.

이런 책을 역사학에서는 '위서僞書'라고 부릅니다. 그런데 보통 사람들은 위서라는 것이 무엇을 의미하는지 잘 모릅니다. 그 정의에 대해서 알아보겠습니다.

---

9 이문영(서강대학교 사학과 졸업), 파란미디어, ≪만들어진 한국사≫ 45~46쪽에 나와 있는 원문을 전체 옮겨적었다.

지금도 국사편찬위원회에서 인터넷으로 제공하고 있는 ≪조선왕조실록≫에는 ≪안함 노원 동중 삼성기安舍 老元 董仲 三聖記≫로 해석하고 있다.[10] 잃어버린 역사의 단면을 보여주는 현실이다. 상세하게 부당함을 논論하고자 한다. 먼저 인용한 사료를 살펴보면 다음과 같다.

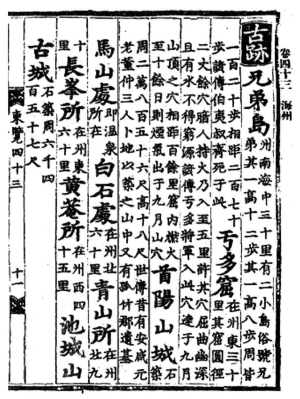

[그림 013] 조선 중종 25년 1530년에 편찬된 ≪신증동국여지승람≫ 제 43권 황해도黃海道 해주목海州牧 고적古跡 편에 있는 수양산성首陽山城을 축성한 삼인三人의 이름이 기록되어 있다.

---

10 국사편찬위원회 http://sillok.history.go.kr 조선왕조실록

首陽山城 石築周二萬八百五十六尺 高十八尺
수 양 산 성 석 축 주 이 만 팔 백 오 십 육 척 고 십 팔 척

世傳昔有 安咸 元老 童仲 三人卜地以築之
세 전 석 유 안 함 원 로 동 중 삼 인 복 지 이 축 지

山中又有孤竹郡遺基
산 중 우 유 고 죽 군 유 기

수양산성首陽山城[11]을 돌로 쌓았는데, 둘레가 2만 8백 56척이요, 높이가 18척이다. 세상에서 전하기를, "옛날에 **안함安咸·원로元老·동중童仲** 세 사람(三人)이 있어, 터를 보아 쌓았다."고 한다. 산중에는 또 고죽군孤竹君의 옛터가 있다.

먼저 위서론자들이 인용한 ≪신증동국여지승람新增東國輿地勝覽≫기원은 세종의 명에 따라 맹사성孟思誠과 신장申檣 등이 세종 14년 1432년에 찬찬한 ≪신찬팔도지리지新撰八道地理志≫이다. 그 후 성종 12년 1481년 명나라의 ≪대명일통지大明一統志≫의 체제를 본뜨고 ≪신찬팔도지리지新撰八道地理志≫를 대본으로 하여 ≪동국여지승람東國輿地勝覽≫ 50권을 완성하였다. 이를 다시 1486년 증산增刪하여 ≪동국여지승람東國輿地勝覽≫ 35권을 간행하였다. 연산군 5년 1499년 개수를 거쳐 중종 25년 1530년 ≪신증동국여지승람新增東國輿地勝覽≫을 완성하였다. ≪신증동국여지승람≫ 제 43권 황해도黃海道 해주목海州牧 고적古跡 편을 살펴보면 수양산성首陽山城을 쌓은 전승 기록이 있다.

일인日人으로 단군신화론을 주장하고 고착화를 시도한 이마니시 류今西龍

---

11 현재 황해남도 해주시 수양산에 있는 고구려의 성터이다. 산성의 성벽은 외면 축조 방법과 양면 축조 방법을 배합하여 쌓았다. 북한 국가지정문화재보존급 제 241호로 지정되어 있다.

과 이병도李丙燾를 뿌리로 하고 있는 식민사학자들이 위서 논쟁僞書論爭이라는 방식의 문제 제기로 본질을 벗어난 말맞추기 논리를 비판하고자 한다. 교묘巧妙하게 진실眞實을 흐리게 하는 물타기 수법으로 역사의 사실을 감춰지게 하려는 수작으로 볼 수밖에 없는 주장들이기에 이들의 행태를 비판하는 글체가 투박하더라도 독자 여러분의 이해를 구하는 바이다.

세조 때 수서령의 배경은 사대주의事大主義에 뿌리를 둔 국제정세와 유학사상에 심취한 조선시대에 우리 동이족의 뿌리역사가 한족보다 더 우월함을 드러낸 사서들인 2권의《삼성기三聖紀》,《표훈삼성밀기表訓三聖密記》,《고조선비사古朝鮮秘詞》등 역사 서적을 불온서적으로 취급하였던 것이다. 그래서 강력한 정책으로 수서하게 되었다. 《신증동국여지승람新增東國輿地勝覽》에 나와있는 성城을 쌓은 삼인三人의 기록은 불온서적과는 전혀 상관이 없는 지리지의 기록이다. 또한 환인桓因, 환웅桓雄, 단군檀君의 삼성기三聖記 역사 기록과는 거리가 너무나 멀며, 성을 쌓은 삼인三人과 비교되는 것 자체가 너무나 큰 모순이다. 아래처럼 자세하게 비판하는 것은 그들의 정신 태도를 비판함으로써 아주 못되고 얼빠진 사람들을 경계하고자 함이다.

① 《신증동국여지승람新增東國輿地勝覽》의 편찬 시기

그들의 주장은 언뜻 보면 그럴싸하다. 그러나 자세히 살펴보면 모순된 주장이다. 먼저 편찬 시기를 보면, 《조선왕조실록》중 세조실록은 예종 원년 1469년에 편찬을 시작하여 성종 2년 1471년에 완성되었다. 《세조실록》에 《안함노 원동중 삼성기安含老 元董仲 三聖記》서책 기록이 있다. 그로부터 60년후인 중종 25년 1530년에 편찬된 《신증동국여지승람新增東國輿地勝覽》에 〈안함 원노 동중 삼인安咸 元老 童仲 三人〉 전승 기록이 있다. 위 기록들은 엄밀하게 말하면 전혀 다른 내용을 기록하고 있는 것이다. 《세조실록》은 세조의 수서령에 따라 역사서적의 저자와 책이름를 말하고 있으며, 《신증동국여지승람》은 삼인이 성을 쌓았다는 해주목 수양산성의 전승기록으로 삼인의 이름을 기록한 것이다. 식민사학자들이 주장하는 것은 조선왕조실록 기록을 잘못 읽었으며 후에 편찬된 ≪신증동국여지승람≫의 삼인의 기준처럼으로 읽어야 한다는 것이다. 모순된 억지 주장이다. 즉 세조가 친명親命으로 직접 부른 책 이름이 잘못되었다는 주장인데, 이는 이치에 맞지 않는 주장이다. 조선의 국왕이 구체적으로 책 이름까지 거론하며 수서령을 내린 책 제목이 잘못되었다는 주장인 것이다. 이런 어이없는 주장은 역사의 진실이 밝혀지는 것을 두려워한 집단이기주의의 표출인 것이다. 그들이 쓴 식민사관 역사서가 쓰레기통으로 들어가야 하기 때문이다.

② 〈삼성기三聖記〉와 삼인三人

두번째로 ≪안함노 원동중 삼성기安含老 元董仲 三聖記≫의 의미이다. 수서령에 나와 있는 바로 앞에 있는 책이름이 ≪표훈삼성밀기表訓三聖密記≫와도 연관성이 있다. 즉 두 역사책이 삼성三聖의 역사 기록을 집필한 삼성기이며, 앞쪽은 바로 저자의 존함을 기록한 것이다. 표훈表訓 또는 표훈천사(예종, 성종), 안함노安含老, 원동중元董仲이 저자의 존함인 것이다. 여기에서 나오는 삼성三聖은 보통 세 사람이 아니라 세 사람의 성인聖人을 말한다. 성을 쌓은 세 사람이 아니라 나라를 건국한 세 사람인 것이다. 즉 환국桓國을 건국하신 환인桓因, 배달국倍達國을 건국하신 환웅桓雄, 고조선을 건국하신 단군檀君을 말하고 있는 것이다.

조선왕조 태조실록을 편찬한 인물들이 영의정 신숙주 등 당대의 대학자들이 찬수관纂修官으로 참여하였다. 삼인三人과 삼성三聖을 구별못할 인물들이 아니다. 삼인기三人記를 삼성기三聖記로 잘못 기록했다는 주장은 엉터리 주장이다. 바로 앞의 삼성밀기三聖密記가 증명해 주고 있다. 환인, 환웅, 단군의 삼성三聖의 역사를 기록한 책명이라는 것이다. 만약에 ≪신증동국여지승람≫의 기록처럼 안함 원노 동중 삼인安咸 元老 童仲 三人의 사람중심기록으로 표현한다면, ≪조선왕조실록≫기록은 환인, 환웅, 단군 삼성기(桓因 桓雄 檀君 三聖

記)라고 표현할 수 있다. 그러니까 분명히 삼성三聖과 삼인三人은 다른 것이다.

③ 삼성당三聖堂의 기록과 인식

세번째로 ≪조선왕조실록≫에는 삼성三聖, 즉 환인, 환웅, 단군을 모신 구월산의 삼성당三聖堂에 대한 실록 기록이 여러 번 보인다. 주요 기록을 살펴보면 다음과 같다.

[도표 008] 조선왕조실록 삼성당三聖堂 주요 기록

기록 일자	삼성당에 관한 주요 내용
세종 10년 1428년 6월 14일	북쪽 벽에는 단웅천왕檀雄天王, 동쪽 벽에는 단인천왕檀因天王, 서쪽 벽에는 단군천왕檀君天王을 문화현 사람들은 삼성당三聖堂이라고 항상 부르며 (北壁檀雄天王, 東壁檀因天王, 西壁檀君天王, 文化之人常稱 三聖堂)
성종 3년 1472년 2월 6일	단군檀君과 아버지 환웅桓雄, 할아버지 환인桓因을 일컬어 삼성三聖이라 하고 사우祠宇를 세워 제사를 지내다가, 제사를 폐한 뒤로부터 당우堂宇가 기울어져 무너졌는데, 경태景泰 경오년에 이르러 현령縣令 신효원申孝源이 중창重創하고, 무인년에 현령縣令 매좌梅佐가 단청丹靑을 베풀었습니다. (檀君及父檀雄, 祖桓因, 稱爲三聖, 建祠宇祭之, 自祀廢後, 堂宇傾頹。 逮景泰庚午, 縣令申孝源重創, 戊寅縣令梅佐施丹靑)

세종世宗 10년 1428년, 단종 즉위년 1452년, 성종 3년 1472년, 선조 30년 1597년에 삼성당三聖堂에 대한 기록이 자세하게 나온다. 상세 내용은 환인桓因, 환웅桓雄, 단군檀君의 영정을 모신 구월산九月山 삼성당三聖堂에 관한 기록들이다. 이렇게 조선왕조 내내 정확하게 인지하고 있는 삼성三聖의 기록을 성을 쌓았다는 삼인三人의 잘못된 기록으로 이해해야 한다는 주장은 학자로써 부끄러운 주장이다.

≪세종실록≫을 먼저 살펴보면 "북쪽벽에는 단웅천왕檀雄天王, 동쪽벽에는 단인천왕檀因天王, 서쪽벽에는 단군천왕檀君天王을 문화현 사람들은 삼성당三聖堂이라고 항상 부르며……"이라는 기록이 나온다. 단인(환인. 桓因), 단웅(환웅. 桓雄), 그리고 단군檀君을 모시고 삼성三聖이라 하였으며 그 사당을 삼

성당三聖堂이라고 하였다는 내용이다.

≪성종실록≫의 기록을 살펴보면 "단군檀君과 아버지 환웅桓雄, 할아버지 환인桓因을 일컬어 삼성三聖이라 하고 사우祠宇를 세워 제사를 지내다가……" 라는 기록이 있다. 이처럼 왜 삼성三聖이라 부르는지 설명하고 있다. 이렇게 삼성三聖을 명확하게 정의正義내리고 있는데, 삼인三人과 삼성三聖의 구별을 못한다고 주장하고 있으니 한국사를 바라보는 기본 철학哲學이 잘못되어 있는 것이다. 잘못된 철학으로 존재했던 역사적 사실事實도 교묘하게 조작造作하여 없다고 주장하는 것이 우리 역사학계의 현실이다. 어찌 보면 일인日人보다 더 나쁜 생각을 가진 학자들이다.

④ 노원老元과 원로元老, 안함安含과 안함安咸

네번째로 서지학書誌學적인 입장에서 검토해 보면 논리성이 없는 주장임을 알 수 있다.

먼저 ≪안함노 원동중 삼성기安含老 元董仲 三聖記≫를 억지로 삼인三人으로 인식시키려고 가운데 두글자인 **노원老元**을 안함 원노 동중 삼인安咸 元老 童仲 三人의 가운데 **원노元老**를 같은 글자로 인식하려고 한다는 것이다. 앞 뒤가 바뀐 글자인데 어떻게 같은가? 그래서 **노원老元**과 **원노元老** 중에 조선왕조실록의 노원老元을 잘못 기록했다고 억지 주장한다. 실증역사학을 주장하고 유사역사학을 비판하는 저자로서 신중하지 못한 주장이라 할 수 있다.

[도표 009] 〈삼성기三聖記〉에 대한 잘못된 주장 정리

조선왕조실록	安含老 元董仲 三聖記			
신증동국여지승람	安咸	元老	童仲	三人
두 역사 자료의 틀린 내용	글자 틀림	순서 다름	글자 틀림	글자 틀림 의미 틀림

또한 엄밀하게 말하면 ≪안함노 원동중 삼성기安含老 元董仲 三聖記≫의 안

함로安含老의 안함安含의 한자와 안함 원노 동중 삼인安咸 元老 童仲 三人의 안함安咸의 한자가 서로 다른 글자이다. 머금을 함含 자와 다 함咸 자는 서로 다른 글자이다.

≪안함노 원동중 삼성기安含老 元董仲 三聖記≫의 원동중元董仲과 안함 원노 동중 삼인安咸 元老 童仲 三人의 동중童仲은 한자가 서로 틀리다. 즉 감독할 동董 자와 아이 동童 자로 서로 틀린 글자이다.

더불어 ≪안함노 원동중 삼성기安含老 元董仲 三聖記≫의 삼성三聖과 안함 원노 동중 삼인(安咸 元老 童仲 三人)의 삼인三人은 서로 의미하는 내용이 틀리며 글자도 다르다. 즉 삼성三聖은 환국桓國을 건국하신 환인桓因, 배달국倍達國을 건국하신 환웅桓雄, 고조선을 건국하신 단군檀君을 말하고 있다. 삼인三人은 성을 쌓은 세 사람을 말하는 것이다.

이렇게 5가지 내용이 서지학적으로 틀림에도 불구하고 같은 것처럼 주장하여 ≪환단고기桓檀古記≫를 위서僞書인 것처럼 만들려는 억지 주장인 것이다.

⑤ 성城을 쌓은 삼인三人을 성인聖人이라고 표현하기에는 부족함이 있다.

다섯번째로 바로 성인聖人의 문제이다. 삼성기三聖記의 삼성三聖은 ≪성종실록成宗實錄≫의 기록은 '단군檀君과 아버지 환웅桓雄, 할아버지 환인桓因을 일컬어 삼성三聖'이라는 내용이다. 역사적으로 존경의 대상이었던 세 분을 호칭呼稱하는 것이다. 바로 우리 한민족韓民族의 나라들을 세우신 분들이다. 즉 환국桓國을 건국하신 환인桓因, 배달국倍達國을 건국하신 환웅桓雄, 고조선을 건국하신 단군檀君을 말하고 있는 것이다. 환인桓因, 환웅桓雄, 단군檀君은 조선시대에도 삼성당三聖堂에서 성인聖人으로 모시고 있었던 사실이 조선왕조실록에 7번 기록되어 있다는 것도 앞에서 언급하였다.

≪신증동국여지승람新增東國輿地勝覽≫은 삼인三人이 성을 쌓았다는 해주목海州牧 수양산성首陽山城의 기록으로 삼인三人의 이름을 기사화한 것이다. 과연 성을 쌓은 삼인三人을 성인聖人이라 할 수 있겠는가? 전국에 수없이 많은

성城을 쌓은 기록들이 있는데 그들을 성인聖人으로 추대하는 경우는 드물다. 만에 하나 성인이라면 마땅히 성인 수준의 공덕과 구전되는 이야기가 있어야 할 것이다. 삼인三人을 삼성三聖으로 인식하는 것은 말맞추기를 위한 짧은 생각일 뿐이다.

⑥ 성城을 쌓은 삼인三人의 이야기를 기록한 책이 있다면 왜 수거 대상인가? 역사서도 아닌데 왜 수거를 하는지 이해할 수 없다.

만약에 성을 쌓은 삼인三人을 기록한 책이 있다면 왜 수거 대상인가? 만약에 수거 대상이었다면 수서령이 내린지 60년 후인 ≪신증동국여지승람新增東國輿地勝覽≫에 삼인三人의 이름을 기록하였는지 이해할 수 없다. 국가에서 없애려 하였던 책들의 저자와 동일한 이름으로 기록한 것이 더 문제가 될 수 있을 것이기 때문이다. 결론적으로 ≪안함노 원동중 삼성기安含老 元董仲 三聖記≫와 안함 원노 동중 삼인安咸 元老 童仲 三人은 전혀 다른 내용이다. 몇 글자가 일치한다고 전혀 엉뚱한 생각으로 ≪환단고기桓檀古記≫를 위서僞書로 만들려는 생각이었던 것이다. 이와 같은 터무니 없는 조작으로 한민족 역사서들에 대해 위서僞書라는 주장을 펴고 신화神話화하려는 것이 과연 학자의 양심인지 묻고 싶다.

지금도 우리 학생들이 배우는 고등학교 역사 교과서에는 ≪삼국유사三國遺事≫의 상고사 내용을 기록하고 그 설명에는 단군신화라고 설명하고 있다. ≪삼국유사≫속에 실존 역사를 연구할 수 있는 수많은 단서가 있지만, 신화神話라는 한 마디 말로 취급하고 연구조차 하지 않고 묻어버리고 있는 것이다. BC 2333년 전에 건국하였다는 두 줄의 설명뿐이다. 더불어 ≪삼국유사≫에 나오는 환인桓因과 환웅桓雄에 대한 이야기는 상세한 설명도 없다. 상고사 서적을 위서로 만들고 연구조차 하지 않는다.

⑦ 삼인 기록三人記錄이란 표현이 없다.

≪안함노 원동중 삼성기安含老 元董仲 三聖記≫를 이어서 수서 대상 목록에 ≪문태산文泰山·왕거인王居人·설업薛業 등 삼인기록三人記錄≫이라는 책 이름이 보인다. 만약에 위서론자들 주장처럼 삼인기록三人記錄이라면 ≪안함 노원 동중 삼인기록安含 老元 董仲 三人記錄≫이라고 기록하였을 것이다. 그러나 실제 기록은 ≪표훈삼성밀기表訓三聖密記≫의 기록처럼 ≪안함노 원동중 삼성기安含老 元董仲 三聖記≫로 되어 있다는 점이다. 즉 환인桓因, 환웅桓雄, 단군檀君의 기록인 것이다. 저자는 안함노安含老와 원동중元董仲인 것이다. 또한 그들의 주장처럼 ≪안함 노원 동중 삼성기安含 老元 董仲 三聖記≫의 안함 노원 동중이 세 명의 성인, 즉 삼성三聖이라고 한다면, ≪표훈삼성밀기表訓三聖密記≫는 어떻게 설명할 것인가? 표훈은 한 명뿐인데 세 명의 성인, 즉 삼성三聖이란 논리가 될 수 있을까? 이 기록도 삼인밀기三人密記라고 억지로 주장해야 되지 않나?

이런 논쟁의 뿌리는 일제 36년 간 한국 고대사를 신화神話로 만들려고 공을 드린 이마니시 류今西龍 같은 일인日人 역사학자와 그 아래에서 배운 이병도李丙燾와 같은 식민사학자들과 그 제자들이 자기부정의 역사를 더욱 공고히 하려는 자기모순의 연구 결과이다. 나라를 팔아먹은 자들만큼이나 나쁜 생각을 가진 사람들이다. 민족의 역사 정신을 바로 세우지는 못할망정 있는 역사조차 없는 것처럼 치졸한 논리로 부정에 부정을 하고 있는 자들이다. 아직도 청산하지 못한 일제 잔재가 역사학계에 그대로 남아 있다.

⑧ 공식 역사 기록의 의미

≪안함노 원동중 삼성기安含老 元董仲 三聖記≫의 기록은 당시 나라를 통치하는 세조世祖의 지시사항이었던 발언이다. 그 발언을 실록으로 편찬한 국가의 공식 기록인 셈이다. 또한 왜 상고사의 역사책을 수서해야 하는지를 정확하게 알고 지시한 내용이기에 더욱 명확하게 저자와 책 이름을 바르게 하였

던 것이다. 이런 상황임에도 불구하고 세조世祖의 발언과 공식 기록이 잘못되었을 것이라는 주장은 역사를 연구하는 올바른 태도가 아니라고 본다.

이처럼 강도 높게 비판하는 것은 일본 학자들이 우리나라에 와서 우리나라 역사를 신화로 만들고 조작하며, 역사적 사실을 왜곡하는 나쁜 연구 행태를 그대로 답습하고 있기 때문이다. 광복光復 70년인 지금까지도 식민사학자들의 행태를 못 벗어나고 있다.

역사의 진실을 바르게 알리는 많은 사람들에게 교묘하게 진실을 왜곡시키는 이런 일들이 다른 나라 학자들의 글이 아니라 안타깝게도 우리나라에서 사학을 배운 학자들에 의해 수없이 행해지고 있다. 이제 본격적으로 신화로 취급하고 있는 고대사의 기록을 바탕으로 역사의 진실에 가장 가깝게 우리민족의 발자취를 추적해 보고자 한다.

⑨ 이마니시 류今西龍 〈삼성기三聖記〉를 역사서적으로 인식

이마니시 류今西龍은 자신의 저서인 ≪조선고사의 연구朝鮮古史の研究≫〈단군고檀君考〉에서 ≪고조선비사古朝鮮秘詞≫ ≪표훈삼성밀기表訓三聖密記≫≪안함로 원동중 삼성기安含老 元董仲 三聖記≫ 등의 역사 서적들을 조선시대 수서령의 목록에 있었음을 사실 그대로 본인 논문에서 인용하고 있다.

檀神母に換移せるなり。斯る事實あるは檀君を研究するに當りて以て鑑となすべし。

檀君傳説には、古く民間僧侶巫覡の徒に構成せられし面影を遺存せり。檀君古記は如何なる種類の書なりしか。王氏高麗より李氏朝鮮の初期に亘りて、この類の書甚だ多かりしなり。たとへば李朝太宗王實錄十二年の條に列記せる—神秘集—古朝鮮秘詞—大辯說—朝代記—周南逸士記—誌公記—表訓三聖密記—安含老元董仲三聖記—道證記—智異聖母河沙良訓—文泰山王居仁薛等三人記錄修撰企所一百餘卷—動天錄—磨蝨錄—通天錄—壺中錄—地華錄—道詵漢都讖記等の書籍は、王氏高麗時代に於て、書雲觀を中心として多數存在せし讖緯地理家に認容せられたるものと、高麗時代より李朝初期に亘りて彼等の手にて作成せられたるものとにして、檀君古記に類を同うする性質のものなるべし。當時存在せし幾多の仙人の著名なるものには、檀君古記に類する口傳若くは書き上げられたる事蹟記錄迄を各有せしことは疑を容れず、其古記といふもの、必ずしも幾百年傳來の古記とは限らずして、十年前に出來しものも作成年代不明となり居りしならむには、これ又古記なりしならむ。吾人が現今朝鮮寺院に有する所謂古記なるものを

檀君考　五三

[그림 014] ≪조선고사의 연구(朝鮮古史の硏究≫〈단군고檀君考〉 53쪽에 ≪고조선비사古朝鮮秘詞≫, ≪표훈삼성밀기表訓三聖密記≫, ≪안함로 원동중 삼성기安含老 元董仲 三聖記≫의 기록을 소개하고 있다.

나) 조선 예종睿宗 수서령收書令

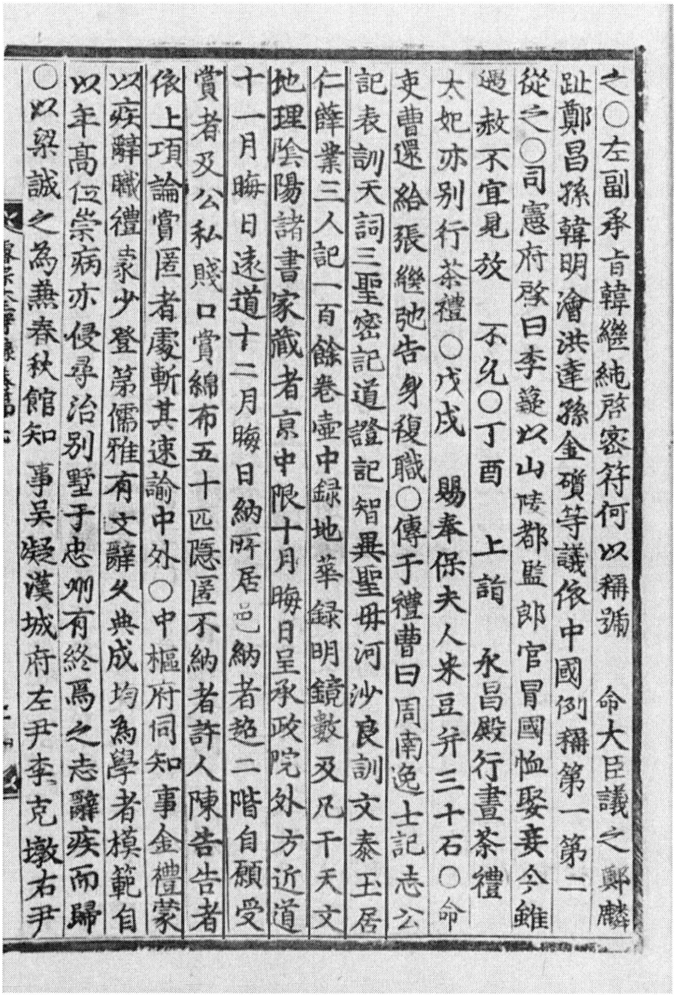

[그림 015] ≪조선왕조실록≫ 예종睿宗 1년 1469년 기축己丑년 9월 18일 무술戊戌일 수서령에 대한 기사가 있다.

예종睿宗 1년 1469년 기축己丑년 9월 18일 무술戊戌일 예조에 명하여 모든 천문·지리·음양에 관계되는 서적들을 수집하게 하다.

傳于禮曹曰"≪周南逸士記≫, ≪志公記≫, ≪表
전 우 례 조 왈　　주 남 일 사 기　　지 공 기　　　표

訓天詞三聖密記≫, ≪道證記≫, ≪智異聖母河沙
훈 천 사 삼 성 밀 기　　도 증 기　　　지 리 성 모 하 사

良訓≫, ≪文泰・玉居仁・薛業三人記≫ 一百餘
량 훈　　　문 태　옥 거 인　설 업 삼 인 기　　일 백 여

卷 ≪壺中錄≫, ≪地華錄≫, ≪明鏡數≫, 及凡
권　　호 중 록　　　지 화 록　　　명 경 수　　급 범

干天文, 地理, 陰陽諸書家藏者, 京中限十月晦
간 천 문　지 리　음 양 제 서 가 장 자　경 중 한 십 월 회

日, 呈承政院, 外方近道十一月晦日, 遠道十二
일　정 승 정 원　외 방 근 도 십 일 월 회 일　원 도 십 이

月晦日, 納所居邑。納者超二階, 自願受賞者
월 회 일　납 소 거 읍　　납 자 초 이 계　자 원 수 상 자

及公私賤口, 賞綿布五十匹, 隱匿不納者, 許人
급 공 사 천 구　상 면 포 오 십 필　은 닉 불 납 자, 허 인

陳告, 告者依上項論賞, 匿者處斬。其速諭中外
진 고　고 자 의 상 항 론 상　닉 자 처 참　기 속 유 중 외

　예조禮曹에 전교하기를 "≪주남일사기周南逸士記≫・≪지공기志公記≫・
≪표훈천사삼성밀기表訓天詞三聖密記≫・≪도증기道證記≫ ≪지리성모하사
량훈智異聖母河沙良訓≫ ≪문태文泰・왕거인王居仁・설업薛業 삼인기三人記≫ 1
백여 권과 ≪호중록壺中錄≫・≪지화록地華錄≫・≪명경수明鏡數≫ 및 모든
천문天文・지리地理・음양陰陽에 관계되는 서적들을 집에 간수하고 있는 자
는, 경중京中에서는 10월 그믐날까지 한정하여 승정원承政院에 바치고, 외방
外方에서는 가까운 도道는 11월 그믐날까지, 먼 도道는 12월 그믐날까지 거주
하는 고을에 바치라. 바친 자는 2품계를 높여 주되, 상 받기를 원하는 자 및

공사천구公私賤□에게는 면포綿布 50필匹를 상 주며, 숨기고 바치지 않는 자는 다른 사람의 진고陳告를 받아들여 진고한 자에게 위의 항목에 따라 논상論賞하고, 숨긴 자는 참형斬刑에 처한다. 그것을 중외中外에 속히 유시하라." 하였다.

세조世祖 3年 1457년 수서령收書令 이후에 12년이 지난 예종睿宗 1년 1469년에 2차 수서령收書令이 시행되었다. 총 9종의 서적書籍이 수서 대상이었다. 주요 특징은 ≪표훈천사삼성밀기表訓天詞三聖密記≫가 다시 한 번 수서령에 대상이었다는 것이다. 이는 환인, 환웅, 단군의 삼성三聖 기록을 적은 상고사의 서적이다. 주목할 만한 기록으로는 진고陳告라는 제도이다. 진고陳告는 죄인罪人을 고발告發하는 제도로 오늘날의 파파라치(Paparazzi) 제도와 유사하다. 또한 숨긴 자는 참형斬刑에 처하게 하였는데, 참형斬刑은 목을 베는 사형 제도이다. 이처럼 강력한 제도로 역사 서적을 수거하였다는 것이다.

다) 조선 성종成宗 수서령收書令

성종成宗 즉위년 1469년(己丑年) 12월 9일 무오戊午일의 기록이다. 여러 도의 관찰사에게 천문·음양·지리에 관한 책을 수납하는 것에 대한 글을 보낸 내용이다.

[원문原文]

下書諸道觀察使曰前者, ≪周南逸士記≫,
하 서 제 도 관 찰 사 왈 전 자　　주 남 일 사 기

≪志公記≫, ≪表訓天詞三聖密記≫,
　　지 공 기　　　　표 훈 천 사 삼 성 밀 기

≪道證記≫, ≪智異聖母河少良訓≫,
　　도 증 기　　　　지 리 성 모 하 소 량 훈

≪文泰·王居仁·薛業三人記≫ 一百餘卷,
　　문 태　　왕 거 인　설 업 삼 인 기　　일 백 여 권

≪壺中錄≫, ≪地華錄≫, ≪明鏡數≫
호 중 록　　지 화 록　　명 경 수

及凡干天文. 地理. 陰陽諸書,
급 범 간 천 문　지 리　음 양 제 서

無遺搜覓上送事, 曾已下諭。 上項 ≪明鏡數≫
무 유 수 멱 상 송 사　증 이 하 유　상 항　　명 경 수

以上九册. ≪太一金鏡式≫, ≪道詵讖記≫,
이 상 구 책　　태 일 김 경 식　　도 선 참 기

依前諭 上送, 餘書勿更收納, 其已收者還給
의 전 유　상 송　여 서 물 경 수 납　기 이 수 자 환 급

[해석解釋]

　여러 도道의 관찰사觀察使에게 교서敎書를 내리기를, "전일에 ≪주남일사기周南逸士記≫·≪지공기志公記≫·≪표훈천사삼성밀기表訓天詞三聖密記≫·≪도증기道證記≫·≪지리성모하소량훈 智異聖母河少良訓≫ ≪문태文泰·왕거인王居仁·설업薛業 삼인기三人記≫ 1백여 권과, ≪호중록壺中錄≫·≪지화록地華錄≫·≪명경수明鏡數≫와 모든 천문天文·지리地理·음양陰陽에 관계되는 서적들을 빠짐없이 찾아내어 서울로 올려보낼 일을 이미 하유下諭했으니, 상항上項 ≪명경수明鏡數≫이상의 9책과 ≪태일금경식太一金鏡式≫ ≪도선참기道詵讖記≫는 전일의 하유下諭에 의거하여 서울로 올려보내고 나머지 책은 다시 수납收納하지 말도록 하고, 이미 수납한 것은 돌려주도록 하라." 하였다.

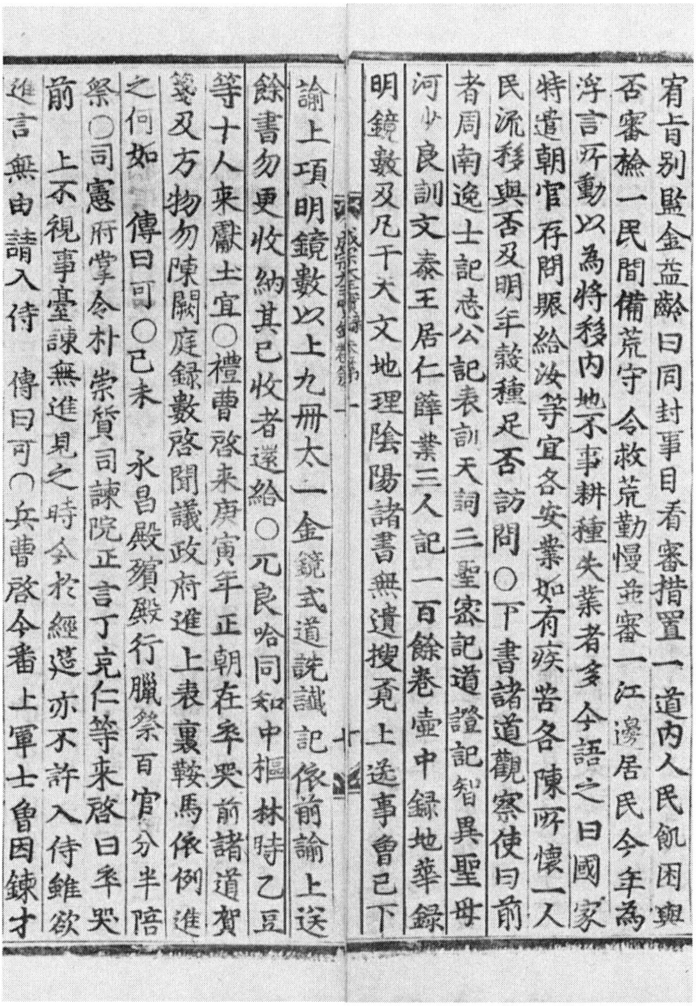
宥旨別監金益齡曰同封事目看審措置一道內人民飢困與
否審檢一民間備荒守令救荒勤慢並審一江邊居民今年爲
浮言所動以爲將移內地不事耕種失業者多今語之曰國家
特遣朝官存問賑給汝等宜各安業如有疾苦各陳所懷一人
民流移與否及明年穀種足否訪問○下書諸道觀察使曰前
者周南逸士記志公記表訓天詞三聖密記道證記智異聖母
河少良訓文泰王居仁薛業三人記一百餘卷壺中錄地華錄
明鏡數及凡干天文地理陰陽諸書無遺搜覓上送事曾已下
成宗大王實錄卷第一 十
諭上項明鏡數以上九冊太一金鏡式道詵讖記依前諭上送
餘書勿更收納其已收者還給○兀良哈同知中樞林時乙豆
等十人來獻土宜○禮曹啓來庚寅年正朝在卒哭前諸道賀
箋及方物勿陳闕庭錄數啓聞議政府進上表裏鞍馬依例進
之何如 傳曰可○己未 永昌殿殯殿行臘祭百官分半陪
祭○司憲府掌令朴崇質司諫院正言丁克仁等來啓曰卒哭
前 上不視事臺諫無進見之時今於經筵亦不許入侍雖欲
進言無由請入侍 傳曰可○兵曹啓今番上軍士曾因鍊才

[그림 016] ≪조선왕조실록≫ 성종成宗 즉위년 1469년 기축己丑년 12월 9일 무오戊午일의 수서령 기사가 있다.

이처럼 세 차례의 수서령收書令은 심각한 폐해를 낳게 된다. 우리 민족의 상고사가 소실되어 주요 이야기만 설화나 신화神話처럼 구전口傳되게 된 것이다. 결국 역사를 잊어 버리게 되고 민족의 주체성이 약화되어 조선왕조는 일본의 침탈에 나라가 망하게 된 것이다. 조선왕조의 폐망에 대한 많은 원인이 있겠지만, 역사 정신을 스스로 망각하게 한 것이 주요 원인이 될 것이다.

일제시대에도 식민지 정책으로 단군을 기록한 서적들을 수거하여 역사를 잊어버린 민족을 만들고 주체성 없는 식민지 백성으로 만들려고 온갖 악행을 저질렀다. 해방이 되어 빼앗긴 산하山河는 찾았으나, 역사는 아직도 찾지 못하고 식민사학자들에 의하여 신화화되고, 조작된 역사는 아직도 회복이 안 되고 있다. 그 잃어버린 역사를 회복시키는 일은 우리들이 해야 할 최우선 과제이다.

⑥ 동사보유東史補遺 환인桓因 기록

[원문原文]

東史補遺券之一 檀君朝鮮
동 사 보 유 권 지 일 단 군 조 선

東方 初無君長 有神人 降于太白山 檀木下
동 방 초 무 군 장 유 신 인 강 우 태 백 산 단 목 하

國人立爲君 國號朝鮮 時 唐堯二十五年
국 인 입 위 군 국 호 조 선 시 당 요 이 십 오 년

戊辰歲也 都平壤 後徒白岳 是爲檀君
무 진 세 야 도 평 양 후 도 백 악 시 위 단 군

至商 武丁八年 入阿斯達山 爲神
지 상 무 정 팔 년 입 아 사 달 산 위 신

古記云 昔有桓因 帝釋也 庶子雄 貪求人世
고 기 운 석 유 환 인 제 석 야 서 자 웅 탐 구 인 세

[그림 017] 1630년대 문신이었던 조정趙挺이 찬한 역사책 ≪동사보유≫에 환인에 대한 기록이 있다. 장서각 보관 사료

[해석解釋]

　동방에 처음에는 군장이 없었다. 신인神人이 있어 태백산 단목 아래로 내려오오서서 나라 사람들이 그를 임금으로 추대하고 나라 이름을 조선朝鮮이라 하였다. 때는 당요 25년 무진년이다. 처음에는 평양에 도읍하였다가, 후에 백악으로 옮겼으니 이분이 바로 단군이시다. 상나라 무정 8년에 아사달산으

로 입적하셔서 신이 되셨다. 고기에 이르기를 옛적에 환인桓因이 계셨다. 제석을 이른다. 서자 웅이 계셔서 인간 세상을 구하고자 하셨다.

　≪동사보유東史補遺≫ 1권 〈단군조선檀君朝鮮〉 편에 환인에 대한 기록이 있다. 이처럼 많은 사서에 환인 기록이 있지만 전설로만 생각하고 있다.

≪환단고기≫ 〈삼성기전 상편〉 환인 기록

[원문原文]

吾桓建國이 最古라.
오 환 건 국　　최 고

有一神이 在斯白力之天하사 爲獨化之神하시니
유 일 신　　재 사 백 력 지 천　　위 독 화 지 신

光明으로 照宇宙하시며 權化生萬物하시며
광 명　　　조 우 주　　　권 화 생 만 물

長生久視하사 恒得快樂하시며
장 생 구 시　　항 득 쾌 락

乘遊至氣하사 妙契自然하시며
승 유 지 기　　묘 계 자 연

無形而見하시며 無爲而作하시며 無言而行하시니라.
무 형 이 현　　　무 위 이 작　　　무 언 이 행

日 降童女童男八百於黑水白山之地하시니
일 강 동 녀 동 남 팔 백 어 흑 수 백 산 지 지

於是에 桓因이 亦以監羣으로 居于天界하사
어 시　　환 인　　역 이 감 군　　거 우 천 계

搰石發火하사 始敎熟食하시니 謂之桓國이오
부 석 발 화　　시 교 숙 식　　　위 지 환 국

是謂天帝桓因氏니 亦稱安巴堅也라
시 위 천 제 환 인 씨　 역 칭 안 파 견 야

全七世오 年代 不可考也니라.
전 칠 세　 년 대 불 가 고 야

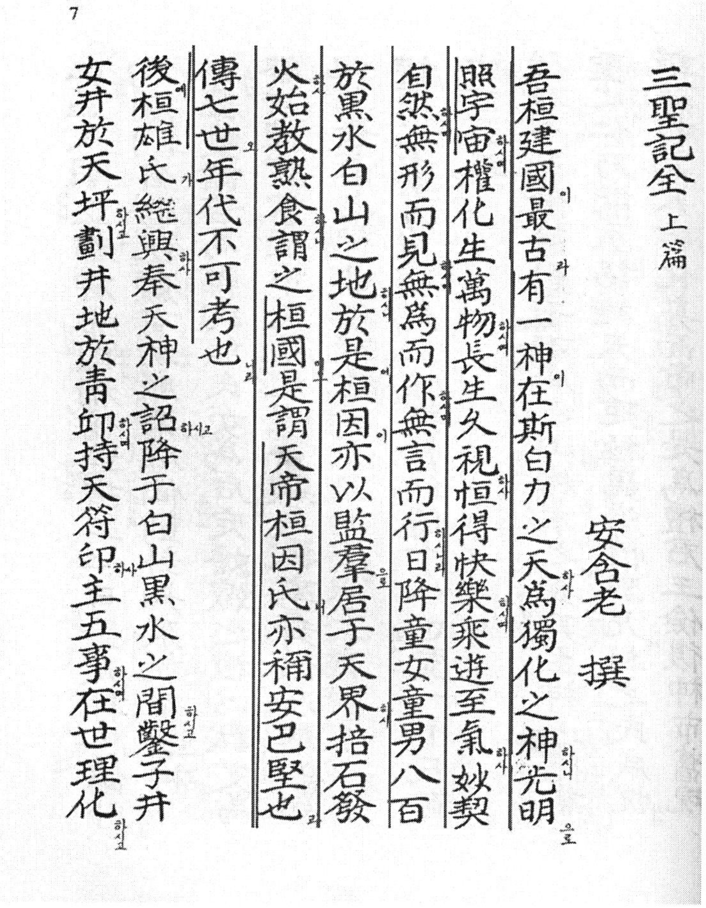

三聖記全 上篇

安含老 撰

吾桓建國最古有一神在斯白力之天爲獨化之神光明

照宇宙權化生萬物長生久視恒得快樂乘遊至氣妙契

自然無形而見無爲而作無言而行日降童女童男八百

放黑水白山之地於是桓因亦以監羣居于天界捨石發

火始教熟食謂之桓國是謂天帝桓因氏亦稱安巴堅也

傳七世年代不可考也

後桓雄氏繼興奉天神之詔降于白山黑水之間鑿子井

女井放天坪劃井地放青卯持天符印主五事在世理化

[그림 018] ≪환단고기桓檀古記≫ 광오이해사본(1979년) 〈삼성기전 상편〉에 환인 기록이 나와 있다. 기존에 나와 있는 여러 사서처럼 환인桓因과 환웅桓雄의 기록이 상세하게 소개되고 있다.

우리 환桓 민족이 세운 환국桓國이 세상에서 가장 오래되었다. 일신一神께서 계셨는데 사백력(아주 하얀, 아주 밝은)의 하늘天에 존재하시면서 홀獨로 조화造化되어 신神이 되시니, 광명光明으로 우주宇宙를 비추시고 권능權能의 조화造化로 만물萬物을 낳으시고 오래 오래 사시면서長生久視 항상恒常 편안함快樂을 얻으시고 지극한 기운至氣을 타고 노니시며乘遊 스스로 그러함自然에 오묘奧妙하게 부합符合하시니라. 형상없이(無形) 나타나시고(見) 함이 없이(無爲) 만물을 지으시며 말없이(無言) 행行하시니라. 어느날 동녀동남 800명을 흑수黑水와 백산白山의 땅에 내려 보내시니 이에 환인桓因께서 감군監羣이 되셔서 천계天界에 거주하시고 돌을 부딪쳐서(掊石) 불을 피우게(發火) 하시고 음식을 익혀(熟食) 먹는 법을 처음으로 가르치시니라. 위 나라를 환국桓國이라 하였다. 이 환국을 다스리신 분을 천제환인씨天帝桓因氏라 부르고 또한 안파견安巴堅이라고도 부르니라 환국은 칠세七世를 전했으며 연대年代는 자세히 살필 수 없다.

안함로(安含老, 579년~640년) 도승道僧께서 찬撰하신 〈삼성기전三聖記全 상편〉에는 환국桓國 기록과 더불어 통치자 환인에 대한 기록이 있다. 이 기록을 살펴보고 통치자에 대한 바른 이해를 돕고자 한다.

환인씨桓因氏께서 건국하시고 대대로 통치하게 되는데 총 칠세七世를 전하게 된다. 그러나 안함로安含老 도승道僧께서는 칠세의 상세한 연대를 자세히 알 수 가 없어 기록이 없게 된다. 그러나 원동중元董仲이 찬撰한 〈삼성기전三聖紀全 하편〉에 기록되어 있다.

⑧ ≪환단고기≫ 〈삼성기전三聖紀全 하편〉의 환인 기록

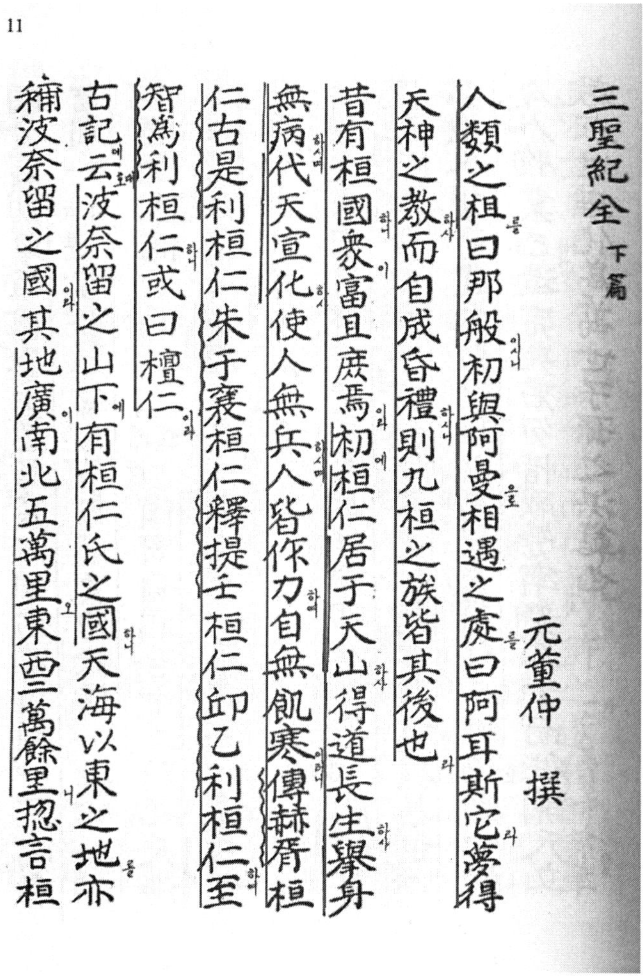
11

三聖紀全 下篇

元董仲 撰

人類之祖를 曰那般이시니 初與阿曼으로 相遇之處를 曰阿耳斯它라 夢得天神之敎하사 而自成昏禮하시니 則九桓之族이 皆其後也라

昔有桓國하니 衆富且庶焉이라 初에 桓仁이 居于天山하사 得道長生하사 擧身無病하시며 代天宣化하사 使人無兵하시며 人皆作力하며 自無飢寒이러니 傳赫胥桓仁古是利桓仁朱于襄桓仁釋提壬桓仁邱乙利桓仁하여 至智爲利桓仁하니 或曰檀仁이라

古記에 云호대 波奈留之山下에 有桓仁氏之國하니 天海以東之地를 亦稱波奈留之國이라 其地廣이 南北五萬里오 東西二萬餘里니 摠言桓

[그림 019] ≪환단고기桓檀古記≫ 광오이해사본(1979년) 〈삼성기전三聖紀全 하편〉의 환인桓仁 자료

[원문原文]

人類之祖를 曰那般이시니 初與阿曼으로
인 류 지 조 　왈 나 반 　　　초 여 아 만

相遇之處를 曰 阿耳斯庀라.
상 우 지 처　　왈 아 이 사 타

夢得天神之敎하사 而自成昏禮하시니
몽 득 천 신 지 교　　　이 자 성 혼 례

則九桓之族皆其後也라.
즉 구 환 지 족 개 기 후 야

昔有桓國하니 衆이 富且庶焉이라.
석 유 환 국　　중　　부 차 서 언

初에 桓仁居于天山하사 得道長生하사
초　　환 인 거 우 천 산　　　득 도 장 생

擧身無病하시며
거 신 무 병

代天宣化하사 使人無兵하시며
대 천 선 화　　사 인 무 병

人皆作力하며 自無飢寒이러니.
인 개 작 력　　자 무 기 한

傳赫胥桓仁 古是利桓仁 朱于襄桓仁 釋提壬桓仁
전 혁 서 환 인　고 시 리 환 인　주 우 양 환 인　석 제 임 환 인

邱乙利桓仁 至智爲利桓仁하니 或曰檀仁이라
구 을 리 환 인　지 지 위 리 환 인　　혹 왈 단 인

[해석解釋]

　인류의 조상은 나반那般이시다. 나반께서 아만阿曼과 처음 만나신 곳은 아이사타阿耳斯庀이다. 꿈에 천신의 가르침을 받으사 스스로 혼례를 올리시니 구환족이 그 후손이다. 옛적에 환국이 있었으니, 백성들은 풍요로웠으며 인구도 많았느니라. 처음에 **환인**桓仁께서 천산에 터를 잡으시고 도를 얻으시고 장생하시니 몸에는 병이 없으셨도다. 하늘을 대행하여 널리 교화를 베풀어 사람들로 하여금 싸움이 없게 하셨으며, 모두 힘을 합해 열심히 일하여 스스로 굶주임과 추위를 사라지게 하였느니라. 제1세 초대 안파견환인安巴堅桓仁

으로부터 전하기를 제2세 혁서환인赫胥桓仁 제3세 고시리환인古是利桓仁 제4세 주우양환인朱于襄桓仁 제5세 석제임환인釋提壬桓仁 제6세 구을리환인邱乙利桓仁 제7세 지위리환인智爲利桓仁에 이르고 혹은 단인檀仁이라 하였다.

〈삼성기전三聖紀全 하편〉은 조선시대 이전 인물인 원동중元董仲 선생께서 찬찬撰하신 책이다. 환국桓國에 관한 기사는 총 268자이다. 〈삼성기전 하편〉에서 환인桓仁께서 환국桓國을 건국하신 기록이 정확하게 나와 있다. 또한 7대를 전한 환국의 역사가 기록되어 있으며, 환국의 통치자 제2대 혁서환인赫胥桓仁에 대한 기록이 ≪장자莊子≫ 제9장. 마제馬蹄[12]의 기록으로 전한다. 원본과 함께 내용을 상세하게 살펴보고자 한다.

1) ≪장자莊子≫ 제9장 혁서씨赫胥氏의 환인 기록

[원문原文]

≪莊子 馬蹄≫ "夫赫胥氏之時, 民居不知所爲,
　　장자　마제　　부혁서씨지시　민거부지소위

行不知所之, 含哺而熙, 鼓腹而遊 民能以
행부지소지　함포이희　고복이유　민능이

此矣 及至聖人 屈折禮樂 以匡天下之形
차의　급지성인　굴절예악　이광천하지형

縣跂仁義 以慰天下之心 而民乃始踶跂好知
현기인의　이위천하지심　이민내시제기호지

爭歸於利 不可止也 此亦聖人之過也
쟁귀어리　불가지야　차역성인지과야

[해석解釋]

≪장자≫ 제9장. 〈마제馬蹄〉에 이르기를 고대 혁서씨赫胥氏 시절에는 백성

---

[12] ≪묵점 기세춘 선생과 함께하는 장자≫해석 인용. 212쪽(2006년 바이북스), 중국의 고전 장자는 기원전(BC) 369년~286년 시대의 인물로, 구전되어 오던 이야기를 기록하였다.

들이 편안히 살면서 다스림을 몰랐고, 여행을 하지만 가야 할 곳을 몰랐다. 젖을 물고 기뻐하는 아이처럼 배를 두드리며 놀았으니 백성들이 할 수 있는 것이란 이것뿐이었다. 그러나 성인 시대에 이르자 몸을 굽히고 꺾는 예악으로 천하 사람들을 모두 곱사등이로 만들고, 인의를 내세워 천하의 인심을 우울하게 했다. 이에 백성들은 발돋움하며 지혜 겨루기를 좋아하고, 이익을 차지하려는 다툼이 그치지 않았다. 이 또한 성인의 잘못이다.

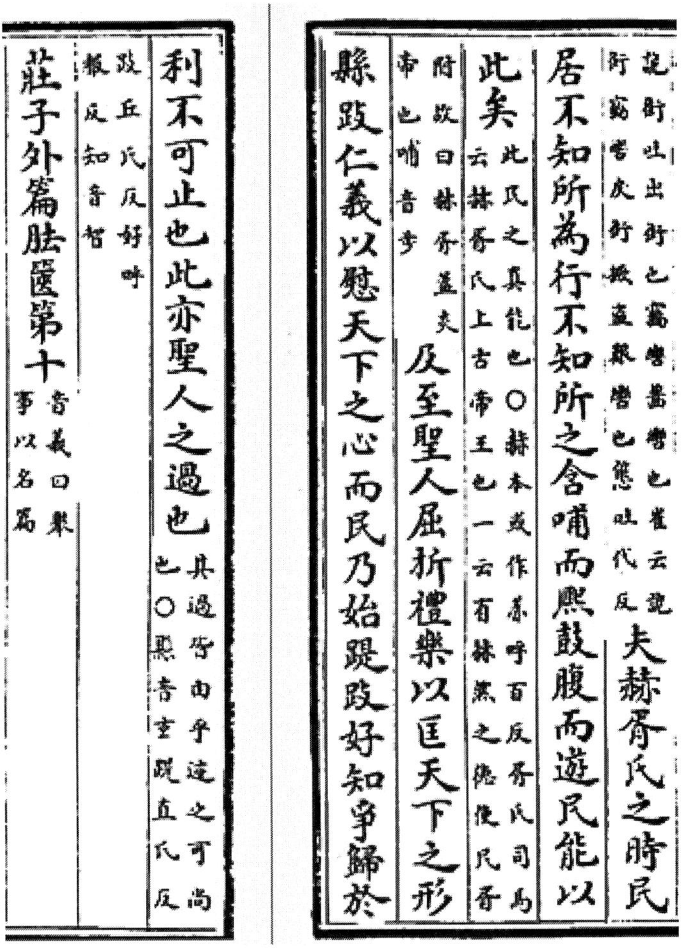

[그림 020] ≪장자莊子≫ 제9장 마제馬蹄 기록에 혁서씨赫胥氏에 대한 기록이 있다. ≪흠정사고전서欽定四庫全書≫ ≪장자≫ 제9장 복사본

환국桓國은 BC 7197년~ BC 3897년 기간으로 3301년동안 7대 환인桓仁께서 환국을 통치하셨다. 장자는 BC 369년~286년대 사상가로 6,000년 전부터 전해 오던 환국의 제2대 통치자 혁서환인씨赫胥桓仁氏의 다스림이 구전되어 장자시대에까지 전해져 오게 되어 그의 저서 장자에 기록하고 있다. 중요한 사실은 혁서환인씨赫胥桓仁氏에 대한 기록이 남아 있다는 사실이며, 모범적인 정치의 이상으로 설명하고 있다는 점이다.

2) ≪사기史記≫ 〈삼황본기이三皇本紀二〉의 환인 기록

≪장자≫제9장 〈마제馬蹄〉에 있는 혁서환인씨赫胥桓仁氏 기록과 더불어 두 번째로 사마정司馬貞 ≪사기색은史記索隱≫ 〈삼황본기이三皇本紀二〉 기록에도 환국桓國의 환인桓因 씨에 대한 기록이 보인다. 삼황본기이에서는 제2대 혁서환인과 제4대 주우양환인朱于襄桓仁에 대한 기록이 있다.

사마정司馬貞의 ≪사기색은史記索隱≫ 〈삼황본기三皇本紀〉와 〈삼황본기이三皇本紀二〉에는 환국시대의 상고사를 기록하고 있다. 특히 제2대 혁서환인씨赫胥桓仁氏와 제4대 주우양환인씨朱于襄桓仁氏를 기록하고 있는데, 주우양환인씨를 주양씨朱襄氏로 기록했고, 천하를 다스린 분들의 이름임을 설명하고 있다. 씨칭氏稱은 환인씨桓因氏, 환웅씨桓雄氏, 단군씨檀君氏 등 존칭의 칭호로 사용되었으며, 이 자료에도 대부분 씨칭氏稱으로 기록하고 있다.

[원문原文]

自人皇已後 有五龍氏, 燧人氏, 大庭氏,
자 인 황 이 후 유 오 룡 씨 수 인 씨 대 정 씨

柏皇氏, 中央氏, 卷須氏, 栗陸氏, 驪連氏
백 황 씨 중 앙 씨 권 수 씨 율 육 씨 여 련 씨

赫胥氏, 尊盧氏, 渾沌氏, 昊英氏, 有巢氏,
혁 서 씨 존 로 씨 혼 돈 씨 호 영 씨 유 소 씨

朱襄氏,　葛天氏,　陰康氏,　無懷氏
주양씨　갈천씨　음강씨　무회씨

斯盖三皇 已來有天地者之號
사개삼황 이래유천지자지호

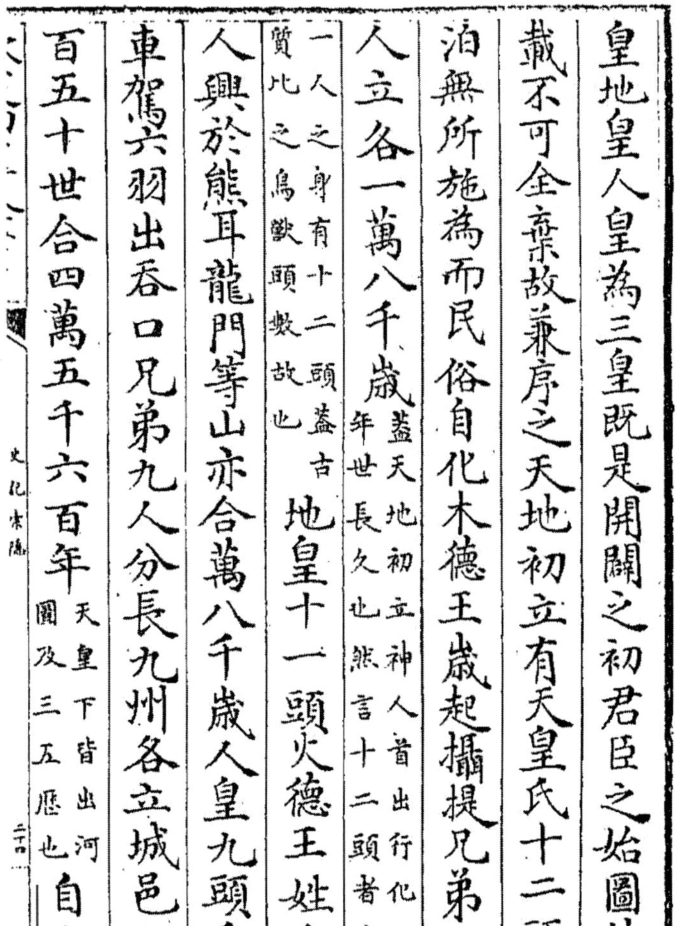

皇地皇人皇為三皇既是開闢之初君臣之始圖緯所

載不可全棄故兼序之天地初立有天皇氏十二頭澹

泊無所施為而民俗自化木德王歲起攝提兄弟十二

人立各一萬八千歲 蓋天地初立神人首出行化故其年世長久也然言十二頭者非謂 地皇十一頭火德王姓十一

一人之身有十二頭蓋古 質此之鳥獸頭數故也

人興於熊耳龍門等山亦合萬八千歲人皇九頭乘雲

車駕六羽出吞口兄弟九人分長九州各立城邑凡一 天皇下皆出河 自人皇

百五十世合四萬五千六百年 圍及三五應也

[그림 021] 사마정司馬貞의 《사기색은史記索隱》〈삼황본기이三皇本紀二〉 기록 《사기색은史記索隱》 권삼십卷三十 《흠정사고전서欽定四庫全書》 복사본이다.

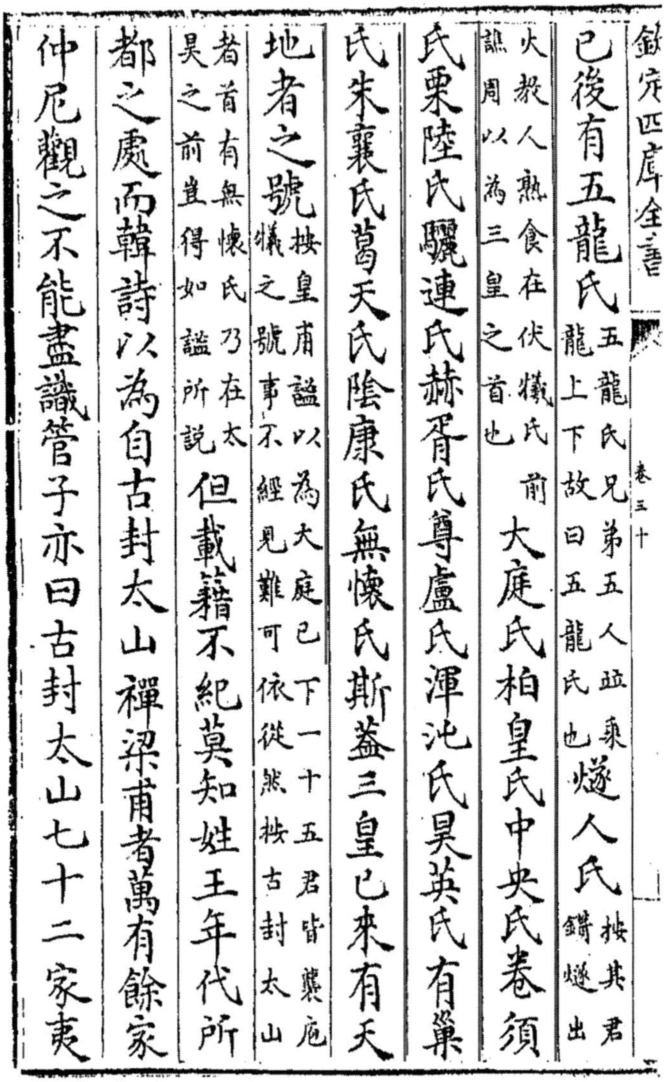

欽定四庫全書

已後有五龍氏 五龍氏兄弟五人並乘龍上下故曰五龍氏也 燧人氏 按其君 錯燧出

火教人熟食在伏犧氏前 誦周以為三皇之首也 大庭氏柏皇氏中央氏卷須

氏栗陸氏驪連氏赫胥氏尊盧氏渾池氏昊英氏有巢

氏朱襄氏葛天氏陰康氏無懷氏斯蓋三皇已來有天

地者之號 按皇甫謐以為大庭已下一十五君皆襲庖 義之號事不經見難可依從然按古封太山

者首有無懷氏乃在太昊之前豈得如謐所說 但載籍不紀莫知姓王年代所

都之處而韓詩以為自古封太山禪梁甫者萬有餘家

仲尼觀之不能盡識管子亦曰古封太山七十二家夷

[그림 022] 사마정司馬貞의 ≪사기색은史記索隱≫ 〈삼황본기이三皇本紀二〉의 기록 ≪사기색은史記索隱≫ 권삼십卷三十 ≪흠정사고전서欽定四庫全書≫ 복사본이다.

[해석解釋]

인황人皇씨로부터 그 이후에 오룡씨五龍氏가 있었으며, 수인씨燧人氏, 대정

씨大庭氏, 백황씨柏皇氏, 중앙씨中央氏, 권수씨卷須氏, 율육씨栗陸氏, 여련씨驪連氏, **혁서씨赫胥氏**, 존로씨尊盧氏, 혼돈씨渾沌氏, 호영씨昊英氏, 유소씨有巢氏, **주양씨朱襄氏**, 갈천씨葛天氏, 음강씨陰康氏, 무회씨無懷氏이다. 이는 대개 삼황 이후에 천지를 다스린 분들의 이름이다.

여기에서 **혁서씨赫胥氏**는 환국의 2대 혁서환인씨赫胥桓仁氏이다. 또한 **주양씨朱襄氏**는 환국의 4대 주우양환인씨朱于襄桓仁氏이다. 단지 본래의 호칭에 환인桓仁이란 존칭을 더한 것이다. ≪환단고기桓檀古記≫ 〈삼성기전三聖紀全〉 하편에 기록된 7대 환인의 기록이 역사적인 사실임을 일부라도 증명하고 있는 것이다.

[도표 010] 환국의 7대 환인기록 사서 정리

환국의 7대 환인桓仁	사서 기록
제1대 안파견환인安巴堅桓仁	
제2대 혁서환인赫胥桓仁	장자莊子 사기색은史記索隱
제3대 고시리환인古是利桓仁	
제4대 주우양환인朱于襄桓仁	사기색은史記索隱
제5대 석제임환인釋提壬桓仁	
제6대 구을리환인邱乙利桓仁	
제7대 지위리환인智爲利桓仁	

환국桓國의 통치자이신 7대 환인桓因에 대한 기록은 위 ≪장자莊子≫와 ≪사기색은史記索隱≫에 기록으로 남아 있다. 특히 혁서환인씨는 2곳에 기록으로 남아 있다.

9 〈태백일사〉〈삼신오제본기三神五帝本紀〉의 환인 기록

105

是로 子孫相傳하여 玄玅得道하여 光明理世하고 旣有天地人三極大圓
一之爲庶物原義하니 則天下九桓之禮樂이 豈不在扵三神古
祭之俗乎아 傳에 曰 三神之後를 稱爲桓國이오 桓國天帝所居之邦이라하고
又曰 三神은 在桓國之先하니 那般이 死爲三神이라하니 夫三神者는 永久生
命之根本也라 故로 曰 人物이 同出扵三神하여 以三神으로 爲一源之祖
也라 桓仁이 亦代三神하여 爲桓國天帝하시니 後稱那般이 爲大先天하시고 桓仁으로
爲大中天하시니라 桓仁이 與桓雄治尤로 爲三皇하시니 桓雄은 稱大雄天이오 治尤는
爲智偉天이니 乃黃帝中經之所由作也라 三光五氣가 皆在視聽感
覺而世級曰進하여 攢火焉하여 發語焉하여 造字焉하여 優勝劣敗之相競이
始乎起耳라 熊族之中에 有檀國最盛하고 王儉이 亦自天而降하사 來御

[그림 023] ≪환단고기桓檀古記≫ 광오이해사본(1979년) 〈태백일사 삼신오제본기〉의 환인桓仁 자료

傳에 曰三神之後를 稱爲桓國이오
전　왈삼신지후　칭위환국

桓國天帝所居之邦이라 하고
환국천제소거지방

又曰 三神은 在桓國之先하여
우왈　삼신　재환국지선

那般이 死爲三神이라 하니
나반　사위삼신

夫三神者는 永久生命之根本也라.
부삼신자　영구생명지근본야

故로 曰人物이 同出於 三神하여 以三神으로
고　왈인물　동출어　삼신　이삼신

爲 一源之祖也 桓仁이 亦代 三神하여
위 일원지조야 환인　역대 삼신

爲 桓國天帝하시니
위 환국천제

[해석解釋]

　전傳에 이르기를 '삼신三神의 후손들이 나라를 칭하기를 환국桓國이라 부른다. 환국은 천제天帝께서 거주하시는 나라이다. 또한 이르기를 삼신은 환국보다 먼저 계셨으니, 나반이 죽어서 삼신이 되셨다.'라고 하였으니, 무릇 삼신이란 영원한 생명의 근본이다. 그러므로 사람과 만물이 함께 삼신에서 생겨나니, 삼신이 바로 모든 생명의 한 뿌리의 조상이다.'라고 하였다. 환인桓仁은 삼신을 대행하여 환국의 천제天帝가 되셨다.

⑩ 〈태백일사〉〈환국본기桓國本紀〉의 환인 기록

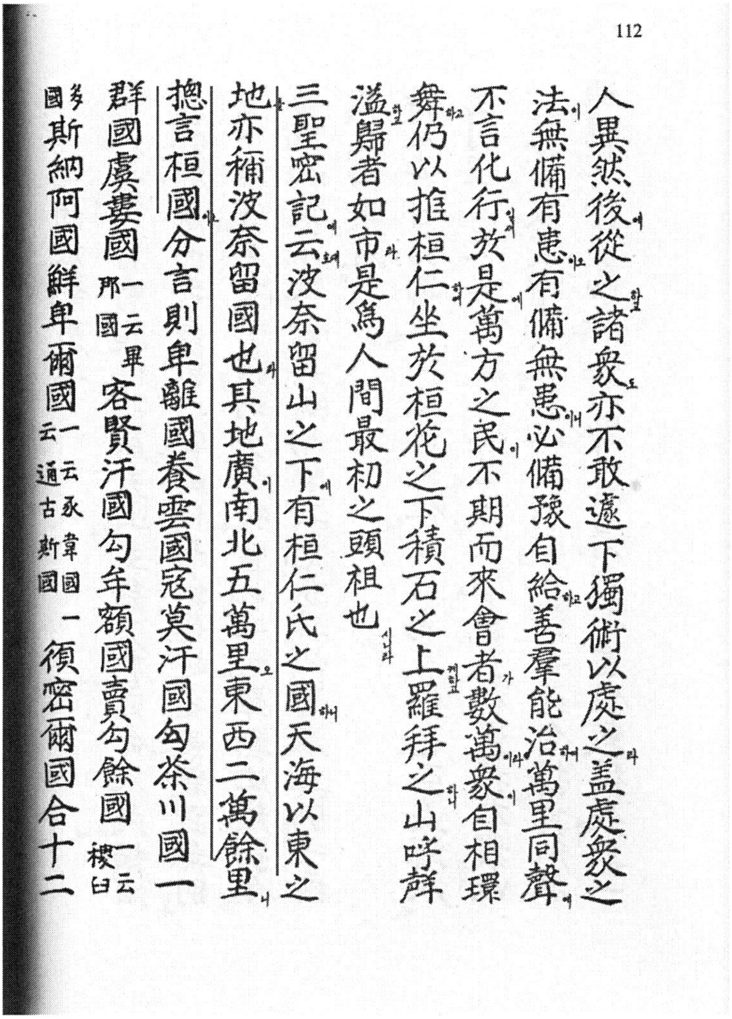
112

人異然後從之諸衆亦不敢違下獨術以處之蓋處衆之法無備有患有備無患必備豫自給善羣能治萬里同聲不言化行於是萬方之民不期而來會者數萬衆自相環舞仍以推桓仁坐於桓花之下積石之上羅拜之山呼聲溢歸者如市是爲人間最初之頭祖也

三聖密記云波奈留山之下有桓仁氏之國天海以東之地亦稱波奈留國也其地廣南北五萬里東西二萬餘里

摠言桓國分言則卑離國養雲國寇莫汗國勾茶川國一群國虞婁國 一云畢那國 客賢汗國勾牟額國賣勾餘國 一云稷臼多國 斯納阿國鮮卑爾國 一云豕韋國 一云通古斯國 須密爾國合十二

[그림 024] ≪환단고기桓檀古記≫ 광오이해사본(1979년) 〈태백일사 환국본기太白逸史 桓國本紀〉의 환인桓仁 자료

三聖密記에 云호대 波奈留之山下에
삼 성 밀 기　　운　　　파 내 류 지 산 하

有桓仁氏之國하니
유 환 인 씨 지 국

天海以東之地를 亦 稱波奈留之國也라
천 해 이 동 지 지　　역　칭 파 내 류 지 국 야

其地廣이 南北五萬里오
기 지 광　　남 북 오 만 리

東西二萬餘里니 摠言桓國이오
동 서 이 만 여 리　　총 언 환 국

　삼성밀기에 이르기를 파내류산 아래에 **환인씨桓仁氏의 나라**가 있으니, 천해의 동쪽 땅이라. 또한 칭하기를 파내류국이라. 그 땅의 넓이는 남북으로 5만 리요. 동서로 2만여 리이니 통틀어 환국桓國이라 했다.

　〈태백일사太白逸史〉〈삼신오제본기三神五帝本紀〉와 〈환국본기桓國本紀〉에서는 환인桓仁께서 환국桓國을 건국하신 환국천제桓國天帝로 상세하게 설명되어 있다. 천제天帝라 함은 통치자 호칭이다. 즉 나라가 존재하고 그 나라를 통치하시는 통치자에 대한 호칭으로 천제天帝라는 칭호를 부여했다. 하늘을 대신하여 다스리시는 통치자라는 의미이다.

⑪ ≪부도지符都誌≫의 환인桓因 기록

　　≪부도지符都誌≫는 충렬공忠烈公 박제상朴堤上 선생이 삽량주歃良州 간干으로 있을 때 찬한 책으로, 보문전 태학사로 재직할 당시 열람할 수 있었던 사적과 가문에서 전수된 비서秘書를 정리하여 저술한 책이다. 한국桓國의 시조이신 환인씨桓因氏에 대한 기록이 부도지符都誌 8장과 10장에 기사화되어 있다. ≪부도지符都誌≫에서 환인씨桓因氏에 대한 기록과 더불어 지명地名인 천산주天山洲에 대한 기록과 왜 천산주에 정착하게 되었는지에 대한 기록이 있다.

[원문原文] ≪**부도지**符都誌≫ 〈8장〉

黃穹氏 率眷出北間之門 去天山洲
황 궁 씨　솔 권 출 북 간 지 문　거 천 산 주

天山洲 大寒大險之地
천 산 주　대 한 대 험 지 지

此 黃穹氏 自進就難 忍苦復本之 盟誓
차　황 궁 씨　자 진 취 난　인 고 복 본 지　맹 서

[해석解釋] ≪**부도지**符都誌≫ 〈8장〉

　　황궁씨黃穹氏는 권속을 이끌고 북쪽 사이의 문을 나가 천산주天山洲로 가니, 천산주天山洲는 매우 춥고(大寒), 매우 위험(大險)한 땅이었다. 이는 황궁씨가 자진自進하여 어려움을 취해就難 복본復本의 고통을 이겨내고자 하는 맹세盟誓였다.

[원문原文] ≪**부도지**符都誌≫ 〈10장〉

黃穹氏 到天山洲 誓解惑復本之約 告衆勸勉修
황 궁 씨　도 천 산 주　서 해 혹 복 본 지 약　고 중 권 면 수

證之業 乃命長子有因氏 使明人世之事 使次子
증 지 업　내 명 장 자 유 인 씨　사 명 인 세 지 사　사 차 자

三子 巡行諸洲 黃穹氏乃入天山而化石 長鳴調
삼자 순행제주 황궁씨내입천산이화석 장오조

音 以圖人世惑量之除盡無餘 期必大城恢復之
음 이도인세혹량지제진무여 기필대성회복지

誓約成就於是 有因氏 繼受天符三印 此卽天地
서약성취어시 유인씨 계수천부삼인 차즉천지

本音之象而使知其眞一根本者也 有因氏 哀憫
본음지상이사지기진일근본자야 유인씨 애민

諸人之寒冷夜暗 鑽燧發火 照明溫軀 又敎火食
제인지한랭야암 찬수발화 조명온구 우교화식

諸人 大悅 有因氏千年 傳天符於子桓因氏 乃
제인 대열 유인씨천년 전천부어자환인씨 내

入山 專修禊祓不出 桓因氏 繼受天符三印 大
입산 전수계불불출 환인씨 계수천부삼인 대

明人世證理之事 於是 日光均照 氣候順常 血
명인세증리지사 어시 일광균조 기후순상 혈

氣之類 庶得安堵 人相之怪 稍得本能 此 三世
기지류 서득안도 인상지괴 초득본능 차 삼세

修證三千年 其功力 庶幾資於不者也
수증삼천년 기공력 서기자어불자야

[해석解釋] ≪부도지符都誌≫ 〈10장〉

　　황궁씨가 천산주天山洲에 도착하여 해혹解惑하여 복본復本할 것을 서약하고, 무리에게 수증修證하는 일에 근면하도록 고하였다. 곧 장자長子 수인燧因씨에게 명하여 인세人世의 일을 밝히게 하고, 차자此子와 삼자로 하여금 모든 주洲를 순행巡行하게 하였다. 황궁씨가 곧 천산天山에 들어가 돌이 되어, 길게 조음調音을 울려 인세의 혹량을 남김 없이 없앨 것을 도모하고, 기어이 대성회복의 서약을 성취하였다. 이에 유인씨가 천부삼인天符三印을 이어 받으니, 이것은 곧 천지본음天地本音의 상象으로, 그것은 진실로 근본이 하나임을 알게 하는 것이었다. 유인씨가 사람들이 추위에 떨고, 밤에는 어둠에 시달리는 것을 불쌍하게 여겨, 나무를 뚫어서 마찰을 시켜 불을 일으켜서 밝게 비춰주고, 몸을 따뜻하게 하고 또 음식물을 익혀서 먹는 법을 가르치니, 모든 사람들이 대단히 기뻐하였다. 유인씨가 천년을 지내고 나서, 아들 환인桓因씨에게 천부天符를 전하고 곧 산으로 들어가 계불禊祓을 전수專修하며 나오지 아니하였다. 환인씨가 천부삼인을 이어 받아 인세를 증리證理하는 일을 크게 밝히니, 이에 햇빛이 고르게 비추고, 기후가 순조로와 생물들이 거의 안도함을 얻게 되었으며, 사람들의 괴상한 모습이 점점 본래의 모습을 찾게 되었다. 이는 3세(황궁씨, 유인씨, 환인씨)가 수증하기 삼천 년에 그 공력이 거의 없어질 만큼 써버렸기 때문이었다.

⑫ 기언記言 환인씨桓因氏 기록

[원문原文]

上古九夷之初。 有桓因氏。 桓因生神市。
상고구이지초　유환인씨　환인생신시

始教生民之治。 民歸之。 神市生檀君。
시교생민지치　민귀지　신시생단군

居檀樹下。 號曰檀君。 始有國號曰朝鮮。
거단수하　호왈단군　시유국호왈조선

[해석解釋]

　상고시대 구이九夷가 살던 시대 초기에 환인씨桓因氏가 계셨고, 환인씨께서 신시神市시대를 열었다. 처음으로 백성들을 다스림으로써 교화하였다. 교화로 인하여 많은 백성들이 신시로 귀의하였다.

　신시神市에서 단군檀君시대가 열리게 되니, 단군이 신단수神檀樹 아래에 거

처를 정하고, 단군이라 칭호하였으며 처음으로 나라 이름(國號)을 조선朝鮮이라 하였다.

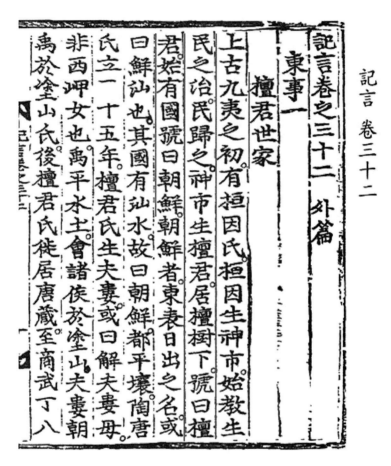

[그림 025] 1689년 간행된 ≪기언記言≫〈단군세가檀君世家〉에 환인씨桓因氏 기록이 자세하게 나와 있다. ≪기언記言≫은 조선 중기의 학자 미수眉叟 허목許穆 선생의 문집이다. 1595년~1682년 시대의 인물로 남인南人의 대표적인 인물로 송시열과 정치적으로 대립하던 인물이었다.

허목許穆 선생의 문집인 ≪기언記言≫〈단군세가檀君世家〉에 환인씨桓因氏의 기록이 구체적으로 나와 있다. 즉 상고시대에 구이九夷가 살던 시대에 환인씨桓因氏가 계셨고, 신시神市시대가 유래되었으며, 단군檀君시대가 이어지게 된다는 점을 설명하고 있는 것이다. 우리 역사의 가장 큰 틀인 환인시대桓國, 신시시대倍達國, 단군시대檀君朝鮮의 역사를 기록하고 있는 것이다.

⑬ 환인桓因 기록의 의미

우리나라 사서에 나와 있는 상고사 기록 중에서 환인 기록을 정리하여 보았다. 우리나라 사서 중 이렇게 많은 곳에 우리나라 최초의 국조로 환인을 기록하고 있는데도 현실은 참담하고 비통하기 이를 데 없다. 민족의 자부심을 바탕으로 세상을 홍익인간弘益人間 사상으로 넓리 이롭게 해야 할 역사교육 현장에서 청소년들에게 가르치는 교과서에 환인에 대한 기록을 상세하게 설명하고 있지 않다. 지금까지 살펴본 상고사의 기록을 바탕으로 환인에 대한 기록들을 분석해 보고자 한다.

1) 한민족의 상고사 환인 기록 분석

환인에 대해 기록하고 있는 상고사를 분석해 보면 우리나라 역사의 큰 틀이 보인다. 실존 역사로 존재했던 상고사 역사는 기록으로 그대로 남아 있기 때문이다. 이렇게 많은 사서가 환인의 역사를 이야기하고 있지만 연구 성과는 너무나 부족하다. ≪삼국유사≫와 ≪제왕운기≫에 나와 있는 상고사 관련 자료를 기반하여 얼마든지 상고사 역사 연구가 가능하다.

[도표 011] 우리나라 주요 역사서에 기록되어 있는 상고사

역사서	환국 桓國	배달국 倍達國	단군조선 檀君朝鮮
삼국유사 三國遺事	환인 桓因	환웅천왕 桓雄天王	단군조선 기자 조선 위만 조선
삼국사기 三國史記		소호금천	조선朝鮮
제왕운기 帝王韻紀	환인 桓因	환웅천왕 桓雄天王	단군 전조선 기자 후조선 위만 조선
규원사화 揆園史話	환인 桓因	환웅桓雄 치우蚩尤	단군조선 檀君朝鮮
응제시주 應製詩註	상제환인 上帝桓因	환웅천왕 桓雄天王	단군조선 檀君朝鮮
세종실록 世宗實錄	단인천왕 檀因天王	단웅천왕 檀雄天王	단군천왕 檀君天王
세종실록지리지 世宗實錄地理志	상제환인 上帝桓因	단웅천왕 檀雄天王	단군 檀君
동사보유 東史補遺	환인 桓因	환웅천왕 桓雄天王	단군조선 기자 조선 위만 조선
삼성기전 상편 三聖記全 上篇	환국 桓國	배달국 倍達國	단군조선 檀君朝鮮
	천제환인 天帝桓因	환웅-씨 桓雄氏	단군왕검 檀君王儉
삼성기전 하편 三聖紀全 下篇	환국 桓國	배달국 청구국	단군조선 檀君朝鮮
	환인桓仁 단인檀仁 安巴堅	환웅천왕 桓雄天王 蚩尤天王	단군왕검 檀君王儉

역사서	환국 桓國	배달국 倍達國	단군조선 檀君朝鮮
태백일사 太白逸史	환국 桓國	배달국 倍達國	단군조선 檀君朝鮮
	환인천제 桓因天帝	환웅천황 桓雄天皇	단군왕검 檀君王儉
부도지 符都誌	황궁씨 유인씨 환인씨	환웅씨 桓雄氏	단군씨 檀君氏
동국사략 東國史略			단군조선 기자 조선 위만 조선
해동역사 海東繹史			단군조선 기자 조선 위만 조선

14개의 주요 역사 서적을 검토하여 본 결과 무려 11개의 사서에서 환인을 기록하고 있으며, 3개의 사서에서는 환인桓因과 더불어 환국桓國까지 기록하고 있다. 이렇게 많은 사서에서 상고사의 연구 단서가 되는 환인과 환국의 역사를 기록하고 있다. 우리나라 역사교육의 현실은 상고역사 분야에서 단군을 신화로 만들고 환인과 환웅은 상세하게 설명조차 하지 않고 있는 것이 중고교 교과서에서 볼 수 있는 현실이다.

2) 환인桓因에 대한 호칭의 의미

호칭은 사람의 신분을 나타내는 중요한 요소이다. 부르는 호칭 속에 숨겨 있는 역사의 비밀을 살펴보고자 한다. 호칭을 분류해 보면 세 가지로 나눌 수 있다. 먼저 환인桓因, 환인桓仁, 단인檀因, 단인檀仁, 거발환居發桓, 안파견安巴堅 등이다. 둘째는 단인천왕檀因天王으로, 즉 국가의 통치자 호칭으로 부르고 있는 기록이 있다. 셋째로 천제환인天帝桓因, 상제환인上帝桓因으로 천신天神으로 높혀 부르고 있는 점이다.

[도표 012] 환국의 통치자 환인桓因 호칭의 분류

호칭呼稱	주요의미
환인桓因	* 桓者卽光明也, 因者本源也《揆園史話》 환은 광명이요, 인은 본원이다.
환인桓仁 단인檀仁	* 人皆自號爲桓하고 以監羣爲仁하니 〈桓國本紀〉 사람들은 모두 스스로를 환이라 부르고 무리를 다스리는 사람을 인이라 하였다.
거발환 居發桓	* 天地人定一之號也라.〈三神五帝本紀〉 천지인을 일체로 정한 호칭이다.
안파견 安巴堅	* 乃繼天立父之名也〈三神五帝本紀〉 하늘을 계승하여 아버지의 도를 세운다.
단인천왕 檀因天王	* 北壁檀雄天王, 東壁檀因天王, 西壁檀君天王《朝鮮王朝 世宗實錄》 북쪽 벽에는 단웅천왕檀雄天王, 동쪽 벽에는 단인천왕檀因天王, 서쪽 벽에는 단군천왕檀君天王
천제환인 天帝桓因	* 是謂天帝桓因氏니 이 환국을 다스리신 분을 천제환인씨天帝桓因氏라 부르고〈三聖記全 上篇〉
상제환인 上帝桓因	* ≪檀君古記≫云: 上帝桓因有庶子 ≪世宗實錄地理志≫ ≪단군고기檀君古記≫에 이르기를, "상제上帝 환인桓因이 서자庶子가 있으니"

가) 환인桓因, 환인桓仁, 단인檀因, 단인檀仁, 거발환居發桓, 안파견安巴堅
   호칭들

환인桓因, 환인桓仁, 단인檀因, 단인檀仁, 거발환居發桓, 안파견安巴堅 등에 대한 호칭을 자세히 살펴보면 다음과 같다.

첫째로 환인桓因이라는 호칭에 대해 ≪규원사화揆園史話≫에 이르기를 "환자즉광명야 상기체야(桓者卽光明也 象其體也) 인자본원야 만물지적이생자야(因者本源也 萬物之籍以生者也)"로 나와 있다. 즉 "환桓자는 곧 광명이요. 형상은 그

광명 자체이다. 인因자는 본원이며 만물 탄생의 명부이다." 환인桓因은 바로 '광명光明의 본원本源'이라는 의미이다.

둘째로, 환인桓仁 혹은 단인檀仁에 대해서는 〈환국본기桓國本紀〉에 "인개자 호위환人皆自號爲桓하고 이감군위인以監羣爲仁하니" 즉 "사람들은 모두 스스로 를 환桓이라 부르고 무리를 다스리는 사람을 인仁이라 하였다."라고 기록하 고 있다. 이 호칭은 무리를 다스리는 사람에 대한 호칭으로 지도자를 의미하 는 뜻을 담고 있다. 군사부君師父 중에서 군君에 해당되는 호칭이다.

셋째로, 거발환居發桓이란 호칭은 〈삼신오제본기三神五帝本紀〉에 이르기를 '천지인정일지호야天地人定一之號也.' 즉 '천지인을 일체로 정한 호칭이다.' 라는 의미이다. 군사부 중에서 사師에 해당되는 호칭이다.

넷째로, 안파견安巴堅이란 호칭에 대해서는 〈삼신오제본기三神五帝本紀〉에 이르기를 '내계천입부지명야乃繼天立父之名也' 즉 '하늘을 계승하여 아버지의 도를 세운다.'라는 의미이다. 군사부君師父 중에서 부父에 해당되는 호칭이다.

이렇게 다양한 호칭으로 불렸다는 사실에서 중요한 인물이었음을 알 수 있다. 결론적으로 환인桓因, 환인桓仁, 단인檀因, 단인檀仁 그리고 거발환居發桓 과 안파견安巴堅은 같은 호칭으로, 환국桓國의 통치자에 대한 다양한 호칭들 이다.

추가로 안파견安巴堅이란 칭호는 거란 요나라 태조 야율아보기耶律阿保機의 이름에서 흔적이 보인다. 야율아보기耶律阿保機의 자字가 안파견安巴堅이다.

[원문原文]

太祖 大聖 大明 神烈 天皇帝 姓耶律氏
태조 대성 대명 신렬 천황제 성야율 씨

諱億 字安巴堅
휘 억 자 안 파 견

요사遼史 권일卷— 본기本紀 제일第— 태조대성대명신렬천황제太祖大聖大明神烈天皇帝의 성姓은 야율씨耶律氏이며 휘諱는 억億이며 자字는 안파견安巴堅이시다.

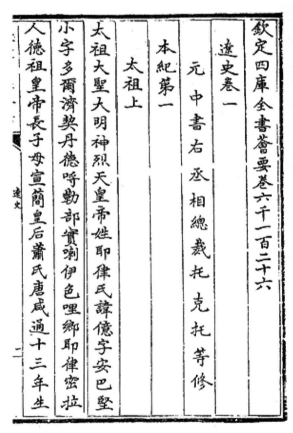

[그림 026] ≪요사遼史≫ 권일卷— 본기제일本紀第— 자료에 안파견安巴堅이라는 기록이 보인다.

안파견安巴堅은 음으로 풀거나 뜻으로 풀거나 마찬가지로 '하늘과 같은 아버지', '대영웅', '위대한 통치자'라는 뜻이 담겨 있다. 아보기阿保機는 우리말의 '아버지(父)'와 같다고 볼 수 있다. 요나라의 역사를 기록한 ≪요사遼史≫에는 '요나라는 조선朝鮮의 옛 땅에서 유래했으며 고조선과 같이 팔조금법 관습과 전통을 보존하고 있다.'고 한다. 요나라는 전체 동이족의 맹주로서 동이풍속에 대한 강한 집착을 보였다

나) 단인천왕檀因天王의 호칭

≪조선왕조 세종실록≫의 기록에 의하면 "북벽단웅천왕北壁檀雄天王 동벽단인천왕東壁檀因天王, 서벽단군천왕 西壁檀君天王" 즉 "북쪽 벽에는 단웅천왕檀雄天王, 동쪽 벽에는 단인천왕檀因天王, 서쪽 벽에는 단군천왕" 의 뜻이다. 그런데 여기에서 단인천왕檀因天王을 살펴볼 필요가 있다. 먼저 단인檀因은 환인桓因이다. 천왕天王이란 호칭은 왕 중에서 최고의 권위를 가진, 즉 하늘天과 같은 권위를 가진 왕에 대한 호칭이다. 여러 기록 중에서 단인천왕檀因天王의 기록은 단인檀因께서 환국桓國의 통치자로서 천왕天王이었음을 증명해 주고 있다. 우리나라에서는 지리산智異山의 최고봉을 천왕봉天王峯이라 하여 산봉우리 중에서 최고로 칭하는 이름으로도 천왕天王을 사용하고 있다.

다) 천제환인天帝桓因과 상제환인上帝桓因 의 호칭

≪환단고기桓檀古記≫〈삼성기전 상편〉에 천제환인天帝桓因에 대한 기록이 있다. "시위천제환인씨是謂天帝桓因氏니" 즉 "이 환국을 다스리신 분을 **천제환인씨**天帝桓因氏라고 부르니"라고 되어 있다. 또한 〈세종실록지리지世宗實錄地理志〉의 기록 중에서 "≪단군고기檀君古記≫ 운云: 상제환인유서자上帝桓因有庶子" 즉 "≪단군고기檀君古記≫에 이르기를, 상제上帝 환인桓因이 서자庶子가 있으니"라는 내용을 살펴보자

여기에서 제帝는 '하느님 제(帝)', '임금 제(帝)', '천자 제(帝)'라는 의미이다. 즉 천제天帝는 바로 상제上帝를 의미한다. 즉 천제天帝는 '하늘(天)에 계시는 하느님'이란 의미이다. 상제上帝는 천상天上에 계신 하느님'이란 의미이다. 천제天帝란 호칭은 하늘의 하느님을 대행하는 통치자(帝)라는 의미로 사용되면서 '임

금 제(帝)', '천자 제(帝)'로 의미가 확대되어 사용되고 있다. 또한 천자天子의 의미로도 확대되는데, 즉 천제지자天帝之子는 하늘(天)에 계신 하느님의 아들(子)이란 의미로, 하늘을 대행하는 국가통치자의 호칭이다. 환국桓國을 건국하신 환인桓因께서는 하늘에 계신 상제님을 대행하여 통치하시는 천제天帝임을 알리는 호칭이다.

3) 환桓의 의미와 기원起源

환인桓因은 한민족 최초로 건국된 나라의 통치자 호칭이다. 나라 이름도 '환인桓因의 나라'의 의미인 환국桓國이다. 〈태백일사太白逸史〉〈환국본기桓國本紀〉를 살펴보자.

[원문原文]

桓國注에 曰 桓者는 全一也며 光明也니
환 국 주　　왈　환 자　전 일 야　　광 명 야

全一은 爲三神之智能이요
전 일　　위 삼 신 지 지 능

光明은 爲三神之實德이니
광 명　　위 삼 신 지 실 덕

乃宇宙萬物之所先也니라.
내 우 주 만 물 지 소 선 야

[해석解釋]

환국주桓國注에 이르기를 환桓이란 글자는 전일全一이며 광명光明이다. 전일全一은 삼신三神의 지혜智慧와 권능權能을 말함이며, 광명光明은 삼신三神의 실덕實德을 말함이니 이는 우주만물宇宙萬物에 앞서는 것을 말함이니라!

환桓은 광명光明을 뜻하는 단어이다. 한韓민족 최초의 국명이 광명을 의미하고 있다. 태양이 떠오르면 천지가 광명으로 환하게 된다. 우리 말에는 "**환하다**"라는 말이 있다. 이런 의미를 담고 있는 나라 이름이 환국桓國이다. 환국이란 국호는 '환인桓因이 다스리는 나라'라는 의미이다. 환桓이란 호칭은 12환국으로 전파되어 통치자의 호칭과 국호國號로 사용되기 시작했다. 구막한국寇莫汗國, 객현한국客賢汗國은 12환국 중에서 3번째 7번째 나라이다. 여기에서 한국汗國은 환국에서 유래되었다. 즉 환국桓國과 한국汗國은 같은 발음이다.

환국桓國을 이은 배달국倍達國에서도 통치자를 환웅桓雄이라 호칭하였다. 배달은 밝은 땅이라는 의미로 '밝달'에서 유래되었다고 한다. 즉 광명光明의 의미를 담고 있으며, 환桓을 그대로 사용하고 있다.

단군조선檀君朝鮮은 삼한三韓으로 나누어 나라를 다르렸다. 즉 진한辰韓, 변한弁韓, 마한馬韓이다. 여기에서 한韓은 바로 환桓과 같은 말이며, 오늘날의 국호國號인 대한大韓이 나왔다. 한민족韓民族이란 말도 환桓과 삼한三韓에서 유래 되었다. 여기에 중심단어인 한韓은 환桓에서 유래된 것이다.

신라의 시조는 혁거세 거서간赫居世 居西干으로 불렸다. 거서간居西干에서 간干은 삼한三韓 중 진한辰韓 말로 임금을 뜻한다. 자세히 살펴보면 거서간居西干[13]은 서쪽에 살았던 진한辰韓의 통치자를 말하는 것이다. 여기에서 간干은 환桓, 한韓, 칸Khan, 한汗과 같은 말이다. 후에 눌지마립간訥祗麻立干[14], 자비마립간慈悲麻立干, 소지마립간炤知麻立干, 지증마립간智證麻立干으로 불렸다. 여기에서도 간干은 왕의 칭호였다.

몽고족은 그들의 통치자를 칸Khan이라고 호칭했다. 환桓에서 한韓, 간干, 칸Khan, 한汗으로 유래되었다. 칭기스칸(Chingiz Khan)은 한자로 성길사한成吉思汗으로 표기되었다. 여기에서 주목할 만한 사항은 칭기스칸을 중국어로

---

13 "대여섯 명의 사람들이 둘러앉아서 그 중에서 한 사람을 대표로 뽑을 때, 그 대표로 뽑힌 사람을 거서간(居西干)이라고 하였다." ≪조선상고사≫ 박기봉 옮김, 비봉출판사, 148쪽 설명

14 "강력한 힘을 가진 왕, 명실상부한 권력자로서의 왕" ≪조선상고사≫ 박기봉 옮김, 비봉출판사, 148쪽 설명

음차音借[15]하여 기록할 때 성길사한成吉思汗이라고 하였다는 것이다. 즉 칸 Khan을 한汗이라 기록한 것이다. 즉 칸Khan은 한汗과 같은 발음이며, 더불어 환桓과 동일한 발음이다. 칭키스칸의 아들들에 의해서 세워진 나라 이름이 킵차크한국汗國, 오고타이한국汗國, 차카타이한국汗國, 일한국汗國은 12환국桓國의 구막한국寇莫汗國, 객현한국客賢汗國과 같은 국호이다. 환桓, 한韓, 간干, 칸Khan, 한汗은 같은 말이다.

중앙아시아 국가들은 '~이스탄istan'을 나라 이름으로 사용하고 있다. 카자흐스탄은 카자흐 사람들의 나라, 카자흐 사람들의 땅이란 뜻이다. 이 땅을 다스리는 통치자를 스탄stan이라고 불렀다. 오늘날에는 '술탄sultan'이라고 호칭하고 있다. 세습 군주제로 통치하는 국가 또는 지역의 군주를 부르는 호칭으로 확대된 것이다.

---

[15] 음차(音借)란 음가차(音假借)의 줄임말이고, 다른 나라 또는 지방의 사용 언어를 현재의 문자를 빌려서 적는 것을 말하는데, 예를 들면 현 중국대륙에서 코카콜라(Coca-Cola)를 가구가락(可口可樂)이라 쓰고 코카콜라로 읽는 것 등을 말한다. 특히 한자로 음차된 글은 어원을 찾기가 어렵기 때문에 많은 연구가 필요하다.

제2절 구환족(九桓族)

국가의 삼요소를 국민國民, 영토領土, 주권主權이라고 한다. 즉 국가가 성립되기 위해서는 첫 번째로 사람들이 있어야 한다. 환인桓因의 나라인 환국桓國은 어떤 사람들이 모여서 나라의 백성이 되었는가를 알아 보고자 한다. 먼저 여러 사서에 나와 있는 환국의 백성들을 살펴보자.

관련 자료 중에서 먼저 ≪환단고기桓檀古記≫ 〈삼성기전三聖記全 상편〉과 〈삼성기전三聖紀全 하편〉에 기록되어 있는 구환족九桓族의 기록을 살펴본다. 두 번째로 ≪환단고기≫ 〈태백일사太白逸史〉에 기록되어 있는 구환족의 기록을 살펴본다. 세 번째로 ≪후한서後漢書≫ 〈동이열전東夷列傳〉에 기록되어 있는 구이九夷에 대해서 구체적으로 알아보고자 한다. 네 번째로 사마정司馬貞의 ≪사기색은史記索隱≫ 〈삼황본기이三皇本紀二〉에 나와 있는 구환족의 기록을 살펴본다. 다섯 번째로 ≪단군세기檀君世紀≫에 나와 있는 구환족의 기록을 살펴보고자 한다. 허목許穆 선생의 문집인 ≪기언記言≫ 〈단군세가檀君世家〉에도 구이九夷와 환인씨桓因氏의 기록을 앞에서 확인하였다.

① 〈삼성기전 하편〉 구환족九桓族 기록

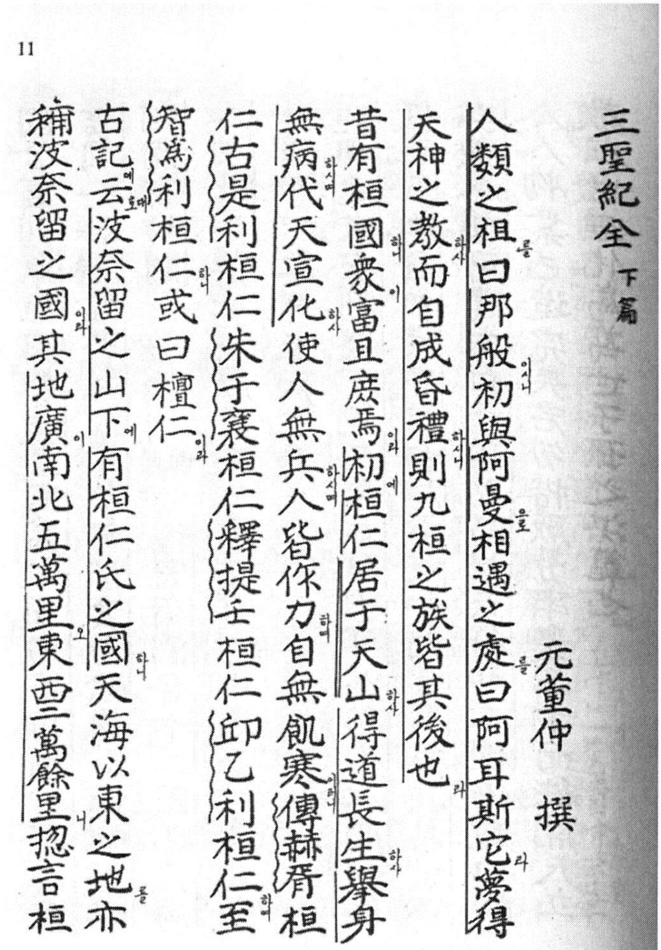
11
三聖紀全 下篇
元董仲 撰
人類之祖를 曰那般이시니 初與阿曼으로 相遇之處를 曰阿耳斯它라 夢得
天神之教하사 而自成昏禮하시니 則九桓之族皆其後也라
昔有桓國하니 衆富且庶焉이라 初에 桓仁이 居于天山하사 得道長生하사 擧身
無病하시며 代天宣化하사 使人無兵하시며 人皆作力하며 自無飢寒이러니 傳赫胥桓
仁古是利桓仁朱于襄桓仁釋提壬桓仁邱乙利桓仁하며 至
智爲利桓仁하니 或曰檀仁이라
古記에 云하되 波奈留之山下에 有桓仁氏之國하니 天海以東之地를 亦
稱波奈留之國이라 其地廣이 南北五萬里오 東西二萬餘里니 摠言桓

[그림 027] ≪환단고기≫ 광오이해사본(1979년) 〈삼성기전 하편〉의 구환지족九桓之族 자료

[원문原文]

人類之祖를 曰那般이시니 初與阿曼으로
인류지조 왈나반 초여아만

相遇之處를 曰 阿耳斯庀라.
상 우 지 처　왈 아 이 사 타

夢得天神之教하사 而自成昏禮하시니
몽 득 천 신 지 교　이 자 성 혼 례

則九桓之族이 皆其後也라.
즉 구 환 지 족　개 기 후 야

[해석解釋]

　　인류의 조상은 나반那般이시다. 나반께서 아만阿曼과 처음 만나신 곳은 아이사타阿耳斯庀이다. 꿈에 천신天神의 가르침을 받고 스스로 혼례를 성사시키시니, 즉 구환九桓의 족속들이 모두 그 후손이다.

　　여기에서 환인桓因의 나라를 환국桓國이라 하였으며, 그들의 족속을 환족桓族이라 하였다는 것을 확인할 수 있다. 그런데 그 환족이 아홉(九)으로 번창하여 구환족九桓族이라고 불렀다는 기록이다. 또한 ≪환단고기桓檀古記≫ 〈삼성기전三聖記全 상편〉의 배달국 관련 내용에 "구역九域이 공부貢賦하며"라는 기록이 있다. 즉 "구역九域은 구환족이 사는 지역에서 공물과 세금을 바쳤다."는 기록이다. 또한 〈삼성기전 하편〉에 "시時에 구환九桓이 개이삼신皆以三神으로 위일원지조爲一源之祖하니라."라는 기록이 있다. 즉 "이 때(배달국 치우천황 때)에 이르러 구환족이 모두 삼신을 한 뿌리의 조상으로 삼았다."는 내용이다. 또한 "자시自是로 구환九桓이 실통우삼한관경지천제자悉統于三韓管境之天帝子하니 내호왈乃號曰 단군완검檀君王儉이시니라."라는 기록으로, "그 이후에 구환족이 관경을 삼한三韓으로 나누어 다스리는 환인천제의 아들에 의하여 모두 통일되니 이 분이 단군왕검이시다."이라는 내용이다. 위 기록으로 보아 환국桓國과 배달국倍達國 그리고 단군조선檀君朝鮮 건국 시까지 구환족이 건재하였음을 알 수 있다. 환족桓族의 백성들이 점차 늘어나 구환족으로 번성하였는데 단군왕검 때에 이르러 모두 통일되었다는 기록이다.

② 〈태백일사〉 구환족九桓族의 기록

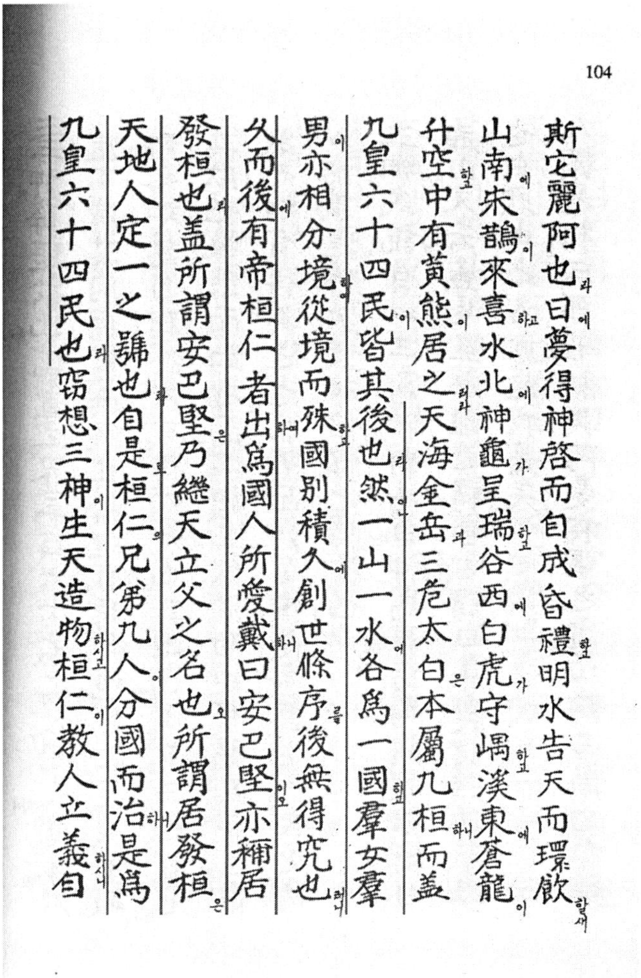

斯定麗阿也日夢得神啓而自成昏禮明水告天而環飲
山南朱鵲來喜水北神龜呈瑞谷西白虎守崦溪東蒼龍
仆空中有黃熊居之天海金岳三危太白은本屬九桓而盖
九皇六十四民皆其後也然一山一水各爲一國羣女羣
男亦相分境從境而殊國別積久創世條序後無得究也
久而後有帝桓仁者出爲國人所愛戴曰安巴堅亦稱居
發桓也盖所謂安巴堅乃繼天立父之名也所謂居發桓
天地人定一之歸也自是桓仁兄第九人分國而治是爲
九皇六十四民也窈想三神生天造物桓仁教人立義自

[그림 028] 《환단고기桓檀古記》 광오이해사본(1979년) 〈태백일사太白逸史〉의 구환지족九桓之族 자료

[원문原文]

天海와 金岳과 三危太白은 本屬九桓하니
천 해　　금 악　　삼 위 태 백　　본 속 구 환

而蓋九皇六十四民이 皆其後也라
이 개 구 황 육 십 사 민   개 기 후 야

然이나 一山一水에 各爲一國하고 羣女羣男이
연   일 산 일 수   각 위 일 국   군 녀 군 남

亦相分境하여 終境而殊하고 國別積久에
역 상 분 경   종 경 이 수   국 별 적 구

創世條序를 後無得究也러니 久而後에
창 세 조 서   후 무 득 구 야   구 이 후

有帝桓仁者出하여 爲國人所愛戴하니
유 제 환 인 자 출   위 국 인 소 애 대

曰 安巴堅이오 亦稱居發桓也라
왈 안 파 견   역 칭 거 발 환 야

蓋所謂安巴堅은 乃繼天立父之名也오
개 소 위 안 파 견   내 계 천 입 부 지 명 야

所謂居發桓은 天地人定一之號也라
소 위 거 발 환   천 지 인 정 일 지 호 야

自是로 桓仁의 兄弟九人이 分國而治하니
자 시   환 인   형 제 구 인   분 국 이 치

是爲九皇六十四民也.
시 위 구 황 육 십 사 민 야

[해석解釋]

천해天海와 금악金岳과 삼위태백三危太白은 본래 구환九桓에 속하니, 이는 대개 구황九皇 육십사민六十四民이 모두 나반과 아만의 후손이다. 그러나 산과 강으로 경계하여 한 나라를 형성하고 남녀 무리들이 서로 다른 경계를 나누고 그 경계에 따라 나라가 형성되고 창세가 이루어진 과정의 구체적인 역사는 훗날 알 수 없게 되었다. 유구한 세월이 흐른 뒤에 환인천제께서 출세하셔서 백성들의 사랑으로 추대되셨다. 안파견安巴堅이라 부르고 또는 거발환居發桓이라 칭하였다. 안파견이란 '하늘을 계승하여 아버지의 도를 세운다.'

는 뜻의 이름이고, 거발환이란 '천지인을 일체로 정한 호칭이다.'이란 뜻의 호칭이다. 이로부터 환인의 형제 아홉 분이 나라를 나누어 다스리셨다. 이로써 구황九皇 육십사민六十四民이 되었다.

≪환단고기桓檀古記≫〈태백일사太白逸史〉에도 구환족九桓族에 대한 기록이 있다. 주요 내용들은 '환족桓族이 아홉으로 분화되니 구환족이라 하였으며, 또한 구황九皇이라고도 하였다.'는 내용이다. 황皇은 '임금 황'이니 우두머리이다. '환인의 아홉 형제분이 나라를 다스리게 되어 구황九皇이라 하였다. 구환족이 분화되어 육십사민六十四民이 되었다.'는 기록이 있다. 이로써 환국桓國의 백성들을 구환족이라고 호칭하였다는 것을 알 수 있다.

환인께서 백성들의 사랑으로 추대되시어 나라를 건국하시게 되는데, '환인桓因의 나라'라는 의미로 환국桓國이라 칭하였다. 이 환국의 백성들을 환족桓族이라고 하였다. 후에 환국의 통치자이신 환인의 아홉 형제들이 나누어 다스리시게 되어 구환족이라고 칭하게 되었다.

우리는 스스로를 환족桓族이라고 불렀는데, 아홉 환인이 나누어 다스리게 되자, 구황九皇, 구환족이라고 부르게 되었다. 중국대륙에서 점차 중화족中華族과 교류가 이루어지면서 중화족들이 우리 민족을 구이족九夷族, 구려족九黎族, 구려족句麗族이라고 부르게 되었다. 이런 의미를 확대해석해 본다면 국호 고구려高句麗는 '구려句麗의 나라'라는 의미를 내포하고 있다.

화족華族들이 우리 민족을 이족夷族이라고 부르게 된 연유에 대해서 ≪환단고기桓檀古記≫〈태백일사太白逸史〉〈신시본기神市本紀〉에 자세히 나와 있다.

"치우천황께서 쇠뇌(大弩)를 만들게 하였는데, 대궁大弓의 위력을 몹시 두려워하여 주변 부족인 화족華族들이 이夷라고 불렀다."는 내용이다. 참고로 화족華族의 유래는 하은주시대의 하夏나라에 빛날 화(華)를 더하여 춘추시대 이후에 화하華夏로 불렀으며, 나중에 화하華夏에 중中자가 더해져 중화中華가 되었다.

[도표 013] 민족 호칭의 변화

국가별	우리민족 호칭	화족華族이 부른 호칭
환국 桓國	구환족九桓族 구황족九皇族	
배달국 倍達國	구려족九黎族	구이족九夷族
단군조선 檀君朝鮮	구족九族 구환족九桓族	구이족九夷族

우리 민족은 스스로를 환桓이라 하였고, 무리를 다스리는 사람을 환인桓仁, 桓因)이라고 불렀다. 그 환인께서 나라를 세우시니 이름하여 환인의 나라인 환국桓國이다. 그 환국을 환인의 아홉 형제들이 나누어 다스리시는 구황九皇, 구환족九桓族이라고 하였다. 일곱 분의 환인의 시대가 끝나고 환웅桓雄께서 배달국을 건국하시고 치우천황 때에 이르러 쇠뇌(大弩)를 만들어 사용함에 따라 주변 부족에서 이夷라 불렀는데, 구환족九桓族을 구이九夷로 부르는 계기가 되었다.

③ ≪후한서後漢書≫ 〈동이열전東夷列傳〉 기록

[원문原文]

王制云 東方曰夷. 夷者, 柢也, 言仁而好生,
왕 제 운 동 방 왈 이   이 자   저 야   언 인 이 호 생

萬物柢地而出.(事見風俗通) 故天性柔順,
만 물 저 지 이 출   사 견 풍 속 통   고 천 성 유 순

易以道御, 至有君子不死之國焉. (山海經曰,
역 이 도 어   지 유 군 자 불 사 지 국 언   산 해 경 왈

역이도어   지유군자불사지국언   산해경왈

君子國衣冠帶劍, 食獸, 使二文虎在旁. 外國圖
군자국의관대검 식수 사이문호재방   외국도

曰, 去琅耶三萬里. 山海經又曰, 不死人在交脛
왈   거낭사삼만리   산해경우왈   불사인재교경

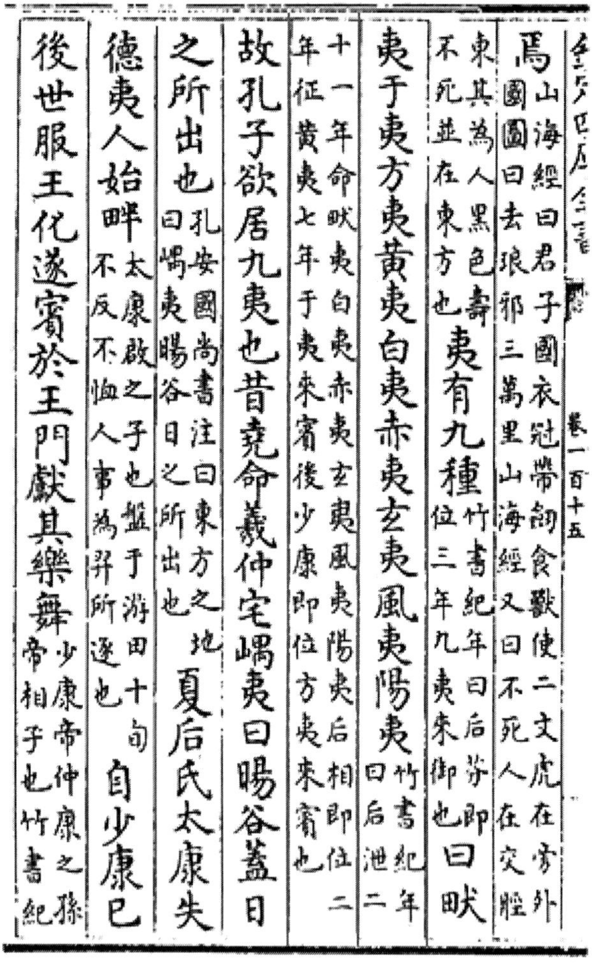

[그림 029] 《후한서後漢書》〈동이열전東夷列傳〉의 자료. 《흠정사고전서欽定四庫全書》본 후한서後漢書 115권 자료 인용

東, 其爲人黑色, 壽不死. 並在東方也.)
동　기위인흑색　수부사　병재동방야

夷有九種, (竹書紀年曰, 后芬發卽位三年, 九夷
이유구종　죽서기년왈　후분발즉위삼년　구이

來御也.) 曰畎夷, 于夷, 方夷, 黃夷, 白夷,
래어야　왈견이　우이　방이　황이　백이

赤夷, 玄夷, 風夷, 陽夷. (竹書紀年曰, 后泄
적이　현이　풍이　양이　죽서기년왈　후설

二十一年, 命畎夷, 白夷, 赤夷, 玄夷, 風夷,
이십일년　명견이　백이　적이　현이　풍이

陽夷. 后相卽位二年, 征黃夷. 七年, 于夷來賓,
양이　후상즉위이년　정황이　칠년　우이래빈

後少康卽位, 方夷來賓也.) 故孔子欲居九夷也
후소강즉위　방이래빈야　고공자욕거구이야

[해석解釋]

　　왕제王制에 이르기를 '동방東方을 이夷라 한다'고 하였다. 이夷 자란 근본根本이다. 그 말은 이夷가 인자仁慈하여 살리기(生)를 좋아한다는 말이다. 만물이 땅에 근거하여 출산되는 것과 같다. 이 내용은 풍속통風俗通에 보인다. 고로 이夷는 천성天性이 유순하여 도리道理로써 다스리기 쉽기 때문에 군자국君子國과 불사국不死國이 있기까지 하다. 산해경에서 말하기를 "군자국에서는 의관을 하고 허리에 검을 찬다. 짐승을 잡아먹고, 두 마리의 호랑이를 곁에 두고 부린다." 외국도에서 말하기를 낭야琅耶에서 3만 리이다. 산해경에서 또 이르기를 불사인不死人은 교경交脛 동쪽에 있는데, 얼굴빛이 검으며, 장수하여 죽지 않는다. 이 모두가 동방에 있다. 이夷에는 아홉 종류가 있으니, 죽서기년에서 이르기를 "후분발后芬發 즉위 3년에 구이九夷가 내어 하였다."고 하였다. 견이畎夷, 우이于夷, 방이方夷, 황이黃夷, 백이白夷, 적이赤夷, 현이玄夷, 풍이風夷, 양이陽夷가 그것이다. 죽서기년에 말하기를 후설后泄 21년에 견이와 백이, 적이, 현이, 풍이, 양이에게 명하였다. 후상 즉위 2년에 황이를 정벌하였다. 7년에 우이가 빈객으로 왔다. 소강이 즉위한 후에 방이가 빈객으로 왔다."라고 하였다. 고로 공자孔子도 구이九夷에 살고 싶어하였다.

위 기록은 ≪후한서後漢書≫ 〈동이열전東夷列傳〉의 이夷에 대한 기록이다. 위 기록에는 구체적으로 구이에 대한 명칭이 소개 되어 있다. 또한 이夷에 대한 민족성을 설명해 주고 있다.

[도표 014] 구족九族과 구이九夷

구족九族	구이九夷	비고
견족畎族	견이畎夷	
우족于族	우이于夷	
방족方族	방이方夷	
황족黃族	황이黃夷	
백족白族	백이白夷	
적족赤族	적이赤夷	
현족玄族	현이玄夷	
남족藍族	남이藍夷	
양족陽族	양이陽夷	

치우천황 때부터 이夷라 불렀는데 구이九夷라고 하였다. 이는 바로 구환족九桓族을 화족華族들이 이夷라고 부르면서 아홉 족속이라 하여 구이九夷라 호칭했지만, 우리 민족 스스로는 '구환족九桓族', '구황족九皇族'이라고 불렀다.

④ 사마정司馬貞 ≪사기색은史記索隱≫ 기록

사마천司馬遷은 ≪사기史記≫를 저술했고, 사마정(AD 656년~720년)이 〈삼황본기三皇本紀〉를 저술하여 오제본기五帝本紀 앞에 넣었다. 또한 ≪사기≫를 해설하고 분석한 연구서인 ≪사기색은史記索隱≫을 저술했다.

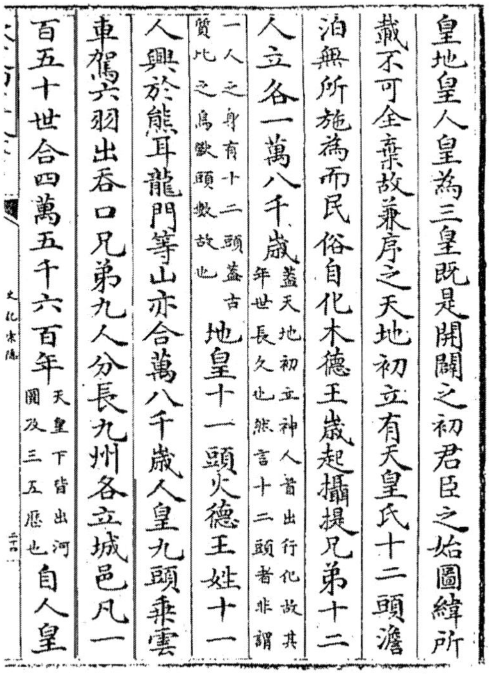

皇地皇人皇爲三皇既是開闢之初君臣之始圖緯所載不可全棄故兼序之天地初立有天皇氏十二頭澹泊無所施爲而民俗自化木德王歲起攝提兄弟十二人立各一萬八千歲 蓋天地初立神人首出行化故其年世長久也然言十二頭者非謂一人之身有十二頭蓋古質比之鳥獸頭數故也 地皇十一頭火德王姓十一人興於熊耳龍門等山亦合萬八千歲人皇九頭乘雲車駕六羽出呑口兄弟九人分長九州各立城邑凡一百五十世合四萬五千六百年 天皇下皆出河圖及三五歷也 自人皇

[그림 030] 사마정司馬貞의 ≪사기색은史記索隱≫ 〈삼황본기이三皇本紀二〉의 기록 ≪사기색은史記索隱≫ 권삼십卷三十 ≪흠정사고전서欽定四庫全書≫의 복사본이다.

[원문原文]

人皇九頭 乘雲車 駕六羽 出呑口 兄弟九人
인황구두 승운차 가육우 출탄구 형제구인

分長九州 各立城邑 凡一百五十世
분 장 구 주　각 립 성 읍　범 일 백 오 십 세

[해석解釋]

　　인황씨人皇氏 아홉 명의 우두머리는 운거를 타고 수레에 깃장식을 하고 탄구에서 나왔다. 형제는 아홉 사람이고, 아홉 지역으로 나누어 우두머리를 했다. 각기 성과 고을을 세웠으며, 무릇 150세에 이르렀다.

　　≪환단고기桓檀古記≫〈태백일사太白逸史〉 기록과 사마정司馬貞 ≪사기색은史記索隱≫〈삼황본기이三皇本紀二〉의 내용이 일치한다. 즉 '형제구인兄弟九人이 분국이치分國而治하니'와 '형제구인兄弟九人 분장구주分長九州 각립성읍各立城邑'의 내용이 일치한다. 우리나라 기록과 중국의 기록이 일치하는 것을 보면 분명하게 환인의 아홉 형제께서 나라를 다스리게 되어 구환족이란 호칭이 생기게 된 것이다.

　　인황씨人皇氏는 환인桓因으로 유추된다. 왜냐하면 환인의 형제 아홉 명을 설명하는 호칭에 인황씨를 사용하고 있기 때문이다.

⑤ 〈단군세기檀君世紀〉 구환족 기록

[원문原文]

辛未元年이라. 戊戌二十八年이라.
신 미 원 년　　　무 술 이 십 팔 년

會九桓諸汗于寧古塔하여 祭三神上帝하실새
회 구 환 제 한 우 영 고 탑　　제 삼 신 상 제

配桓因桓雄蚩尤 及檀君王儉而享之하시고
배 환 인 환 웅 치 우 급 단 군 왕 검 이 향 지

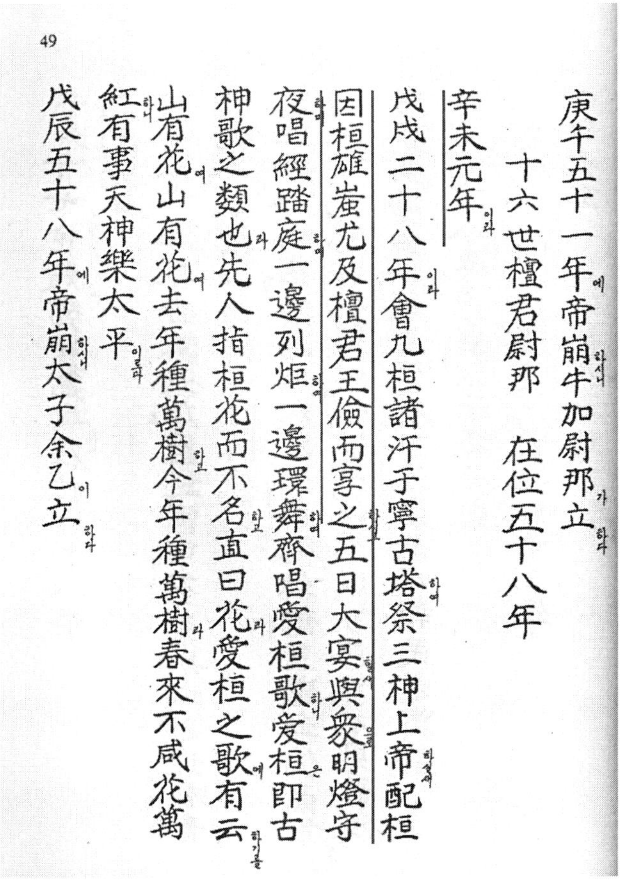

49

庚午五十一年에 帝崩하시니 牛加尉那가 立하다

十六世檀君尉那 在位五十八年

辛未元年이라

戊戌二十八年이라 會九桓諸汗于寧古塔하여 祭三神上帝하실새 配桓因桓雄蚩尤及檀君王儉而享之할새 五日大宴하실새 與衆으로 明燈守夜唱經踏庭하며 一邊列炬하여 一邊環舞하며 齊唱愛桓歌하니 愛桓은 卽古神歌之類也라 先人指桓花而不名하고 直曰花라 愛桓之歌에 有云하기를 山有花여 山有花여 去年種萬樹하고 今年種萬樹라 春來不咸花萬紅이라하니 有事天神樂太平이라

戊辰五十八年에 帝崩하시니 太子余乙이 立하다

[그림 031] ≪환단고기≫ 광오이해사본(1979년) 〈단군세기檀君世紀〉에 기록된 구환九桓 자료

[해석解釋]

16세 위나단군의 재위 원년은 신미년(BC 1610년)이다. 재위 28년 무술년에 임금께서 구환족의 모든 왕을 영고탑寧古塔에 모이게 하여 삼신상제님께 천제를 지내실 제 환인과 환웅 그리고 치우와 단군왕검을 배향하셨다.

단군왕검께서 단군조선을 건국하실 때도 구환족을 통일하시고 삼한三韓으로 나누어 통치하시게 된다. 16세 위나단군 재위 28년에 다시 구환족의 모든 왕들을 소집하여 삼신상제님과 환인, 환웅, 치우, 단군왕검께 천제를 지낸 기록을 확인해 봤다. 환국桓國시절부터 우리들 스스로를 환桓이라 하였고, 환桓은 바로 한韓이며, 지금도 우리는 스스로를 한韓민족이라 부르고 있다. 국호도 한韓이다. 그것도 크고 위대한 대한大韓이다. 역사를 배우는 이유가 여기에 있다. 우리의 뿌리를 정확하게 알고 있을 때 더욱 밝은 미래가 열리게 될 것이다. 구환족의 후손인 우리 한민족韓民族이 뿌리를 알고 홍익인간 정신으로 세상을 이롭게 해야 할 것이다.

제2장

환국(桓國)

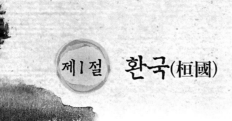

제1절 환국(桓國)

상고사上古史에 대한 연구가 1980년대 이후 활발하게 이루어지면서 관련 책들이 많이 출간되고 있다. 특히 ≪환단고기桓檀古記≫ 역주본이 지속적으로 발간되면서 새로운 연구결과가 계속 발표되고 있다.

"오환건국吾桓建國이 최고라!"는 기록처럼 한민족韓民族의 가장 오래되고 최초의 나라이름인 환국桓國이란 국명國名이 어떤 문헌에 기록되어 있는지 상고사 서적을 통하여 연구하여 보고자 한다. 먼저 한민족 상고사 관련 서적 중에서 환국 관련 기사를 정리, 분석하고, 환국사桓國史에 대한 구체적이고 실증주의적인 기록을 최대한 찾아보고자 한다.

[도표 015] 환국桓國의 역사 기록 현황

상고사적 上古史籍	국명 國名	저자	저술 시기
삼성기전 상편 三聖記全 上篇	환국 桓國	안함노	신라
삼성기전 하편 三聖紀全 下篇	환국 桓國	원동중	고려
삼국유사 정덕본 三國遺事 正德本	환국 桓国	일연	고려
태백일사 삼신오제본기 太白逸史 三神五帝本紀	환국 桓國	이맥	조선

상고사적 上古史籍	국명 國名	저자	저술 시기
태백일사 환국본기 太白逸史 桓國本紀	환국 桓國	이맥	조선
약천집 藥泉集	환국 桓國	남구만	조선
풍암집화 楓巖輯話	환국 桓國	유광익	조선
수산집 修山集	환국 桓國	이종휘	조선
유헌집 游軒集	환국 桓國	정황	조선
해동악부 海東樂府	환국 桓國	이복휴	조선
관암전서 冠巖全書	환국 桓國	홍경모	조선

 ≪환단고기桓壇古記≫ 〈삼성기전三聖記全 상편〉

[원문原文]

吾桓建國이 最古라.
오 환 건 국　최 고

有一神이 在斯白力之天하사 爲獨化之神하시니
유 일 신　재 사 백 력 지 천　위 독 화 지 신

光明으로 照宇宙하시며 權化生萬物하시며
광 명　조 우 주　권 화 생 만 물

長生久視하사 恒得快樂하시며
장 생 구 시　항 득 쾌 락

乘遊至氣하사 妙契自然하시며
승 유 지 기　묘 계 자 연

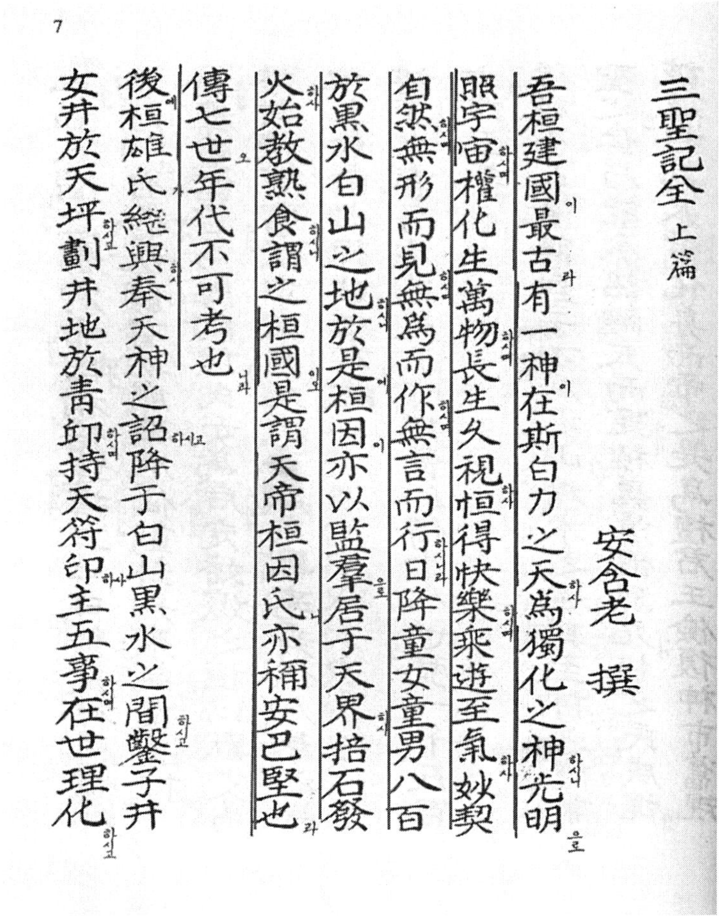

7

三聖記全 上篇

安含老 撰

吾桓建國最古有一神在斯白力之天爲獨化之神光明
照宇宙權化生萬物長生久視恒得快樂乘遊至氣妙契
自然無形而見無爲而作無言而行曰降童女童男八百
放黑水白山之地放是桓因亦以監羣居于天界捧石發
火始教熟食謂之桓國是謂天帝桓因氏亦稱安巴堅也
傳七世年代不可考也
後桓雄氏繼興奉天神之詔降于白山黑水之間鑿子井
女井放天坪劃井地放靑卯持天符印主五事在世理化

[그림 032] 《환단고기》 광오이해사본(1979년) 〈삼성기전三聖記全〉 상편의 환국 자료

無形而見하시며 無爲而作하시며 無言而行하시니라.
무 형 이 현　　　 무 위 이 작　　　 무 언 이 행

曰 降童女童南八百於黑水白山之地하시니
일 강 동 녀 동 남 팔 백 어 흑 수 백 산 지 지

於是에 桓因이 亦以監羣으로 居于天界하사
어 시　 환 인　 역 이 감 군　　 거 우 천 계

捧石發火하사 始敎熟食하시니 謂之**桓國**이오
부 석 발 화　　 시 교 숙 식　　 위 지 환 국

118　제2장 환국(桓國)

是謂天帝桓因氏니 亦稱安巴堅也라
시 위 천 제 환 인 씨　 역 칭 안 파 견 야

全七世오 年代 不可考也니라.
전 칠 세　 년 대 불 가 고 야

[해석解釋]

　우리 환桓민족이 세운 **환국桓國**이 세상에서 가장 오래되었다. 일신一神께서 계셨는데 사백력(아주 하얀, 아주 밝은)의 하늘(天)에 존재하시면서 홀(獨)로 조화造化되어 신神이 되시니, 광명光明으로 우주宇宙를 비추시고 권능權能의 조화로 만물을 낳으시고 오래 오래 사시면서(長生久視) 항상 편안함(快樂)을 얻으시고 지극한 기운(至氣)을 타고 노니시며(乘遊 스스로 그러함(自然)에 오묘奧妙하게 부합符合하시니라. 형상없이(無形) 나타나시고(見) 함이 없이(無爲) 만물을 지으시며 말없이(無言) 행行하시니라. 어느날 동녀동남 800명을 흑수黑水와 백산白山의 땅에 내려 보내시니 이에 환인桓因께서 감군監群이 되서서 천계天界에 거주하시고 돌을 부딪쳐서(捂石) 불을 피우게(發火)하시고 음식을 익혀(熟食) 먹는 법을 처음으로 가르치시니라. 위 나라를 환국이라 하였다. 이 환국을 다스리신 분을 천제환인씨天帝桓因氏라 부르고 또한 안파견安巴堅이라고도 부르니라 환국은 칠세七世를 전했으며 연대는 자세히 살필수 없다.

　〈삼성기전 상편〉은 환국 건국기원建國紀元 7,776년 후에 탄강誕降하신 신라의 고승 안함로(安含老, 579년~640년) 도승께서 찬하신 책이다. 환국에 관한 기사는 총 119자이다. 이 기록 중에 환국이 있다. 환국이란 '환인桓因의 나라'라는 뜻이다. 환인께서 건국하셨으니 환국이라 하였다는 말이다. 이 환국이 인류역사상 가장 오래된 나라이다 칠세七世동안 전하였으나, 연대에 대해서는 알 수가 없다고 하였다.

② ≪환단고기桓檀古記≫ 〈삼성기전三聖紀全 하편〉

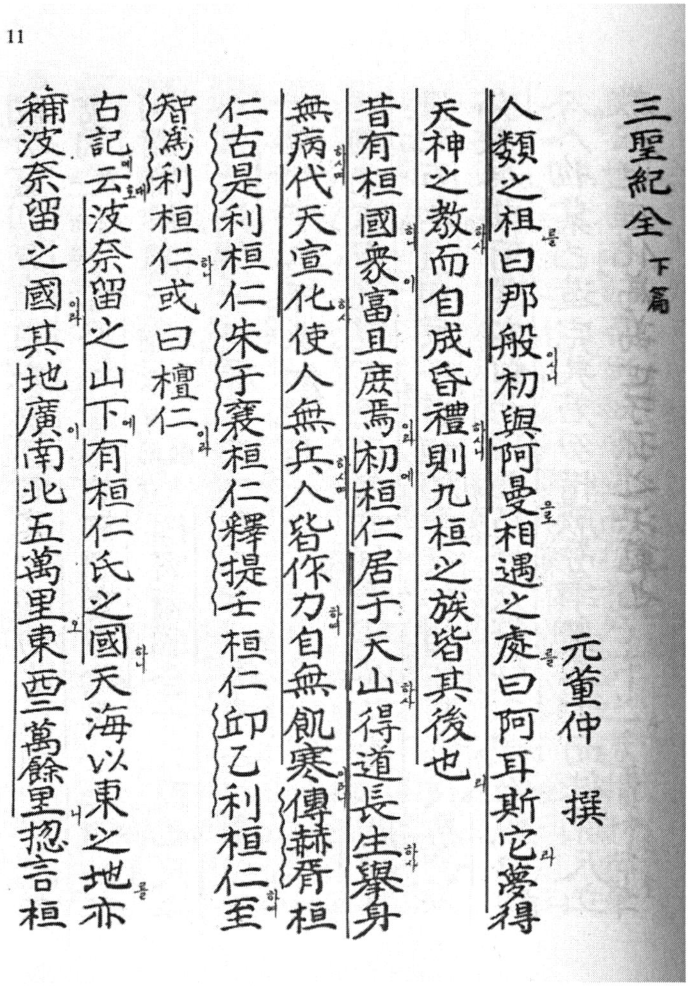
11

三聖紀全 下篇

元董仲 撰

人類之祖를 曰那般이시니 初與阿曼으로 相遇之處를 曰阿耳斯它라 夢得天神之教하사 而自成昏禮하시니 則九桓之族이 皆其後也라

昔有桓國이 衆富且庶焉이라 初에 桓仁이 居于天山하사 得道長生하사 擧身無病하시며 代天宣化하사 使人無兵하시며 人皆作力하여 自無飢寒이라 傳赫胥桓仁古是利桓仁朱于襄桓仁釋提壬桓仁邱乙利桓仁至하여 智爲利桓仁하니 或曰檀仁이라

古記에 云호대 波奈留之山下에 有桓仁氏之國하니 天海以東之地를 亦稱波奈留之國이라 其地廣이 南北五萬里오 東西二萬餘里니 揔言桓

[그림 033] ≪환단고기≫ 광오이해사본(1979년) 〈삼성기전〉 하편의 석유환昔有桓 자료

[원문原文]

人類之祖를 曰那般이시니 初與阿曼으로
인류지조　왈나반　　　초여아만

相遇之處를 曰 阿耳斯庀라.
상 우 지 처   왈 아 이 사 타

夢得天神之敎하사 而自成昏禮하시니
몽 득 천 신 지 교   이 자 성 혼 례

則九桓之族皆其後也라.
즉 구 환 지 족 개 기 후 야

昔有**桓國**하니 衆이 富且庶焉이라.
석 유 환 국   중   부 차 서 언

初에 桓仁居于天山하사 得道長生하사
초   환 인 거 우 천 산   득 도 장 생

擧身無病하시며
거 신 무 병

代天宣化하사 使人無兵하시며
대 천 선 화   사 인 무 병

人皆作力하여 自無飢寒이러니.
인 개 작 력   자 무 기 한

[해석解釋]

　인류의 조상은 나반이시다. 나반께서 아만과 처음 만나신 곳은 아이사타
이다. 꿈에 천신의 가르침을 받으사 스스로 혼례를 올리시니 구환족이 그 후
손이다. 옛적에 **환국**이 있었으니, 백성들은 풍요로웠으며 인구도 많았느니
라. 처음에 환인桓仁께서 천산에 터를 잡으시고 도를 얻으시고 장생하시니
몸에는 병이 없으셨도다. 하늘을 대행하여 널리 교화를 베풀어 사람들로 하
여금 싸움이 없게 하셨으며, 모두 힘을 합해 열심히 일하여 스스로 굶주림과
추위를 사라지게 하였느니라.

　〈삼성기전 하편〉은 조선시대 이전 인물인 원동중元董仲 선생께서 찬撰하
신 책이다. 환국桓國에 관한 기사는 총 268자字이다. 〈삼성기전 하편〉에서
석유환국昔有桓國으로 국가의 이름을 명확하게 전하고 있다.

③ 〈태백일사〉〈삼신오제본기三神五帝本紀〉

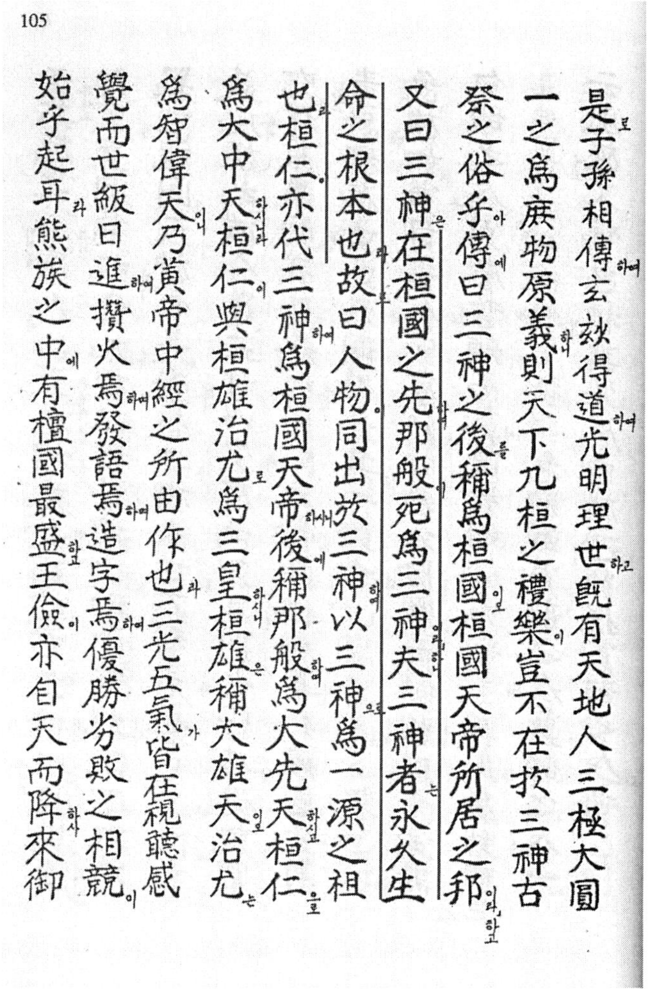
105

是子孫相傳玄玅得道光明理世旣有天地人三極大圓
一之爲庶物原義則天下九桓之禮樂豈不在於三神古
祭之俗乎傳曰三神之後稱爲桓國桓國天帝所居之邦
又曰三神在桓國之先那般死爲三神夫三神者永久生
命之根本也故曰人物同出於三神以三神爲一源之祖
也桓仁亦代三神爲桓國天帝後稱那般爲大先天桓仁
爲大中天桓仁與桓雄治尤爲三皇桓雄稱大雄天治尤
爲智偉天乃黃帝中經之所由作也三光五氣皆在視聽感
覺而世級曰進攢火爲發語焉造字爲優勝劣敗之相競
始乎起耳熊族之中有檀國最盛王儉亦自天而降來御

[그림 034] ≪환단고기桓檀古記≫ 광오이해사본(1979년) 〈태백일사 삼신오제본기〉의 환국 자료

[원문原文]

傳에 曰三神之後를 稱爲**桓國**이오
전　 왈삼신지후　 칭위환국

桓國天帝所居之邦이라하고
환 국 천 제 소 거 지 방

又曰 三神은 在桓國之先하여
우 왈 삼 신　 재 환 국 지 선

那般이 死爲三神이라 하니
나 반　 사 위 삼 신

夫三神者는 永久生命之根本也라.
부 삼 신 자　 영 구 생 명 지 근 본 야

[해석解釋]

　전傳에 이르기를 '삼신三神의 후손들의 나라를 칭하기를 환국이라 부른다. 환국은 천제天帝께서 거주하시는 나라이다. 또한 이르기를 삼신은 환국보다 먼저 계셨으니, 나반이 죽어서 삼신이 되셨다.'라고 하였으니, 무릇 삼신이란 영원한 생명의 근본이다.

　조선 중종 때 이맥이 찬한 〈태백일사〉 〈삼신오제본기〉에서도 환국에 대해서 언급하고 있다.

 ④ 〈태백일사太白逸史〉 〈환국본기桓國本紀〉

[원문原文]

三聖密記에 云호대 波奈留之山下에
삼 성 밀 기　 운　　 파 내 류 지 산 하

有桓仁氏之國하니
유 환 인 씨 지 국

天海以東之地를 亦 稱波奈留之國也라
천 해 이 동 지 지　 역 칭 파 내 류 지 국 야

其地廣이 南北五萬里오
기 지 광　　남 북 오 만 리

東西二萬餘里니 摠言**桓國**이오
동 서 이 만 여 리　　총 언 환 국

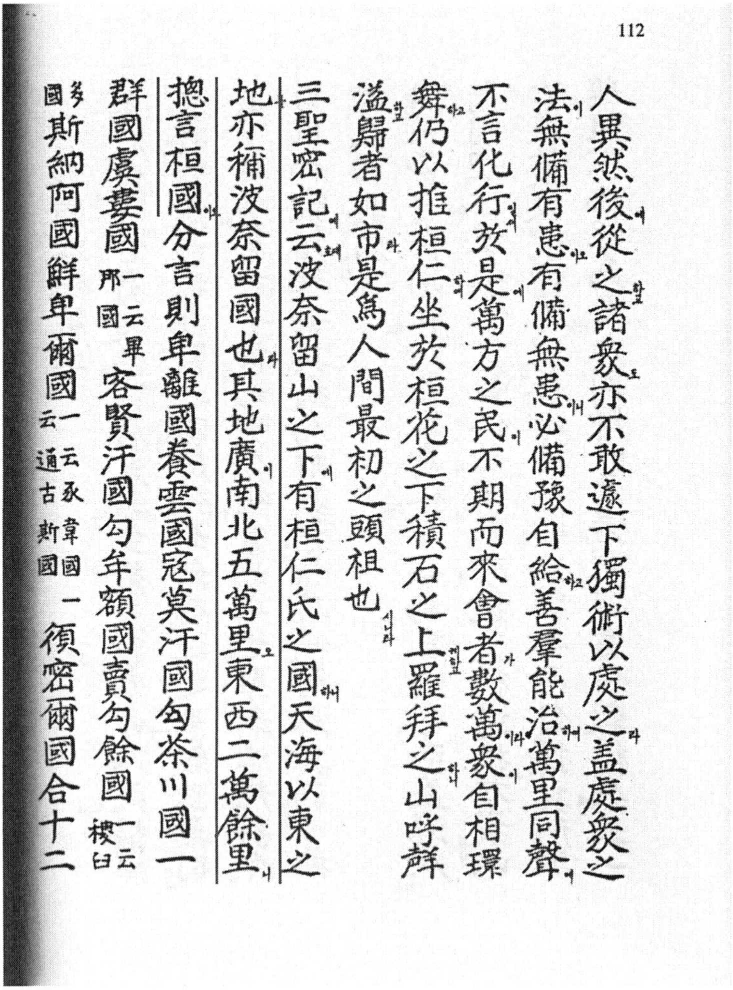
112

人異然後從之諸衆亦不敢違下獨術以處之蓋處衆之
法無備有患有備無患必備豫自給善羣能治萬里同聲
不言化行於是萬方之民不期而來會者數萬衆自相環
舞仍以推桓仁坐於桓花之下積石之上羅拜之山呼聲
溢歸者如市是爲人間最初之頭祖也
三聖密記云波奈留山之下有桓仁氏之國天海以東之
地亦稱波奈留國也其地廣南北五萬里東西二萬餘里
摠言桓國分言則卑離國養雲國寇莫汗國勾茶川國一
群國虞婁國(一云畢那國)客賢汗國勾牟額國賣勾餘國(一云稷臼
多國)斯納阿國鮮卑爾國(一云豕韋國一云通古斯國)須密爾國合十二

[그림 035] ≪환단고기≫ 광오이해사본(1979년) 〈태백일사 환국본기太白逸史 桓國本紀〉의 환국 자료

삼성밀기에 이르기를 파내류산 아래에 환인씨의 나라가 있으니, 천해의
동쪽 땅이라. 또한 칭하기를 파내류국이라 그 땅의 넓이는 남북으로 5만리
요. 동서로 2만여리이니 통틀어 **환국**桓國이라 했다.

〈태백일사太白逸史〉〈환국본기桓國本記〉에 환국에 대한 기록이 정확하게
나와 있다.

⑤ ≪삼국유사三國遺事≫의 환인桓因과 환국桓国

현 역사학계는 ≪삼국유사≫를 정통사서로 인정하고 있다. ≪삼국유사≫
에 환인과 환국에 대한 기록이 있다. 상세하게 살펴보고자 한다.

[도표 016] ≪삼국유사≫ 간행시기별 주요판본 분류

판본	권수	소장처	간행시기
손보기교수 2013.01.16기증	권1~2	연세대학교 (파른본)	조선초기 간행본 고판본 古版本
보물419-2호	권2	성암고서 박물관(조병순)	
국보306호 (구, 보물419호)	권3,4,5	곽영대소장 (송은본)	
보물419-3호	권4,5	범어사	
송석하宋錫夏 (필사본)	권1	고려대학교 (석남본)	
국보306-2호 (구, 보물419-5)	권1~5	서울대규장각 (규장각본)	중종임신 中宗壬申 정덕본 正德本
보물419-4호	권3~5	고려대학교	

판본	권수	소장처	간행시기
순암수택본 임신가필본	권1~5	일본 천리대학 今西本	
만송문고본 晩松文庫本	권1~5	고려대학교	

1) ≪삼국유사三國遺事≫ 파른본의 환인桓因 기록

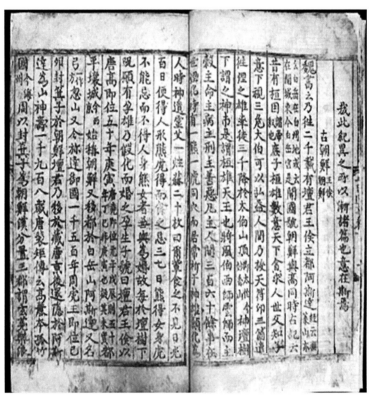

[그림 036] 위 판본은 연세대에서 2013년 기증 받아 보관중인 고故 손보기 교수의 파른본 ≪삼국유사≫
이다. 조선 중종 7년, 1512(壬申)년의 정덕본보다 이른 조선초기 간행본이다. 정확한 간행
년도는 알 수 없다. 단, 정덕본보다는 먼저 간행된 판본이다. 손보기교수는 생존에 판본을
공개하지 않았으며, 사후에 가족을 통하여 공개되었다. 파른본에 석유환인昔有桓因으로 기
록되었다.

古記云 昔有桓囻 (謂帝釋也)庶子桓雄
고 기 운 석 유 환 인   위 제 석 야 서 자 환 웅

數意天下 貪求人世 父知子意
삭 의 천 하 탐 구 인 세 부 지 자 의

下視三危太伯可以 弘益人間
하 시 삼 위 태 백 가 이 홍 익 인 간

乃授天符印三箇 遣往理之 雄率徒三千
내 수 천 부 인 삼 개 견 왕 리 지 웅 솔 도 삼 천

降於太伯山頂(卽太伯今妙香山)神壇樹下
강 어 태 백 산 정 즉 태 백 금 묘 향 산 신 단 수 하

謂之神市 是謂桓雄天王也
위 지 신 시 시 위 환 웅 천 왕 야

[해석解釋]

옛 기록에 이르기를, 옛적에 환인桓囻[16]이 있었다. (제석을 이른다.) 서자부에 환웅桓雄께서 계셨다. 항상 천하에 뜻을 두었으며, 인간 세상을 탐구하였다. 아버지께서 자식의 뜻을 아시고 삼위태백三危太伯을 살펴보시니 가히 인간을 널리 이롭게 할 만한 곳이라. 이에 천부인 삼개를 전수하시고, 그 이치로써 다스리게 하였다. 환웅께서 무리 3천명을 이끌고 가셨다. 태백산太伯山 정상 (즉 태백은 현재의 묘향산[17]), 신단수 아래로 내려가셨다. 이름하여 신시神市이며, 환웅천왕桓雄天王이시다.

≪삼국유사≫ 기이紀異 제일第一 고조선古朝鮮 왕검조선王儉朝鮮편에 있는 기록이다. 일연(一然, 1206~1289)스님은 고려후기의 인물이다. ≪삼국유사≫에는 고기 원문을 인용하여 고대기록을 편찬 하였다. 그러나 고려시대에 편

---

16 ≪삼국유사≫ 파른본은 환인의 인 자를 (囻) 자로 기록하였다. 옛 글자(古文)로 현재 글자체가 없어 원본 복사 사진으로 기록하였다.

17 태백을 묘향산으로 추정하였다. 하지만 이는 잘못된 추정이다.

찬된 원본은 전해지지 않는다. 조선초기에 간행되어 2013년 공개된 손보기 교수의 파른본 ≪삼국유사≫에 석유환인昔有桓因과 조선 중종 1512(壬申)년에 간행된 정덕본正德本 ≪삼국유사≫에 석유환국昔有桓国의 기록이 있다. 파른 본의 석유환인昔有桓因에서 '因' 자가 '나라 국(口) + 선비 사(士)' 자로 봐야 한 다. '선비 사(士)' 대신에 '흙 토(土)'라고 주장하는 경우도 있다. 파른본의 확대 사진을 살펴보면 '선비 사(士)' 자로 확인된다. '선비 사(士)'나 '흙 토(土)'나 어 떤 글자로 작성되어도 같은 글자인 인因 자로 읽는다면 큰 의미는 없다고 본다.

[그림 037] ≪삼국유사≫ 파른본의 석유환인昔有桓因이다 확대해 본 글자는 나라 국(口) + 선비 사(士)로 확인되었다.

그럼 이 글자(桓因)를 환국桓國으로 읽어야 할까, 환인桓因으로 읽어야 할 까? 여기에는 논쟁이 많다. 우리나라에는 이 글자 자체가 한자사전에 기록되 어 있지 않다. 부득이 동양의 한자문화권 사전을 인용해야 한다. 이 글자(因) 는 인因 자의 이체자異體字로 봐야 한다. 왜냐하면 인因자의 이체자자료는 찾 았지만, 국國 자의 이체자 자료에서는 찾지 못했다. 후에 찾아진다면 달라질 수도 있지만 현재는 사료가 없다. 객관적인 증명이 어려우면 아무리 타당한 주장이라도 사람들을 설득할 수 는 없다. 합당한 증거를 제시해야만 한다.

특히 논쟁이 되고 있는 인因 자의 원본 사전을 찾아 보고자 한다. 청나라 형 주邢澍 저서인 ≪금석문자변이金石文字變異[18]≫사전에 나와 있다. 책 2권 〈십 일진十一眞〉에 소개되고 있다. 이곳에 정확하게 인因의 문자변이文字變異라고

---

18 ≪금석문자변이(金石文字變異)≫, 형주(邢澍) 지음

소개하고 있다는 점이다.

[그림 038] 대만 ≪교육부이체자자전敎育部異體字字典≫에 나와 있는 자료이다. 중간에 '흙 토(土)'나 '선비 사(土)'도 모두 인(囚) 자의 이체자로 기록되어 있다.

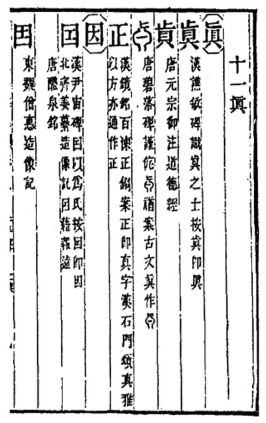

[그림 039] 인因자의 이체자로 인囗 자는 ≪금석문자변이金石文字變異≫사전 2권 〈십일진十一眞〉에 소개되고 있다.

두 번째로 인圍 자, 즉 '나라 국(口) + 흙 토(土)'의 원본을 찾아 보고자 한다. ≪광비별자廣碑別字≫에 나와 있다. 인圍 자의 이체자로 7개 글자를 소개하고 있다. 여기에서도 인圍 자를 소개하고 있다.

[그림 040] 인圍 자의 이체자 인圍 자가 '나라 국(口) + '흙 토(土)' 자로 ≪광비별자廣碑別字≫에 나와 있다. 인圍 자의 다양한 이체자들을 소개하고 있다.

파른본 ≪삼국유사≫처럼 석유환인昔有桓囯으로 기록된 판본이 바로 석남본石南本이다.

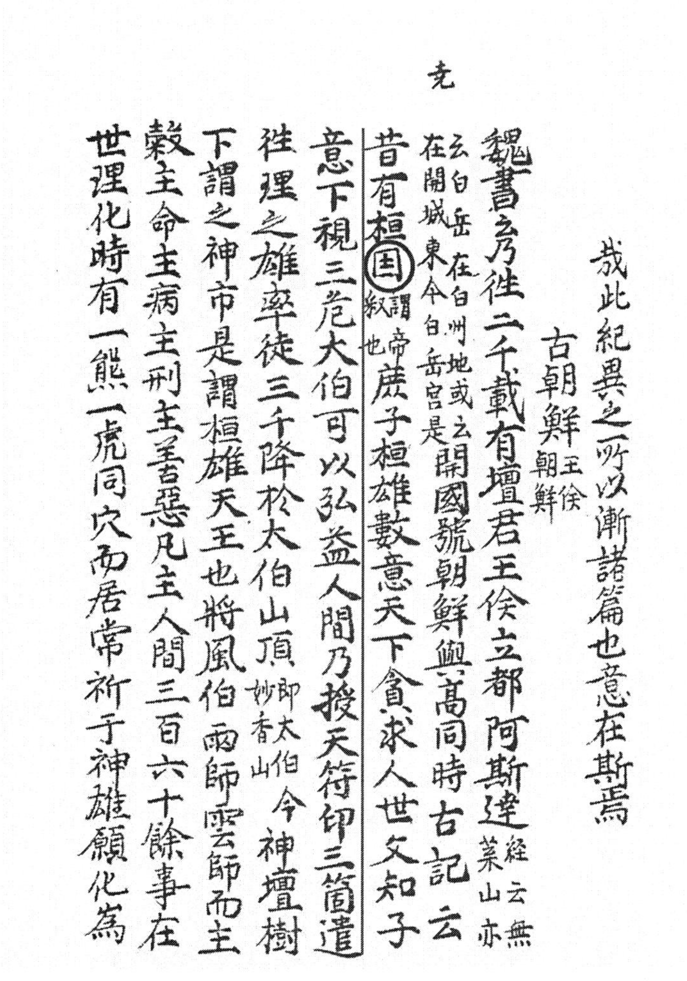

哉此紀異之所以漸諸篇也意在斯焉

古朝鮮王俗 朝鮮

魏書云往二千載有壇君王俟立都阿斯達〈經云無葉山亦云〉開國號朝鮮與高同時古記云〈云在白岳在白州地或云在開城東今白岳是〉

昔有桓囯〈謂帝釋也〉庶子桓雄數意天下貪求人世父知子

意下視三危太伯可以弘益人間乃授天符印三箇遣

往理之雄率徒三千降於太伯山頂〈即太伯今妙香山〉神壇樹

下謂之神市是謂桓雄天王也将風伯雨師雲師而主

穀主命主病主刑主善惡凡主人間三百六十餘事在

世理化時有一熊一虎同穴而居常祈于神雄願化爲

[그림 041] 위의 ≪삼국유사≫ 판본은 고려대 도서관에 보관 중인 석남 송석하宋錫夏의 필사본이다. 조선 중종 7년, 1512(壬申)년의 정덕본보다 이른 조선 초기 간행본으로 초간본 또는 고판본이라고 한다. 석남본도 석유환인昔有桓囯으로 기록하였다.

2) ≪삼국유사≫ 정덕본正德本의 환국桓国 기록

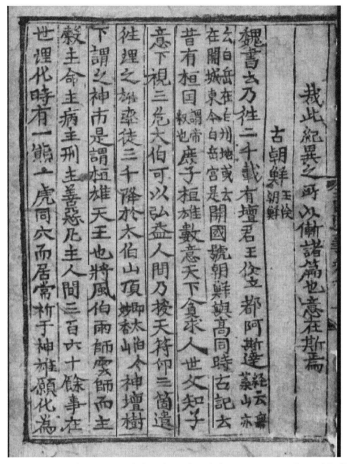

[그림 042] 조선 중종 7년, 1512(壬申)년의 ≪삼국유사≫ 정덕본으로 국보306-2호로, 서울대규장각 도서관에 보관 중인 사본이다. 여기에서 석유환국昔有桓国으로 기록하고 있다. 정덕正德은 당시 명나라 황제인 주후조(朱厚照, 1491년~1521년) 정덕제(正德帝, 재위 1505년~1521년)의 통치시대로 중국 황제 연호로 명명하였다.

[원문原文]

古記云 昔有桓国(謂帝釋也) 庶子桓雄
고 기 운 석 유 환 국 위 제 석 야   서 자 환 웅

數意天下 貪求人世 父知子意
삭 의 천 하　탐 구 인 세　부 지 자 의

下視三危太伯可以弘益人間
하 시 삼 위 태 백 가 이 홍 익 인 간

乃授天符印三箇 遣往理之 雄率徒三千
내 수 천 부 인 삼 개　견 왕 리 지　웅 솔 도 삼 천

降於太伯山頂(卽太伯今妙香山)神壇樹下
강 어 태 백 산 정 즉 태 백 금 묘 향 산　신 단 수 하

謂之神市 是謂桓雄天王也
위 지 신 시　시 위 환 웅 천 왕 야

[해석解釋]

　　옛 기록에 이르기를, 옛적에 환국桓国이 있었다. (제석을 이른다.) 서자부에 환웅桓雄께서 계셨다. 항상 천하에 뜻을 두었으며, 인간 세상을 탐구하였다. 아버지께서 자식의 뜻을 아시고 삼위태백三危太伯을 살펴보시니 가히 인간을 널리 이롭게 할 만한 곳이라. 이에 천부인 삼개를 전수하시고, 그 이치로써 다스리게 하였다. 환웅桓雄께서 무리 3천 명을 이끌고 가셨다. 태백산太伯山 정상(즉 태백은 현재의 묘향산), 신단수 아래로 내려가셨다. 이름하여 신시神市이며, 환웅천왕桓雄天王이시다.

　　파른본 ≪삼국유사≫보다 후에 경주에서 판각된 1512(壬申)년 정덕본正德本 ≪삼국유사≫에는 파른본 ≪삼국유사≫의 석유환인昔有桓囯과는 다르게 석유환국昔有桓国으로 기록되어 있다. 인囯 자 대신에 나라 국国 자로 기록되어 있다. 먼저 나라 국国 자에 대해서 관련 자료를 살펴보면 나라 국國 자의 속자임을 알 수 있다.

　　파른본 ≪삼국유사≫에 기록되어 있는 인囯 자가 나라 국國 자의 속자俗字 또는 이체자로 주장하는 사례도 있으나 관련 자료를 찾을 수가 없다. 결국 파른본 ≪삼국유사≫는 석유환인昔有桓□이다. 또 다른 주장은 정덕본正德本 ≪삼

국유사≫의 석유환국昔有桓国의 국国 자를 판각하는 사람들이 잘못해서 원래
인囯 자를 판각해야 하는데 국国 자로 판각을 잘못했다고 주장하는 사례도 있
다. 이는 억지 주장이다. 정덕본 ≪삼국유사≫자료는 석유환국昔有桓国으로
명확하게 봐야 한다. 서지학書誌學적 자료를 사실 그대로 봐야 한다. 그럼 결
론적으로 조선시대에는 상고사上古史의 역사를 환인桓囯과 환국桓国, 두 가지
방향으로 인식하고 있었다는 것이다. 환인桓因께서 환국桓国을 건국하셨으
니, '옛적에 환인桓因이 계셨다.'는 내용과 '옛적에 환국桓国이 있었다.'는 내
용은 실제 역사와 부합한다는 것을 증명하는 것으로 이해해야 한다.

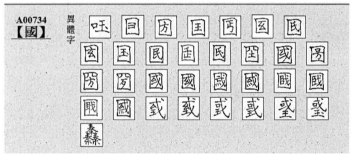

[그림 043] 대만 ≪교육부이체자자전教育部異體字字典≫에 나와 있는 자료이다. 나라 국國 자의 이체자
중에서 나라 국国 자가 보인다.

[그림 044] 청나라시대의 ≪강희자전康熙字典≫에 나와 있는 국国 자는 속국자俗國字, 즉 국國 자의 속
자俗字라는 해석이 보인다.

[도표 017] ≪삼국유사三國遺事≫ 판본별 기록

판본	소장처	간행시기	기록
파른본	연세대	조선 초기 간행본	석유환인 昔有桓囯
석남본	고려대		
규장각본	서울대	중종 임신 정덕본	석유환국 昔有桓国
만송문고본	고려대		

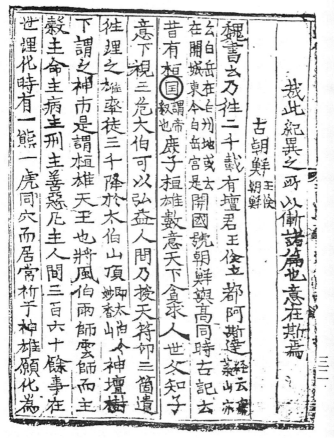

[그림 045] 조선 중종 7년, 1512(壬申)년의 정덕본으로 고려대학교 소장 중인 만송문고본晚松文庫本 사본이다. 이곳에는 석유환국昔有桓国으로 기록하고 있다.

정덕본으로 국보306-2호 서울대규장각도서관에 보관 중인 ≪삼국유사≫
와 동일하게 고려대학교 소장중인 만송문고본晩松文庫本에서도 석유환국昔有
桓国으로 기록되어 있다.

3) 석유환국昔有桓国과 석유환인昔有桓因

≪삼국유사≫에는 석유환국昔有桓国과 석유환인昔有桓因에 대한 논쟁이 있
다. 논쟁의 핵심을 정리해 보고자 한다.

가) 석유환국昔有桓国과 석유환인昔有桓因 이마니시 류今西龍의 덧칠 사건

이마니시 류(今西龍, 1875~1932)의 ≪삼국유사≫ 덧칠 사건의 증거는 이마니
시 류今西龍가 순암順菴 안정복安鼎福[19] 선생이 소유했던 것으로 알려진 순암
수택본順菴 手澤本[20], 다른 이름인 임신가필본壬申加筆本을 덧칠하여 1926년 경
도제국대학(京都帝國大學, 현 교토대학 Kyoto University)에서 발행한 정덕본 ≪삼
국유사≫의 영인본影印本이다. 영인본을 출간할 때 석유환국昔有桓国을 석유
환인昔有桓因으로 덧칠하여 조작하였다.

이마니시 류의 1902년 논문 〈단군고檀君考〉를 살펴보면, 그가 덧칠을 하게
되는 사상적 배경을 스스로 설명하고 있다. "환인桓因의 인因 자는 간본(刊本-
간행본) 문자가 와왜(訛歪-거짓되고 삐뚤어지게)되어 국国 자에 가깝기 때문에 도
쿄대학 간본(刊本-간행본)에서는 환국桓國이라 하고 있어서 이 또한 일부 사람

---

19 순암(順菴) 안정복(安鼎福, 1712~1791년) 선생은 조선 후기의 실학자로 ≪동사강목≫, ≪
임관정요≫, ≪천학고≫를 집필하였다.

20 순암수택본(順庵手澤本) 또는 임신가필본(壬申加筆本)은 1512(壬申)년 이계복이 경주에서
관각한 뒤 32년 이내에 인출된 것으로, 훗날 순암 안정복(安鼎福)이 소장하면서 가필(加筆)
을 한 때문에 임신가필본(壬申加筆本)이라 불린다. 이 본은 이마니시 류(今西龍)가 1916년
부터 소장하였는데(日人들은 흔히 今西本이라 칭한다), 일본의 텐리대학(天理大學) 도서관
의 귀중본으로 소장되어 있다.

들이 이용하고 있다. 단군 전설에 있는 '제석천환인帝釋天桓因'을 제거시키고 환국이 바르다고 칭하고 있는 것이다. 제석帝釋이라는 주注에 의하면 이를 환국으로 개정할 수 없다." 라고 주장하고 있다.

[그림 046] 1904년 이마니시 류今西龍의 모교인 일본 도쿄대학東京大學에서 발행한 《삼국유사》의 내용 중 석유환국昔有桓國 부분 확대 사진. 이때 발행한 《삼국유사》는 석유환국昔有桓國으로 인쇄되었다. 이마니시 류는 그의 논문 《조선고사의 연구朝鮮古史の研究》〈단군고檀君考〉에서 도쿄대학 간행본의 석유환국昔有桓國은 잘못된 판독으로 부정하였다. 이는 도쿠가와가 소장본인 호사문고본을 저본으로 삼아 출판하였다.

초간본(고판본)		정덕본正德本		정덕正德 영인본	
파른본	석남본	규장각	만송문고본	교토대학	고전간행회
연세대 도서관	고려대 도서관	서울대 규장각	고려대 도서관	1926년 영인본	1932년 영인본
석유환인 昔有桓因		석유환국 昔有桓国		환국桓國을 환인桓因으로 조작	

[그림 047] 이마니시 류가 1926년 교토제국대학에서 간행한 《삼국유사》 영인본으로 조작된 흔적을 확인할 수 있다. 순암수택본이 저본이며, 1932년 고전간행회 영인본도 순암수택본이 저본으로 삼았으며 조작된 흔적이 선명하다.

1916년 순암수택본順菴手澤本을 구입한 지 10년이 지난 1926년에야 영인본影印本이 나온 것은 완역본을 내놓고자 원고 작업을 하였지만, 관동대지진으로 원고를 소실하여 인쇄본을 포기하고 영인본으로 출간하였기 때문이다.

이마니시 류의 덧칠 사건을 살펴보자. 1926년 출판된 교토제국대학 영인본을 보면 누구나 덧칠한 것을 쉽게 알 수 있다. 이마니시 류는 1902년 논문 〈단군고檀君考〉의 주장처럼 석유환인昔有桓因으로 이해해야 한다고 주장하고 그 주장에 맞추어서 국国자를 인因자로 덧칠하여 조작하였던 것이다.

[도표 018] 삼국유사 판본별 환인, 환국 확대 자료

삼국유사 판본	원본 자료	판독
조선 초기 간행본 (고판본) 손보기 교수 (연세대 파른본)		석유환인 昔有桓因
조선 초기 간행본 (고판본) 석남 송석하본 (고려대 도서관)		석유환인 昔有桓因
서울대 규장각 중종 임신 정덕본 中宗壬申 正德本 국보306-2호	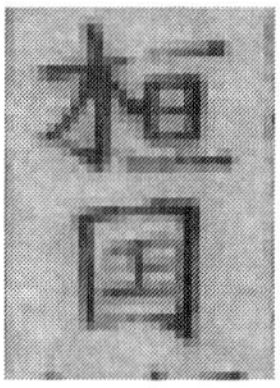	석유환국 昔有桓国
고려대 도서관 만송문고본 중종임신 정덕본 中宗壬申 正德本		석유환국 昔有桓国

정덕본인 순암수택본順庵手澤本을 덧칠 작업해 환국桓国을 환인桓因으로 조작하여 영인 출판한 1926년 교토제국대학京都帝國大學 판본이다.

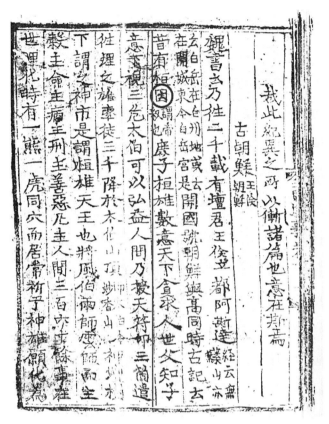

[그림 048] 이마니시 류가 1926년 교토제국대학(京都帝國大學, 현 교토대학, Kyoto University)에서 간행한 ≪삼국유사≫ 영인본으로 조작된 흔적이 너무나 확연히 드러나고 있다. 순암수택본을 저본으로 삼았다. 그의 논문 ≪조선고사의 연구朝鮮古史の研究≫ 〈단군고檀君考〉를 입증하기 위하여 관동대지진 이후에 급하게 영인본을 출간하였다. 그로부터 6년 뒤인 1932년 사망하게 된다.

정덕본인 순암수택본順庵手澤本을 덧칠하여 환국桓国을 환인桓因으로 조작하여 영인 출판한 1932년 고전간행회 판본이다.

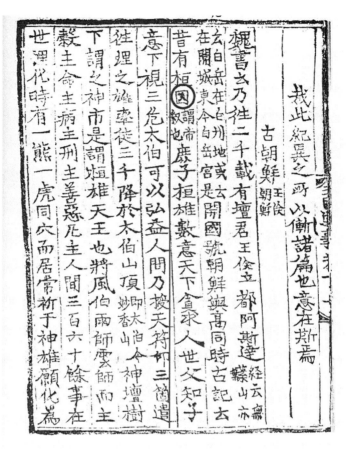

[그림 049] 정덕본 ≪삼국유사≫ 영인본으로 1932년 고전간행회에서 간행하였다. 순암수택본을 저본으로 삼았으며 조작된 흔적이 조잡하며 너무 선명하게 구별된다. 한민족의 상고사를 신화로 만들기 위하여 국보급 문화재를 조작한 증거이다.

위 이마니시 류의 덧칠 사건을 부정하는 위서론자[21]가 있다. '순암수택본 ≪삼국유사≫를 당초에 가지고 있던 순암 안정복선생이 덧칠을 했다는 주장이다.' 이문영의 주장이 맞으려면, 순암 수택본을 저본으로 삼았던 이마니시 류今西龍가 1926년 교토제국대학(京都帝國大學, 현 교토대학, Kyoto University)에서 간행한 정덕본 ≪삼국유사≫ 영인본과 1932년 고전간행회에서 간행한 정덕

---

21 ≪만들어진 한국사≫, 이문영 지음, 파란미디어, 2010년, 359쪽

본 ≪삼국유사≫ 영인본의 덧칠이 일치해야 한다. 그러나 확인결과 일치하지 않는다. 이는 영인본 제작 당시 덧칠한 것을 의미한다.

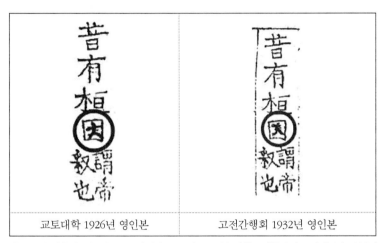

| 교토대학 1926년 영인본 | 고전간행회 1932년 영인본 |

[그림 050] 순암수택본을 저본으로 삼았던 1926년 교토제국대학 ≪삼국유사≫ 영인본과 1932년 고전간행회 ≪삼국유사≫ 영인본의 덧칠이 서로 다르다. 이는 당초 저본이 덧칠된 것이 아니라, 영인본 제작 당시 의도적으로 덧칠된 것임을 증명한다.

나) ≪삼국유사三國遺事≫ 인용 기록 환국桓國과 환인

≪삼국유사≫의 파른본과 정덕본이 후대에 어떤 인식 변화를 주었는가를 알아보고자 한다. 이 문제는 먼저≪삼국유사≫를 인용하고 있는 후대의 사서들을 정리하여 살펴보자!

[도표 019] ≪삼국유사≫ 인용 사서 비교

인용서적	기록	내용
약천집 藥泉集	석유환국 昔有桓國	삼국유사를 인용
풍암집화 楓巖輯話	석유환국 昔有桓國	삼국유사를 인용
단종실록 端宗實錄	석유환인 昔有桓因	삼국유사를 인용

인용 기록을 살펴보니 초기에 나와 있는 이체자 인□ 자나 '나라 국國'의 속자인 국国 자가 없어지고 ≪약천집≫과 ≪풍암집화≫는 정자正字로 '나라 국國' 자, 단종실록은 '인할 인因' 자로 기록되어 있다는 점이 특징이다.

결국 ≪삼국유사≫의 파른본과 정덕본의 영향이 후대 기록에 두 가지를 다 사용하게 하였다는 것이다. 석유환국昔有桓國이란 '옛적에 환桓이란 나라國가 있었다.' 즉 환국桓國이 있었다는 설명이다. 석유환인昔有桓因이란 '옛적에 환인桓因이란 분이 계셨다.'는 설명이다. 환인桓因께서 환국을 건국하셨으니 두 가지 다 역사적인 사실이다. 사서의 기록을 서지학적으로 존중한다면 석유환인昔有桓因과 석유환국昔有桓國을 인정하고 환국, 배달, 단군조선사를 정식으로 연구해야 한다.

특히 위서론자들은 ≪단종실록端宗實錄≫의 단종 1년 6월 28일 기사에 있는 이선제李先濟가 ≪삼국유사≫를 인용하여 '석유환인昔有桓因'이라고 말한 기사만 인용하고 있다.[22] 그러나 조선시대에는 이미 석유환인昔有桓因과 석유환국昔有桓國 두 가지로 인식하고 있었다. ≪약천집≫과 ≪풍암집화≫는 정자正字로 '나라 국國'을 써서 ≪삼국유사≫를 인용하여 석유환국昔有桓國으로 기록했다는 점에 대해서도 위서론자들은 설명다운 설명이 있어야 한다.

다) 이병도李丙燾의 고석환인古昔桓因과 환국桓國

지금의 교토대학 1926년 당시 교토제국대학에서 ≪삼국유사≫ 영인본이 출간되기 3년 전인 1923년 10월 1일에 당시 동아일보에 기고한 이병도(李丙燾, 1896~1989)의 〈조선사 개강朝鮮史槪講(三)〉 중간에 '고석환인古昔桓因 혹或은 환국의 서자庶子'라고 하여 환인桓因과 환국 두 가지를 인용하는 글이 기사화되어 있다. 1923년 일제시대에 기고한 글에서 당시의 상고사를 바라보는 역사학자들의 관점을 살펴볼 수 있는 자료이다. ≪한국상고사입문≫(이병도, 최

---

22 ≪만들어진 한국사≫, 이문영 지음, 2010년, 파란미디어, 358쪽

태영 공저)에서 '단군조선'을 주장하자 제자들이 '노망들었다.'고 매도했는데, 이병도의 젊은시절의 환국 인식을 뭐라고 비판할 것인가?

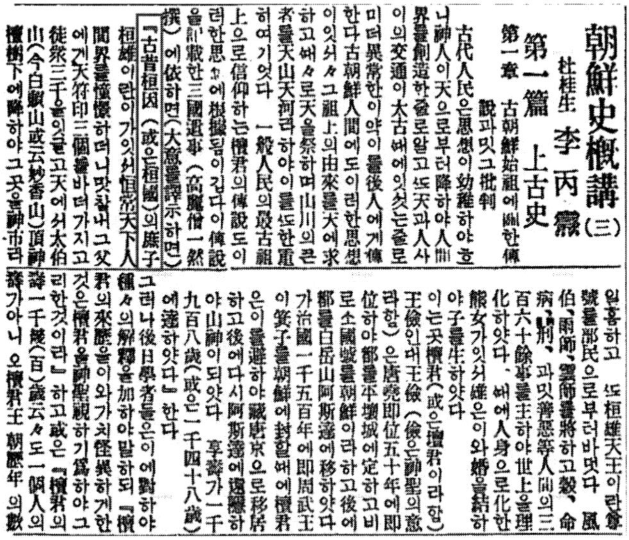
朝鮮史概講(三)

杜桂生 李丙燾

第一篇 上古史

第一章 古朝鮮始祖에關한傳說과및그批判

古代人民은思想이幼稚하야흔히神人이天으로부터降하야人世界를創造한줄로알고또天과人사이의交通이太古때에잇섯는줄로미더異常한이약이를後人에게傳한다古朝鮮人間에도이러한思想이잇서々그祖上의由來를天에求하고때々로天을祭하며山川의큰者를天山天祠라하야이를또한重히여기엇다 一般人民의最古祖上으로信仰하는檀君의傳說도이러한思ㅎ에根據됨이깁다이傳說을記載한三國遺事(高麗僧一然撰)에依하면(大意를譯示하면)

『古昔桓因(或은桓國)의庶子桓雄이란이가잇서恒常天下人間界를憧憬하더니맛참내그父에게天符印三個를바더가지고徒衆三千을잇끌고天에서太伯山(今白頭山或云妙香山)頂神檀樹下에降하야그곳을神市라일홈하고 또桓雄天王이라尊號를部民으로부터바덧다 風伯、雨師、雲師를將하고穀、命、病、刑、과및善惡等人間의三百六十餘事를主하야世上을理化하얏다、때에人身으로化한熊女가잇서雄은이와婚을結하야子를生하얏다

이는곳檀君(或은壇君이라함)王儉인데王儉(儉은神聖의意라함)은唐堯即位五十年에即位하야都를平壤城에定하고비로소國號를朝鮮이라하고後에都를白岳山阿斯達에移하얏다 가治國一千五百年에即周武王이箕子를朝鮮에封할때에檀君은이를避하야藏唐京으로移居하고後에다시阿斯達에還隱하야山神이되얏다 享壽가一千九百八歲(或은一千四十八歲)에達하얏다』한다

그러나後日學者들은이에對하야種々의解釋을加하야말하되『檀君의來歷을이와가치怪異하게한것은檀君을神聖視하기爲하야그리한것이라』하고或은『檀君의壽一千幾(百)歲云々도一個人의壽가아니오檀君王朝歷年의數

[그림 051] 동아일보 1923년 10월 1일자 기고문 이병도의 조선사 개강에 나와 있는 고석환인古昔桓因 혹或은 환국 기사 자료이다. 즉 ≪삼국유사≫의 기록이 석유환인昔有桓因으로도 인식되었으며, 석유환국昔有桓國으로 확인되었음을 알고 있었다는 것을 확인할 수 있는 글이다.

[원문原文]

三國遺事(高麗僧一然撰)에 依하면
삼국유사고려승일연찬 의

(大意를 譯示하면) 古昔桓因(或은 桓國)의
대의 역시 고석환인 혹 환국

庶子桓雄이란이가 잇서 恒常天下人間界를
서자환웅 항상천하인간계

[해석解釋]

삼국유사(고려 때 스님 일연이 찬함)에 의하면 (대의를 역시하면) 옛적에 **환인桓因** 혹은 **환국桓國**의 서자부 환웅이란 이가 있어 항상 천하의 인간세계를

≪삼국유사≫의 파른본과 정덕본이 후대에 어떤 인식 변화를 주었는가를 알아보았다. 강단사학자의 환인桓因이 맞다는 주장과 재야사학자의 환국이 맞다는 주장은 지금까지 확인해 본 결과, 환인桓因의 기록과 환국의 기록에 대한 인식이 공존하고 있다는 점이다. 두 가지 사실은 모두 역사적 사실로 인식해야 할 것이다.

라) 조선시대 환국桓國을 기록한 사료

조선시대에 ≪삼국유사≫를 인용하지 않고 환국에 대한 사실을 기록한 서적들을 간단하게 도표로 살펴보고자 한다. 즉 아래 기록들은 어떤 사료를 인용하였는지 알 수는 없지만, 환국에 대한 정확한 인식이 있었기 때문에 기록으로 보전될 수 있었다고 생각한다. 뒤쪽에서 인용 원본을 살펴볼 예정이다.

[도표 020] 조선시대 환국 기록

인용서적	기록	비고
수산집 修山集	유환국 有桓國	인용 없음
유헌집 游軒集	환국 桓國	인용 없음
해동악부 海東樂府	석환국 昔桓國	인용 없음

이번에는 ≪조선왕조실록朝鮮王朝實錄≫에 남아 있는 환인桓因 기록을 살펴보고자 한다. 아래 도표는 제1장에서 환인을 인용한 사서를 정리할 때 살펴본 도표이다. ≪조선왕조실록≫에 있는 환인 기록은 아홉 번이다. 그런데 상세한 내용을 살펴보면 전부 황해도黃海道 구월산九月山 삼성사三聖祠에 대한 글이다. 삼성사는 환인, 환웅桓雄, 단군檀君의 영정을 모시는 사당이다. 세분의 성인을 모시는 사당이라 하여 삼성사三聖祠라고 하였다. ≪조선왕조실록≫의 기록처럼 조선시대에는 최초의 국가 환국을 건국하신 환인을 사서에 기

록하였다는 사실과 환인이 세운 나라 환국을 여러 서적에서 기록하는 사실에 주목해야 한다.

[도표 021] ≪조선왕조실록≫에 환인桓因 단인檀因기록

조선 실록	호칭	주요기사
세종	단인檀因	유관柳寬 상서上書
	환인桓因	평양 세종실록지리지
단종	환인桓因	경창부윤府尹 이선제李先齊 석유환인昔有桓因
성종	환인桓因	황해도 관찰사 이예李芮
선조	환인桓因	예조 삼성제 거행 보고
현종	환인桓因	환인桓因·환웅桓雄 묘 개수
영조	환인桓因	황해도 구월산 삼성묘 위판 개조
정조	환인桓因	구월산성의 삼성사에 향축 하사
	환인桓因	삼성사 개수 제사 의식을 개정

[그림 052] 황해도 구월산의 삼성사에 모셔져 있는 환인, 환웅, 단군왕검의 영정(왼쪽부터). 삼성사에 모셔져 있는 환국, 배달, 고조선의 창업시조로 인하여 ≪조선왕조실록≫에 아홉 번의 기록이 남겨져 있다.

마) 석유환국昔有桓国과 위제석야爲帝釋也

억지로 역사를 왜곡하려 하면 할수록 오류 재생산 법칙에 걸려 더 많은 왜곡된 주장을 해야 한다. 현 역사학계의 주장을 몇 가지를 살펴보자!

첫째, 정덕본 ≪삼국유사≫를 살펴보면 '석유환국昔有桓国 위석제야謂帝釋也'로 되어 있다. 이를 해석하면 옛적에 환국桓国이란 나라가 있었다. '이는 제석帝釋을 이른다.'는 주석註釋을 문제[23]삼고 있다. 즉 제석帝釋은 불교 용어로 제석천帝釋天 또는 제석신帝釋神[24]을 말한다. 위 기록은 일연 스님이 삼국유사를 집필할 때 고서를 직접 인용하여 기록하였다. 즉 고기古記에 기록을 원문 그대로 옮겨놓은 것이다. 그러나 불교국가였던 고려시대에는 환인은 제석신帝釋神이라 이해하였기에, 원문을 그대로 두고 자기 생각을 주석으로 달았다. 혹시 환국桓国이 아니라 제석신帝釋神, 즉 환인이 아닌가 하는 본인의 해석을 주석하여 첨부하였다. 그러나 주석은 주석일 뿐이다.

둘째, 고기의 원문과 주석의 해석이 서로 상충相衝된다면 무엇을 우선 해석해야 하는가? 현 역사학자들의 주장은 '환국桓国이라고 해석하면 제석신帝釋神 과 뜻이 통하지 않는다.'라고 하며 원문은 환인이어야 한다.'고 주장한다. 그래서 정덕본의 환국桓国은 판각을 잘못했다고 더불어 주장한다. 이런 경우는 주객主客이 뒤집어진 해석 방법이다. 지극히 논리적이지 못하고 학문적이지 못한 연구 방법이다. 주석에 맞추기 위해서 원문을 조작해도 된다는 생각은 학문의 진실에서 멀어질 수 있는 위험천만한 연구 방법이다. 원문을 우선시 해야 함은 연구자의 기본 자세이다.

---

23 이마니시 류(今西龍)의 1902년 논문 ≪조선고사의 연구(朝鮮古史の研究)≫〈단군고(檀君考)〉에서 "단군 전설에 있는 '제석천환인(帝釋天桓因)'을 제거시키고 환국이 바르다고 칭하고 있는 것이다. 제석(帝釋)이라는 주(注)에 의하면 이를 환국으로 개정할 수 없다."는 주장을 그대로 현 사학계는 인정하고 있다.

24 제석신은 범왕(梵王)과 함께 불법(佛法)을 지키는 신(神). 12천(天)의 하나로 동쪽의 수호신(守護神). 수미산(須彌山) 꼭대기의 도리천(忉利天)에 살고, 희견성(喜見城)의 주인(主人)으로서 대위덕(大威德)을 가지고 있다.

바) 육당 최남선의 환국桓國 인식

육당六堂 최남선崔南善은 현대 근대문학의 선구자 중 한 사람으로, 조선광문회朝鮮光文會를 창설하여 고전을 간행하였다. 1924년 〈시대일보時代日報〉를 창간하였으며, 1925년에 〈동아일보〉에 객원이 되어 사설을 썼다. 1927년 총독부의 조선사편찬위원회 촉탁을 거쳐 위원이 되었다. 해방 후 친일반민족행위자로 기소되어 1949년 수감되었으나 병보석되었다. 역사서 ≪단군론壇君論≫을 1926년 동아일보에 기고한 자료를 살펴보고자 한다.

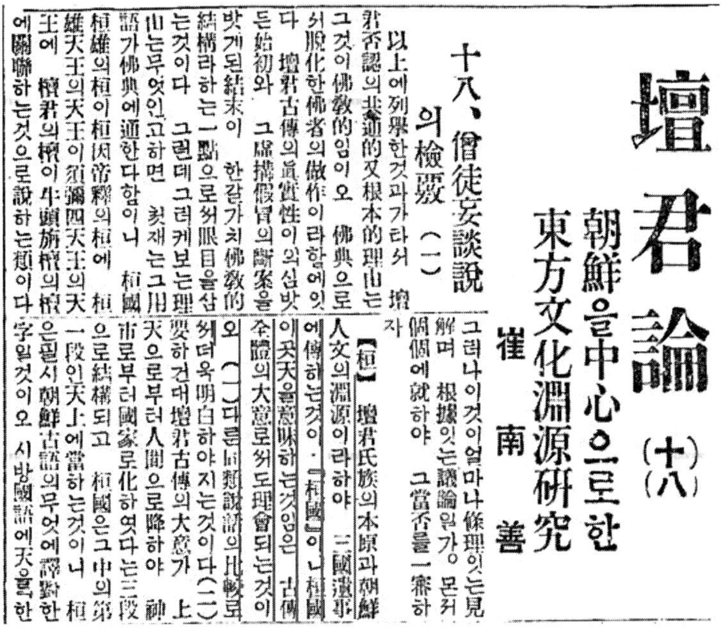
壇君論 (十八)
朝鮮을中心으로한 東方文化淵源研究
崔南善

그러나이것이얼마나條理잇는見解며 根據잇는議論인가。 몬저個個에就하야 그當否를一審하자

十八、僧徒妄談說의檢覈 (一)

以上에列擧한것과가타서 壇君否認의共通的又根本的理由는 그것이佛敎的임이오 佛典으로서脫化한佛者의做作이라함에잇다 壇君古傳의眞實性이의심밧든始初와 그虛構假冒의斷案을밧게된結末이 한갈가치佛敎的結構라하는一點으로서眼目을삼는것이다 그런데 그러케보는理由는무엇인고하면 첫재는그用語가佛典에通한다함이니 桓國桓雄의桓이桓因帝釋의桓에 桓雄天王의天王이須彌四天王의天王에 檀君의檀이牛頭旃檀의檀에關聯하는것으로說하는類이다

【桓】 壇君氏族의本原과朝鮮人文의淵源이라하야 三國遺事에傳하는것이「桓國」이니 桓國이곳天을意味하는것임은 古傳全體의大意로서도理會되는것이외 (一)다른同類說話의比較로써더욱明白하야지는것이다(二) 要하건대壇君古傳의大意가 上天으로부터人間으로降하야 神市로부터國家로化하엿다는三段으로結構되고 桓國은그中의第一段인天上에當하는것이니 桓은필시朝鮮古語의무엇에譯對한字일것이오 시방國語에天을意한

[그림 053] 〈동아일보〉 1926년 5월 6일 육당 최남선의 〈단군론(十八)〉 기사 중간에 환桓에 대해서, 구체적으로 환국을 기록하고 있다.

[원문原文]

[桓] 壇君氏族의 本源과 朝鮮人文의
환 단군씨족 본원 조선인문

淵源이라하야 三國遺事에 傳하는 것이
연 원　　　삼 국 유 사　전

[桓國]이니 桓國이 곳 天을 意味하는 것임은
환 국　　환 국　　천　의 미

古傳全體의 大意로써도 理解되는 것이오.
고 전 전 체　대 의　　이 해

[해석解釋]

　환桓은 단군씨족의 근원이며, 조선 인문의 연원이다. 삼국유사에 전하는
것이 환국이니, 환국은 곧 하늘天을 의미하는 것임은 고전 전체의 대의로 이
해되는 것이다.

　위 기사 원문에 ≪삼국유사≫에서 전하는 것이 환국이라고 명확하게 설명
하고 있다. 이마니시 류의 정덕본 ≪삼국유사≫ 덧칠 사건에 대해서 육당 최
남선은 강도 높은 비판[25]을 하게 되는데, 그 근본적인 생각이 바로 석유환국
昔有桓国으로 삼국유사 기록을 인식하고 있었기 때문이며, 임의로 ≪삼국유
사≫를 덧칠하여 개서(改鼠-쥐가 무엇을 뜯어먹은 것처럼 고침)한 것에 대한 비판이
다. 최남선은 1946년 〈신정 삼국유사〉에서 환인桓国으로 인쇄하였다. 이는
임신본을 볼 수 없었던 당시 상황에서 석남본을 보고 원본 그대로 기록하였
던 것이다. 그러나 최남선은 이미 '삼국유사에 전하는 것이 환국이다.'라고

---

25 조선사편수회 이마니시 류(今西龍)가 환국(桓国) 기록을 교묘하게 변조한다. 육당 최남선
　은 조선사편수회 제6차 위원회에서 이를 지적하며 울분을 터뜨렸다. 회의록에 남아 있는 육
　당 최남선의 발언 내용이다. "≪단군고기≫는 광범한 고기록을 지극히 간략하게 요약하여
　놓은 것이므로 그 편언척자(片言隻字)에도 중대한 의미가 내포되어 있는 것이다. 그러므로
　가령 한 자의 잘못이 있다 할지라도 그것이 전문(全文)의 해석상 미치는 영향은 지극히 크
　다. ≪삼국유사≫의 ≪단군고기≫ 중에서 석유환국(昔有桓国)이라고 되어 있던 것을 석유
　환인(昔有桓因)이라고 고친 천인(淺人) 이마니시 류(今西龍)의 망필(妄筆)을 인용한 것이
　바로 그 하나다. "〈조선사편수회 제6차 위원회 회의록〉≪고조선 사라진 역사≫ 성삼제, 동
　아일보사, 158쪽 인용

주장하고 있었던 것이다.

4) 서자환웅庶子桓雄

고대사를 혼란에 빠트리는 또 하나의 논쟁점은 바로 고대사 기록에 있는
서자환웅庶子桓雄이다.

[그림 054] 조선 중종 7년, 1512(壬申)년 정덕본 ≪삼국유사≫ 자료, 국보306-2호 서울대규장각도서
관 ≪삼국유사≫ 내용 중 서자환웅庶子桓雄 부분만 복사

서자환웅庶子桓雄을 본부인이 아닌 첩의 자식인 서자환웅으로 해석하는 학
자들과 서자부庶子部의 환웅桓雄으로 설명하는 학자들이 있다. 서자庶子가 아
닌 서자부庶子部로 이해하기 위해서는 관련 자료들을 찾아 봐야 한다.

가) ≪환단고기≫ 〈태백일사〉 서자지부庶子之部

[원문原文]

朝代記에 曰 時에 人多産之하여
조 대 기　　왈　시　　인 다 산 지

憂其生道之無方也러니
우 기 생 도 지 무 방 야

庶子之部에 有大人桓雄者하여
서자지부 유대인환웅자

探聽輿情하시고 期欲天降하여
탐청여정 기욕천강

開一 光明世界于地上하실새
개일광명세계우지상

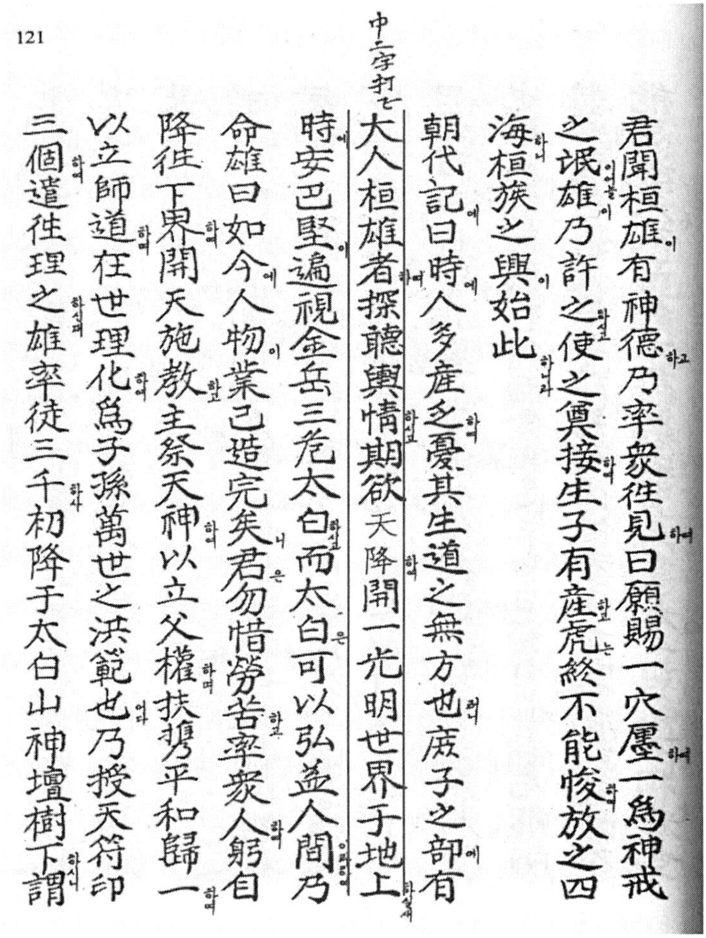
121

中二字衍乙

君聞桓雄이 有神德하고 乃率衆往見하여 曰願賜一穴廛하여 一爲神戒之氓이어늘 雄乃許之하시고 使之奠接하며 生子有産하니 虎는 終不能悛하여 放之四海하니 桓族之興이 始此하니라

朝代記에 曰時에 人多産乏하여 憂其生道之無方也러니 庶子之部에 有大人桓雄者하여 探聽輿情하시고 期欲天降하여 開一光明世界于地上하실새 時에 安巴堅이 遍視金岳三危太白하시고 而太白은 可以弘益人間이라 乃命雄曰 如今에 人物이 業已造完矣니 君勿惜勞苦하고 率衆人하여 躬自降往下界하여 開天施敎하고 主祭天神하여 以立父權하며 扶携平和하여 歸一以立師道하여 在世理化하며 爲子孫萬世之洪範也이라 乃授天符印三個하며 遣往理之하시니 雄이 率徒三千하사 初降于太白山神壇樹下하시니 謂

[그림 055] ≪환단고기≫ 〈태백일사〉 서자지부 대인 환웅 기록이 보인다.

조대기朝代記에 이르기를 당시에는 백성이 많고 물자가 궁핍하여 살아갈 방법이 없음을 걱정하였더니 서자지부庶子之部의 대인 환웅께서 여론을 두루 살펴 들으시고 천계에서 내려와 지상에 광명세상을 열고자 하였다.

여기에서 서자지부庶子之部를 주목할 필요가 있다. 서자庶子가 아니고 서자 지부라고 상세하게 설명한 것이다. 여기에서는 서자지부에 대한 역할이나 어떤 부서인지를 설명하지 않고 있다. 다른 자료를 통하여 그 역할을 찾아 보고자 한다. 초기 기록의 핵심을 인용한 후대의 사서에서는 핵심적인 서자 부분만 요약하여 기록하였다. 이로 인하여 많은 오해를 낳고 있다.

나) 고려국高麗國 좌서자左庶子와 우서자右庶子

고려에서 동궁東宮의 관속官屬이 설치된 것은 1022년이다. 그 이후에 정4품으로 좌서자左庶子와 우서자右庶子 각 1인을 두어 태자太子를 위한 학문과 도의를 교육하는 직책으로 삼았다.

[원문原文]

贊引位於 司徒之西少絶殿左庶子 位於受册位
찬 인 위 어 사 도 지 서 소 절 전 좌 서 자 위 어 수 책 위

之左 右庶子位於 左庶子之西中舍人位於左庶子
지 좌 우 서 자 위 어 좌 서 자 지 서 중 사 인 위 어 좌 서 자

之南中允位於 中舍人之西 俱北向官臣執
지 남 중 윤 위 어 중 사 인 지 서 구 북 향 관 신 집

[해석解釋]

찬인贊引의 자리는 사도司徒 자리의 서쪽에 조금 떨어지게 배치한다. **좌서자左庶子**의 자리는 책문을 받는 자리의 왼쪽에, **우서자右庶子**의 자리는 **좌서**

자左庶子의 서쪽에, 중사인中舍人의 자리는 **좌서자**左庶子의 남쪽에, 중윤中允의 자리는 중사인中舍人의 서쪽에 모두 북향으로 설치한다.

≪고려사高麗史≫에 상세하게 설명되어 있는 예식처럼 동궁의 태자太子를 교육시키는 직책을 예로부터 서자庶子라 하였으며, 서자庶子 벼슬에 2명을 두어 좌서자左庶子와 우서자右庶子의 종4품 직책을 두었다.

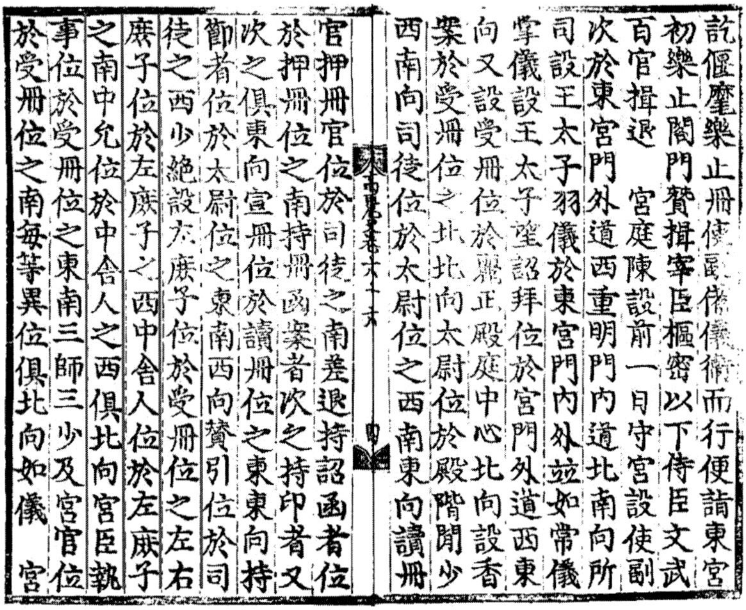
訖偃麾樂止冊使副依儀衛而行便請東宮
初樂止閤門贊揖宰臣樞密以下侍臣文武
百官揖退 宮庭陳設前一日守宮設使副
次於東宮門外道西重明門內道北南向所
司設王太子羽儀於東宮門內外竝如常儀
掌儀設王太子望詔拜位於宮門外道西東
向又設受冊位於麗正殿庭中心北向設香
案於受冊位之北北向太尉位於殿階間少
西南向司徒位於太尉位之西南東向讀冊
官押冊官位於司徒之南差退持詔函者位
於押冊位之南持冊函案者次之持印者又
次之俱東向宣冊位於讀冊位之東東向持
節者位於太尉位之東南西向贊引位於司
徒之西少絕設左庶子位於受冊位之左右
庶子位於左庶子之西中舍人位於左庶子
之南中允位於中舍人之西俱北向宮臣執
事位於受冊位之東南三師三少及宮官位
於受冊位之南每等異位俱北向如儀 宮

[그림 056] ≪고려사≫ 왕태자를 책봉하는 의례를 설명하고 있는 사료

다) 중국의 좌우서자左右庶子 직책

삼국사기와 이를 인용한 조선 성종 때의 ≪동국통감≫에 당나라 유인궤의 서자庶子 직책에 대한 기록이 보인다.

[원문原文]

唐削王爵遣左庶子同中書門下三品 劉仁軌將兵
당 삭 왕 작 견 좌 서 자 동 중 서 문 하 삼 품 류 인 궤 장 병

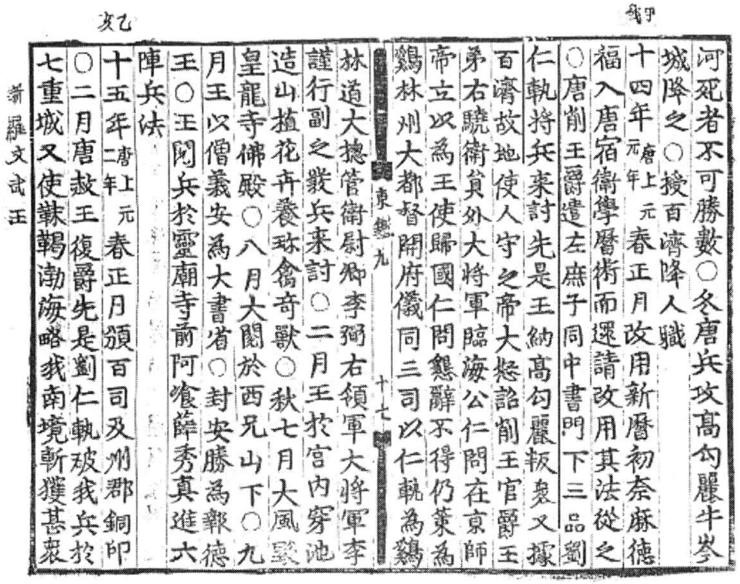
甲戌 乙亥

河死者不可勝數○冬唐兵攻高句麗牛岑城降之○授百濟降人職

十四年(唐上元元年)春正月改用新曆初奈麻德福入唐宿衛學曆術而還請改用其法從之○唐削王爵遣左庶子同中書門下三品劉仁軌將兵來討先是王納高句麗叛衆又據百濟故地使人守之帝大怒詔削王官爵王弟右驍衛員外大將軍臨海公仁問在京師帝立以爲王使歸國仁問懇辭不得仍策爲鷄林州大都督開府儀同三司以仁軌爲鷄林道大摠管衛尉卿李弼右領軍大將軍李謹行副之發兵來討○二月王於宮內穿池造山植花卉養珍禽奇獸○秋七月大風毀皇龍寺佛殿○八月大閱於西兄山下○九月王以僧義安爲大書省○封安勝爲報德王○王閱兵於靈廟寺前阿飡薛秀眞進六陣兵法

十五年(唐上元二年)春正月頒百司及州郡銅印○二月唐赦王復爵先是劉仁軌破我兵於七重城又使靺鞨渤海略我南境斬獲甚衆

東鑑九 十七

新羅文武王

[그림 057] 조선조 성종 때 기존 사서들을 참고하여 정리한 ≪동국통감東國通鑑≫에 신라 문무왕 14년, 갑술甲戌 674년 기록에 서자庶子 직책 기록이 있다.

[해석解釋]

당나라에서 왕의 관작을 삭탈하고, **좌서자** 동중서 문하삼품左庶子同中書門下三品 유인궤劉仁軌를 보내어 군사를 거느리고 와서 토벌하였다.

배달국의 서자지부庶子之部 직책은 후대에 많은 영향을 주게 되어 중국과 우리나라에서도 태자궁의 직책 이름으로 사용하였다. 참고로 중국의 역대 서자庶子 벼슬에 임명되었던 인물들을 정리해 보았다.

결론적으로 ≪삼국유사≫의 서자환웅庶子桓雄은 서자지부庶子之部 유대인 환웅有大人桓雄으로 해석해야 한다. 서자부庶子部 제도는 청나라시대까지 이어지고 있다. 결국 서자부의 대인 환웅으로 새롭게 인식해야 한다.

[도표 022] 중국 좌우서자左右庶子 직책 현황

인물	시기	주요벼슬
두여회 杜如晦	당나라 태종	좌서자 左庶子
대주 戴冑	당나라 태종	검교 태자 좌서자 檢校 太子 左庶子
백거이 白居易	당나라 헌종	좌서자 左庶子
사호 史浩	송나라 고종	태자우서자 太子右庶子
원종도 遠宗道	명나라 신종	우서자 右庶子
기윤 紀昀	청나라 건륭	좌서자 左庶子

⑥ 남구만南九萬의 ≪약천집藥泉集≫ 환국 기록

[원문原文]

三國遺事載 古記之說云 昔有桓國
삼 국 유 사 재 고 기 지 설 운 석 유 환 국

帝釋庶子桓雄
제 석 서 자 환 웅

[해석解釋]

　삼국유사에 실려 있는 옛 기록의 설명에 이르기를 옛적에 환국이란 나라가 있었다. 제석을 이른다. 서자부 환웅桓雄께서 계셨다.

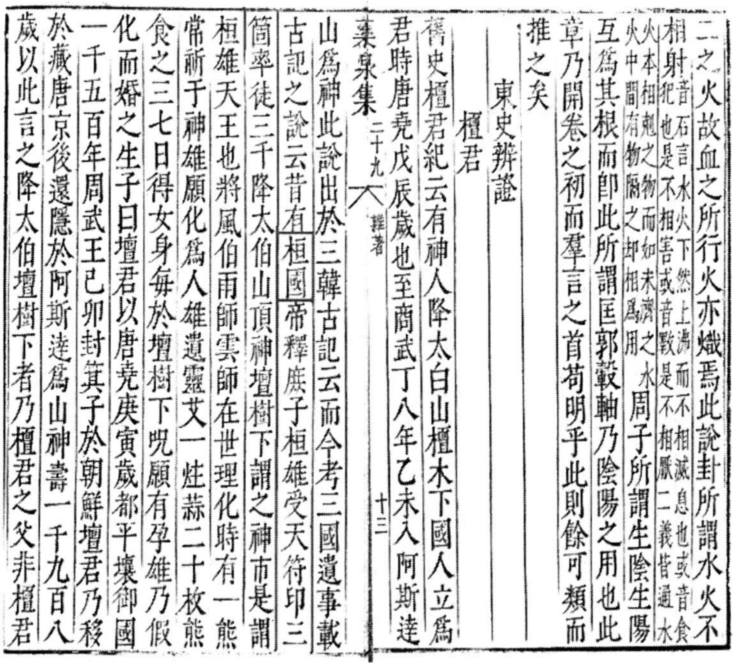

二之火故血之所行火亦熾焉此說對所謂水火不
相射音也石是水火相上息也戕音過通音水食
火中圖物之卽末音戕是不相厭二義昔通音水食
火本也剋也剋水之剋物之相音戕是水周子所謂生陰生陽
互爲其根而卽此所謂匡郭轂軸乃陰陽之用也此
章乃開卷之初而羣言之首苟明乎此則餘可類而
推之矣

東史辨證

檀君

舊史檀君紀云有神人降太白山檀木下國人立爲
君時唐堯戊辰歲也至商武丁八年乙未入阿斯達
爲神此說出於三韓古記云而今考三國遺事載
古記之說云昔有桓國帝釋庶子桓雄受天符印三
簡率徒三千降太白山頂神壇樹下謂之神市是謂
桓雄天王也將風伯雨師雲師在世理化時有一熊
常祈于神雄願化爲人雄遺靈艾一炷蒜二十枚熊
食之三七日得女身每於壇樹下呪願有孕雄乃假
化而婚之生子曰壇君以唐堯庚寅歲都平壤御國
一千五百年周武王己卯封箕子於朝鮮壇君乃移
於藏唐京後還隱於阿斯達爲山神壽一千九百八
歲以此言之降太伯壇樹下者乃檀君之父非檀君

藥泉集 二十九 雜著

十三

[그림 058] 남구만의 ≪약천집≫ 잡저雜著 동사변증東史辨證 단군檀君 편에 석유환국昔有桓國 관련 기록이 있다.

　여기에서는 ≪삼국유사≫의 환국桓國을 환국으로 명확하게 인식하고 기록하였다. '나라 국国' 속자俗字를 사용하지 않고 '나라 국國' 본자本字를 사용하였다는 점은 조선 중기에 환국을 역사적으로 어떻게 인식하고 있는지를 보여주고 있다. 또 하나의 문제는 일연 스님의 주석이 고기의 본문과 함께 인용되고 있다는 점이다. 이 점은 잘못된 인식이 오류를 재생산하고 있다는 것이다. 이런 오류 재생산의 법칙은 역사의 진실을 파악하는 데 점점 더 혼란을 주는 것이다.

　남구만南九萬은 1629년(인조 7년) ~ 1711년(숙종 37년) 시대의 인물로 조선 후기의 문인이다. 그의 저서 ≪약천집藥泉集≫ 〈잡저雜著〉 〈동사변증東史辨證〉 〈단군檀君〉 편에 석유환국기록이 있다. 조선시대 영의정을 지냈던 조선 후기의 중신이 남긴 저서에 환국이란 기록이 있다는 것은 중요한 의미이다. 현 역사학계에서 석유환국昔有桓國을 석유환인昔有桓因으로도 인식하고 있는데, 그 당시 조선시대 영의정인 남구만은 ≪삼국유사≫를 인용하여 석유환인昔有桓因으로 인식하지 않고 석유환국昔有桓國이라고 인식하고 있음을 명확하게 기록하였다.

⑦ 유광익柳光翼의 ≪풍암집화楓巖輯話≫ 환국 기록

[그림 059] 유광익의 ≪풍암집화≫. 왕실도서관 장서각 소장본 사본에 석유환국기록이 보인다. 석昔자가 자者 자로 보일 수도 있지만 이는 석昔자이다.

三國遺事載 古記之說云 爾 昔有桓國
삼 국 유 사 재 고 기 지 설 운 이 석 유 환 국

帝釋庶子桓雄
제 석 서 자 환 웅

[해석解釋]

　삼국유사에 실려있는 옛 기록의 설명에 이르기를 이와 같이(爾) 옛적에 환국이란 나라가 있었다. 제석을 이른다. 서자부 환웅桓雄께서 계셨다.

　유광익(柳光翼, 1713년~1780년)은 조선 후기의 학자이며 특히 성리학을 연구하여 심경주해心經註解를 보충하고, 사칠호발四七互發에 관한 저술을 내놓아 당시의 학계에서 존경을 받았다. 1760년 영조 36년에 관찰사의 천거로 창릉참봉이 되고 지례현감을 지냈다. 그의 문집인 《풍암집화楓巖輯話》에 환국에 대한 기록이 있다. 조선 시대의 기록에 환국에 대해서 구체적으로 인식하고 있다. 환국은 환인의 나라이다. 나라를 세우려면 먼저 사람이 있어야 한다. 이때 나라를 세운 사람은 중요하다. 최초의 국가인 환국은 나라 이름도 환인의 나라라고 하여 나라를 세운 사람의 이름을 국명으로 사용하고 있다. 또한 구체적으로 환국을 기록하고 있다. 그런데도 현 역사학자들은 환국을 언급조차 하지 않고 있다. 도대체 얼마나 많은 선조들의 기록을 제시해야 관심을 가질 것인가?

⑧ 이종휘李種徽의 ≪수산집修山集≫ 환국 기록

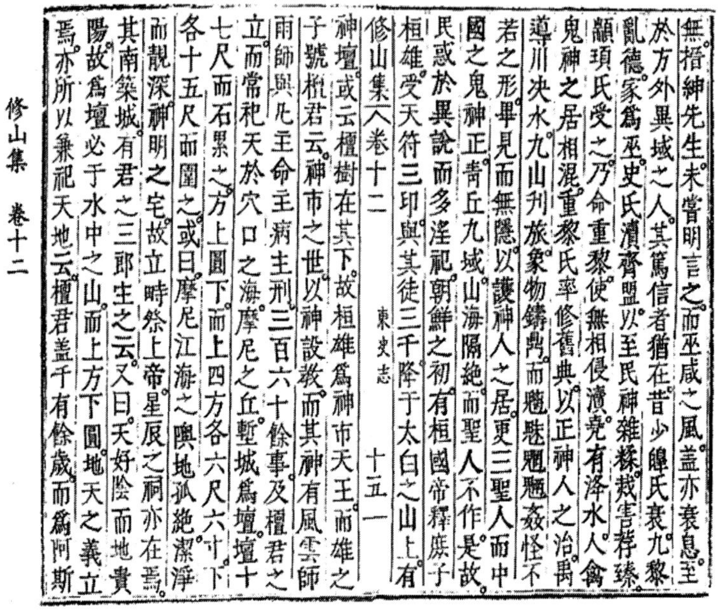
修山集 卷十二

無搢紳先生未嘗明言之而巫咸之風蓋亦衰息至
於方外異域之人其篤信者猶在昔少皥氏衰九黎
亂德家爲巫史民瀆齊盟以至民神雜糅栽害荐臻
顓頊氏受之乃命重黎使無相侵瀆堯有洚水人禽
鬼神之居相混重黎氏率修舊典以正神人之治禹
導川決水九山刋旅象物鑄鼎而魑魅魍魎姦怪不
若之形畢見而無隱以護神人之居更三聖人而中
國之鬼神正靑丘九域山海隔絶而聖人不作是故
民惑於異說而多淫祀朝鮮之初有桓國帝釋庶子
桓雄受天符三印與其徒三千降于太白之山上有
修山集 卷十二　東史志　十五
神壇或云檀樹在其下故桓雄爲神市天王而雄之
子號檀君云神市之世以神設教而其神有風雲師
雨師與凡主命主病主刑三百六十餘事及檀君之
立而常祀天於穴口之海摩尼之丘塹城爲壇壇十
七尺而石累之方上圓下而上四方各六尺六寸下
各十五尺而圍之或曰摩尼江海之奧地孤絶潔淨
而靚深神明之宅故立時祭上帝星辰之祠亦在焉
其南築城有君之三郞生之云又曰天好陰而地貴
陽故爲壇必于水中之山而上方下圓地天之義立
焉亦所以兼祀天地云檀君盖千有餘歲而爲阿斯

[그림 060] 이종휘의 ≪수산집≫으로 1803년 간행되었으며, 서울대학교 규장각(奎4574) 도서 복사

[원문原文]

朝鮮之初 有桓國 帝釋庶子桓雄
조 선 지 초 유 환 국 제 석 서 자 환 웅

[해석解釋]

고조선 이전에 환국이란 나라가 있었다. 제석을 이른다. 서자부 환웅桓雄께서 계셨다.

이종휘(李種徽, 1731~1797년)는 자를 덕숙德叔이라 하고 호는 수산修山이라 하며, 병조참판을 지낸 이정철李廷喆의 아들이다. 정조 16-17년(1792-93)에 공주 판관을 지냈다. 그의 저서 ≪수산집≫⟨12권⟩⟨동사지東史志⟩⟨신사지神事志⟩에 환국 기록을 남겼다. 이종휘의 ≪수산집≫에 있는 ⟨사론史論⟩은 ⟨신라론新羅論⟩⟨전조선론前朝鮮論⟩과 고려의 역대왕론은 삼국 및 고려 역대 왕의 정치·도덕·문화와 흥망성쇠에 관한 것을 서술하고 있다. 환국에 대해서 기록으로 남기고 있다. 후손들이 환국의 역사적 실체를 반드시 밝혀야 하는 과제가 있다.

남구만의 ≪약천집≫과 유광익의 ≪풍암집화≫에는 출처를 ≪삼국유사≫라고 밝히고 있지만, 이종휘李種徽의 ≪수산집修山集≫에는 출처를 밝히지 않았다. 다만, 유환국有桓國이라 하여 환국이 있었다고 명확하게 기록하고 있다.

(9) 정황丁潢의 ≪유헌집游軒集≫ 환국桓國기록

[원문原文]

楬塵三紀厚。 邦本一旒垂。 豈意齊桓國。
탑 진 삼 기 후　　방 본 일 류 수　　기 의 제 환 국

[해석解釋]

책상 위 티끌은 3년의 세월에 두텁게 쌓여구나!
나라의 근본(邦本)이 하나의 깃발(旒)로 휘날리는구나
어찌 환국을 삼가 기억하지 않겠는가?

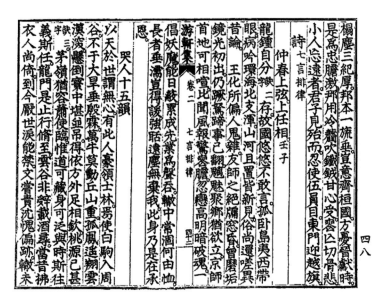

[그림 061] 《유헌집》 조선 중기의 문인 정황의 시문집. 후손 재흥이 1718년 4권으로 편집 간행하였다.

정황(丁熿, 1512년~1560년)의 《유헌집游軒集》〈유헌선생집권지이游軒先生集 卷之二〉〈시詩〉〈오언배율五言排律〉에 환국에 대한 기록이 있다. 이 기록은 정 황丁熿 선생이 거제도에 유배되어 있던 1548년~1560년 시기에 남긴 글에 기 록되어 있다.

깊은 의미의 시를 직역으로만 번역하기에는 본연의 의미를 음미하기에 부 족함이 많다. 그러나 환국에 대하여 언급하고 있음을 주목해야 한다.

⑩ 이복휴李福休 《해동악부海東樂府》의 환국 기록

[원문原文]

古記云 昔桓國, 君庶子
고 기 운 석 환 국 군 서 자

國有桓人有雄父命子
국유환인유웅부명자

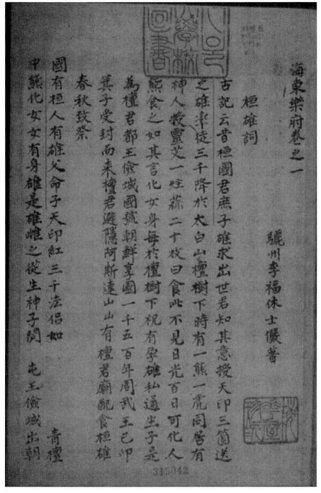

[그림 062] ≪해동악부≫ 한국민족문화대백과사전 사본, 서울대학교 도서관 가람문고에 보관되어 있다. 석환국昔桓國과 국유환인國有桓人의 기록이 명확하게 보전되어 있다.

[해석解釋]

옛 기록에 이르기를 옛적에 환국桓國이란 나라가 있었다. 서자부 환웅桓雄

께서 계셨다.

　환국에는 환인桓人이 계셨고, 환인에게는 환웅께서 계셨다. 부친父께서 자식子에게 명命하기를

　≪해동악부海東樂府≫는 이복휴(李福休, 1729년~1800년)가 상고시대부터 17세기까지의 우리 역사를 249수로 읊은 영사악부詠史樂府이다. ≪해동악부海東樂府≫전편은 〈천天, 권1〉〈지地, 권2〉로 나뉘어 있다. 권1에 수록된 것은 단군의 사적을 읊은 환웅사인데, 거기에서 환국을 기록하고 있다. 더불어 〈마한곡馬韓曲〉〈진한곡辰韓曲〉〈변한곡弁韓曲〉〈북부여北扶餘〉〈동부여東扶餘〉를 기록하고 있다. 즉 삼한과 북부여에 대한 기록이다.

　여기에서 주목해야 할 사항은 환국에 대해서 풀어서 설명하고 있다는 점이다. 석환국昔桓國, 즉 옛적에 환국이 있었다는 기록과 국유환인國有桓人, 즉 그 나라에는 환인桓人이 있었다고 구체적으로 설명하고 있다는 점이다.

　이렇게 많은 사서에 환국을 기록하고 있는데, 자기 부정不正에 빠진 사학자들에게는 관심 밖의 이야기 일 뿐이다. 민족의 미래는 과거의 역사 인식을 어떻게 하느냐에 달려 있다. 있었던 역사조차 찾지 못하는 우리 민족에게 찬란한 미래가 과연 있을까? 참으로 부끄러운 일이다.

⑪ ≪관암전서冠巖全書≫ 환국桓國 기록

[원문原文]

雜記云朝鮮之初。有桓國帝釋庶子桓雄。
잡 기 운 조 선 지 초 　 유 환 국 제 석 서 자 환 웅

受天符三印。與其徒降于太白之山。
수 천 부 삼 인 　 여 기 도 강 우 태 백 지 산

上有神檀。 故桓雄爲神市天王。
상 유 신 단　고 환 웅 위 신 시 천 왕

而雄之子號檀君
이 웅 지 자 호 단 군

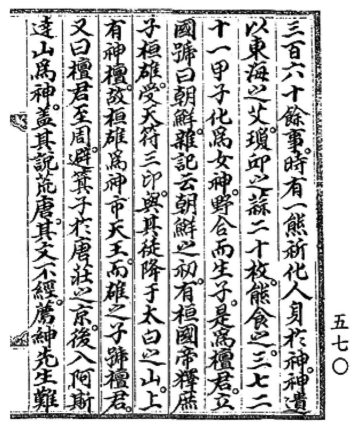

[그림 063] 홍경모(洪敬謨, 1774~1851)의 저서 ≪관암전서冠巖全書≫ 19권 〈삼성사기三聖祠記〉에 환국 기록이 있다.

[해석解釋]

　잡기雜記에 이르기를 조선朝鮮 이전에 환국이 있었으며, 제석帝釋의 서자부에 환웅桓雄께서 계셨다. 천부삼인을 전수받으시고 그 무리들과 더불어 태백산太白山 아래로 이주하시니라. 그 산 위에 신단수神檀樹가 있었다. 옛날에 환웅은 신시神市의 천왕天王이셨다. 그리고 환웅桓雄의 자손이 단군이라 불렀다.

홍경모(洪敬謨, 1774~1851)는 조선 후기의 문신이며 학자였다. 그의 저서 ≪관암전서冠巖全書≫ 〈19권〉 〈삼성사기三聖祠記〉에 잡기雜記를 인용한 환국 기록을 소개하고 있다. 이렇게 원본까지 찾아서 독자 여러분에게 보여 드리는 이유는 이렇게 해야 환국의 기록에 확신을 가질 수 있기 때문이다.

⑫ 환국桓國 기록의 의미

지금까지 한민족 최초의 국가인 환국을 기록한 역사서를 살펴보았다. 환국 기록을 정리하면서 이렇게 많은 기록이 있다는 점에 대해서 우리 민족에게는 큰 희망이 있다는 점을 느끼게 되었다. 그러나 현실은 아직도 역사다운 역사로 인식하지 못하고 있다.

1) 환국桓國에 대한 현 역사학계의 인식

현 역사학계의 인식은 참담하다. 본질적인 연구보다는 비판에만 집중되어 있다. 첫번째로 이도학[26]은 본인의 책을 통하여 아래와 같이 환국을 부정하고 있다.

[1512년에 간행된 ≪삼국유사≫ 정덕본에 환인이라는 글자가 환국으로 적혀 있다며, 나라 이름으로 간주하기도 한다. 그러나 일연이 환인에 대한 주를 "제석을 말한다"라고 하였으니 천상을 다스리는 신에 대한 호칭임을

---

26 ≪한국고대사 그 의문과 진실≫, 이도학, 김영사, 2001년

알 수 있다. 또 1425년에 이선제가 올린 상소문에 의하면 자신이 직접 보고 인용한 삼국유사를 기록하고 있는데, 환인으로 적고 있다. 게다가 565년에 제작된 북제의 ≪강찬조상기≫등에 의하면 '인'(口+土) 자는 囚 자의 異字로 밝혀졌다. 따라서 환국의 존재는 허구에 불과한 것으로 드러나게 되었다.] ≪한국고대사 그 의문과 진실≫

주석에 대한 논쟁은 원문이 주主가 되고 주석이 객客이 되어야 한다고 앞에서 충분히 설명하였다. 이선제가 올린 상소문에 대해서도 설명하였다. 인□ 자가 인囚의 이체자라는 사실도 설명하였다. 이런 세 가지 주장으로는 환국의 존재를 부정할 수 없다. 왜냐하면 환국桓国과 환국으로 기록한 많은 사서들에 대해서도 정확한 해명을 못하고 있기 때문이다.

필자도 인□자가 인囚 자의 이체자임을 파악하고 대만의 이체자 사전 복사본까지 제시하였다. 그러나 한 가지 의문은 있다. ≪삼국유사≫ 파른본은 왜 인□ 자로 기록하고 동시대의 ≪제왕운기帝王韻紀≫는 왜 인囚자로 기록하였는지 의문이다. 또한 정덕본 ≪삼국유사≫에서는 환국桓国으로 기록하고 다른 내용은 국國 자로 기록한 것도 같은 의문이다. 그러나 이러한 의문점은 조선시대에 삼국유사를 인용한 기록들을 살펴보거나 다른 사료들을 살펴보면 환인 기록과 환국 기록이 공존하고 있다는 점을 할 수 있다.

두번째로 류부현은[27] '환국桓國' 문제에 대해 다음과 같이 설명함으로써 환국의 존재를 부정하고 있다.

["'인囚'자가 선초본鮮初本에서 속자로 기재된 것이 임신본에서는 '국國'의 속자로 변형되어 오자가 된 것이다."] ≪삼국유사의 교감학적 연구≫

그러니까 인囚 자가 고판본, 즉 선초본에서 속자인 '인□' 자로 기재된 것을

---

27 ≪삼국유사의 교감학적 연구≫, 류부현, 한국학술정보, 2007년

임신본에서는 국國 자의 속자인 '국国'자로 인식하고 변형되어 오자가 되었다는 것이다. 그러나 이는 추측에 불과하다. 이는 '인▢' 자가 잘못되어 정덕본에서 '국国'자로 바로 잡았다.'는 주장이 될 수도 있는 유형의 주장이다. 이는 일방적인 주장일 뿐이다.

세번째로 이문영[28]의 주장을 살펴보고자 한다. 그는 환국의 존재를 부정하고 환국 덧칠 사건은 이마니시 류가 아닌 안정복 선생으로 지목하고 있다.

> [이마니시가 본 ≪삼국유사≫는 순암 안정복이 가지고 있던 것으로 '순암수택본'이라고 부르는 판본입니다. 그런데 안정복은 자신의 저서 ≪동사강목≫에서 '환국'이 아니라 '제석환인'이라고 읽고 있습니다. 이미 그 시절에 저 글자를 '환인'으로 읽어야 한다는 것을 알고 있었던 것입니다. 그래서 안정복은 国자의 王자 위에 大자를 덧칠해 놓았던 것입니다.
> 조선사편수회에서 최남선이 말한 '천인淺人의 망필妄筆'은 문정창이 말한 것처럼 이마니시 류를 가리킨 것이 아니라, 순암 안정복을 가리킨 것이었습니다.] ≪만들어진 한국사≫

순암수택본의 원본이 덧칠되었다면 1926년과 1932년 영인본이 일치해야 한다. 그러나 일치하지 않았다. 즉 원본 덧칠이 아니라, 영인본 제작 당시에 한 것으로 추정할 수 있다. 이 부분은 앞쪽에서 충분히 설명하였다.

만약에 '순암수택본의 원본이 안정복에 의하여 国 자의 王 자 위에 大 자를 덧칠해 놓았다면' 이는 이마니시 류가 그의 1902년 논문 ≪단군고檀君考≫에서 주장한 환국이 될 수 없다는 주장에 가장 결정적인 증거가 될 수 있는 것이다. 그렇다면 1916년 순암수택본順菴手澤本을 구입한 지 10년이 지나 1926년 영인본을 출간할 때까지 왜 공개를 하지 않았을까? 당시 언론에도 충분히 소개하고 본인의 저서나 논문에도 결정적인 증거로 제시할 수 있었음에도 행위가 없었음은 바로 이문영의 주장이 억지 주장임을 증거하는 것이다. 만

---

28 ≪만들어진 한국사≫, 이문영지음, 파란미디어, 2010년

약에 안정복이 덧칠했다면 증거를 제시해야 할 것이다.

2) 환국桓國 기록에 대한 부정 현황

환국桓国 또는 환국桓國으로 기록된 많은 사서들을 우리나라 역사학계에서는 위서僞書 또는 오각誤刻으로 판단해, 있는 역사를 부정不正하는 방향으로 연구하고 있다. 그럼 환국의 기록과 부정하고 있는 현황을 정리해 보았다.

≪환단고기桓檀古記≫를 위서僞書라고 애써 부정하지만, 이는 자세한 연구조차 하지 않은 식민사학자들의 부정을 위한 부정일 뿐이다. 또한 대부분 위서라고 주장하는 부분들이 거짓으로 밝혀지고 있다.

≪삼국유사≫는 오각誤刻되었다는 근거없는 부정을 하고 있다. 조선시대와 일제시대 그리고 지금까지도 환인桓因과 환국 두 가지를 기록하고 있는 점에 주목할 필요가 있다. 이는 환인의 나라를 환국이라고 불러왔기에 가능한 기록이다.

[도표 023] 환국 기록을 부정하는 역사학계 유형

환국桓國 기록 서적	기록내용	부정하는 유형
환단고기桓檀古記 삼성기전 상편 삼성기전 하편 태백일사 삼신오제본기 태백일사 환국본기	환국桓國 환국桓國 환국桓國 환국桓國	위서僞書 로 부정함
삼국유사三國遺事 정덕본正德本	환국桓国	오각誤刻 으로 부정함
약천집藥泉集 풍암집화楓巖輯話 수산집修山集 유헌집游軒集 해동악부海東樂府 관암전서冠巖全書 최남선崔南善 이병도李丙燾	환국桓國 환국桓國 환국桓國 환국桓國 환국桓國 환국桓國 환국桓國 환국桓國	언급 없음

≪약천집藥泉集≫, ≪풍암집화楓巖輯話≫, ≪수산집修山集≫, ≪유헌집游軒集≫, ≪해동악부海東樂府≫, ≪관암전서冠巖全書≫는 부정할 수 없다. 왜냐하면 원본에 환국으로 기록하고 있기 때문이다. 또한 최남선崔南善과 이병도도 환국과 환인으로 기록하고 있음을 일제시대에 언론을 통하여 기고하였던 기록이 있음을 확인하였다.

환국을 부정하려면 위 인용된 서적들에 대해서 납득할 만한 이유를 들어야 할 것이다.

필자가 이 책을 쓰게 된 사연도 바로 환국의 역사가 바로 기술되어야만 한민족의 역사가 바로 선다는 신념 때문이었다. 한민족의 이동 경로를 바르게 추적해야만 바른 역사가 나온다. 즉 첫 단추가 바로 채워져야 하듯이, 우리 상고역사의 첫 기록인 환인은 부정하지 못하니 환국을 부정하여 신화로 만들고자 하는 것이다. 그러나 찾고자 하는 사람에게는 반드시 역사의 진실이 보이게 되리라 믿는다.

제1절에서 환국桓國의 역사 기록을 살펴보았다. 결론적으로 옛적에 환국이란 나라가 실제로 존재했다는 사실을 확인하였다. 제2절에서는 12환국十二桓國을 기록하고 있는 사서史書를 살펴보고자 한다. 안함로安含老가 찬撰한 〈삼성기전三聖記全 상편〉에는 환국의 국명國名만 전할 뿐, 구체적인 강역疆域과 분국分國은 전傳하지 못했다.

원동중元董仲이 찬한 〈삼성기전 하편〉에는 구체적으로 12환국과 강역疆域을 기록하고 있다. 이를 근거로 하여 12환국의 국가 터전과 부족의 이동 경로를 추적해볼 수 있다. 위 기록을 근거로 관련 사서를 찾아보고자 한다. 이 자료는 12환국이 국가 부흥과 쇠퇴를 반복하다 결국 통일되거나 멸망한 과정을 추적할 수 있는 단서를 제공해주고 있다. 또한 강역을 연구하여 고대에 존재했던 12환국의 위치를 찾아보고자 한다. 다른 역사 기록에 흔적으로 남아 있는 12환국의 존재를 밝혀야 할 것이다. 그럼 먼저 12환국의 기록이 있는 〈삼성기전 하편〉을 살펴보고 〈태백일사 환국본기〉를 비교하여 살펴보고자 한다.

1) ≪환단고기桓壇古記≫ 〈삼성기전 하편〉

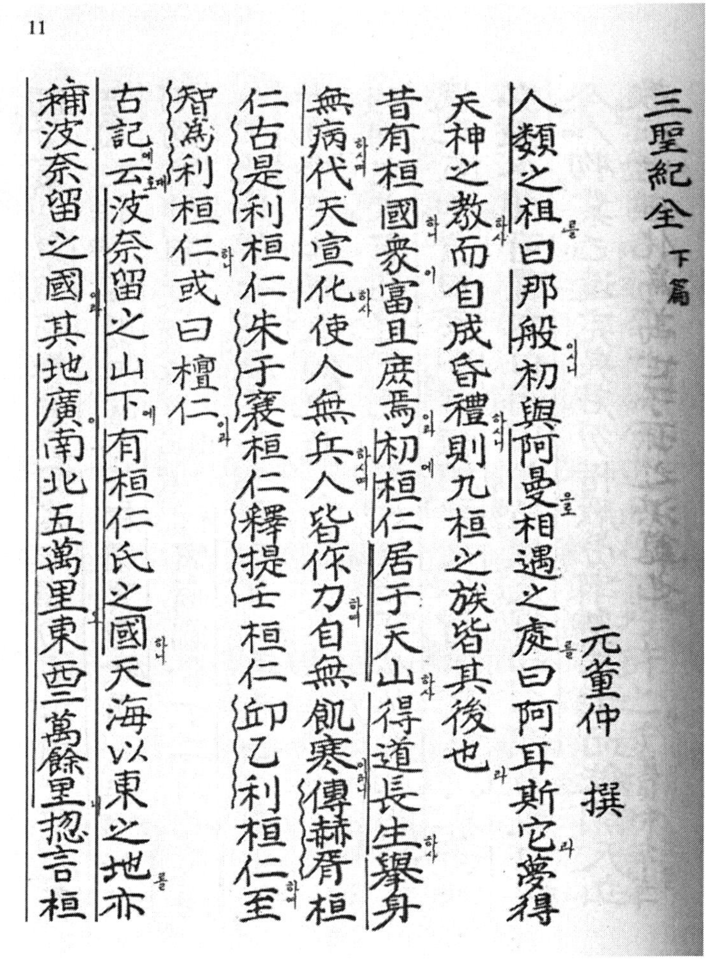
11

三聖紀全 下篇

元董仲 撰

人類之祖曰那般初與阿曼相遇之處曰阿耳斯它夢得
天神之敎而自成昏禮則九桓之族皆其後也
昔有桓國衆富且庶焉初桓仁居于天山得道長生擧身
無病代天宣化使人無兵人皆作力自無飢寒傳赫胥桓
仁古是利桓仁朱于襄桓仁釋提壬桓仁邱乙利桓仁至
智爲利桓仁或曰檀仁
古記云波奈留之山下有桓仁氏之國天海以東之地亦
稱波奈留之國其地廣南北五萬里東西二萬餘里摠言桓

[그림 064] ≪환단고기≫ 광오이해사본(1979년) 〈삼성기전 하편〉에 기록되어 있는 12환국 자료

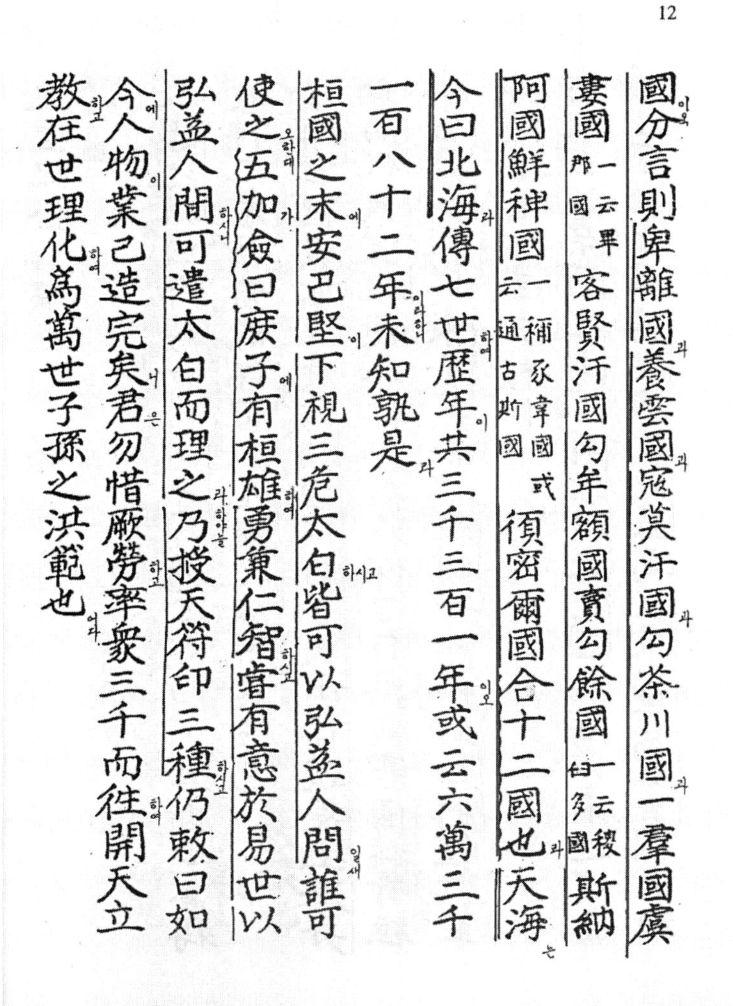
12

國이오 分言則卑離國과 養雲國과 寇莫汗國과 勾茶川國과 一羣國 虞
婁國 一云畢那國 客賢汗國 勾牟額國 賣勾餘國 一云稷臼多國 斯納
阿國 鮮稗國 一稱豕韋國 或云通古斯國 須密爾國 合十二國也라 天海는
今曰北海라 傳七世하여 歷年이 共三千三百一年이오 或云六萬三千
一百八十二年이라하니 未知孰是라
桓國之末에 安巴堅이 下視三危太白하시고 皆可以弘益人間일새 誰可
使之오하신대 五加가 僉曰 庶子에 有桓雄하여 勇兼仁智하시고 嘗有意於易世以
弘益人間하시니 可遣太白而理之라하야늘 乃授天符印三種하시고 仍勅曰 如
今에 人物이 業已造完矣니 君은 勿惜厥勞하고 率衆三千하여 而往開天立
教하고 在世理化하여 爲萬世子孫之洪範也어다

[그림 065] ≪환단고기≫ 광오이해사본(1979년) 〈삼성기전 하편〉에 기록되어 있는 12환국 자료

[원문原文]

古記에 云호대 波奈留之山下에 有桓仁氏之國하니
고기 운 파내류지산하 유환인씨지국

天海 以東之地를 亦稱波奈留之國이라
천해 이동지지 역칭파내류지국

其地廣이 南北五萬里오
기지광 남북오만리

東西二萬餘里니 摠言桓國이오
동서이만여리 총언환국

分言則 卑離國과 養雲國과 寇莫汗國과
분언즉 비리국 양운국 구막한국

勾茶川國과 一羣國 虞婁國 一云畢那國
구다천국 일군국 우루국 일운필나국

客賢汗國 勾牟額國
객현한국 구모액국

賣勾餘國 一云稷臼多國 斯納阿國
매구여국 일운직구다국 사납아국

鮮稗國 一稱豕韋國 或云通古斯國
선패국 일칭시위국 혹운통고사국

須密爾國 合十二國也라.
수밀이국 합십이국야

[해석解釋]

옛 기록에 이르기를 파내류산波奈留山 아래에 환인씨의 나라가 있으니, 천해의 동쪽 땅이라. 또한 칭하기를 파내류국波奈留國이라. 그 땅의 넓이는 남북으로 5만 리요, 동서로 2만여 리이니 통틀어 환국桓國이라 했다. 나누어 말하면, 비리국, 양운국, 구막한국, 구다천국, 일군국, 우루국 일명 필나국, 객현한국, 구모액국, 매구여국 일명 직구다국, 사납아국, 선패국 일명 시위국 혹은 통고사국, 수밀이국 등 합이 열두 나라이니라.

원동중이 찬한 〈삼성기전 하편〉에는 구체적으로 12환국과 강역疆域을 기록하고 있다. 12지역에 터전을 잡았던 12환국에 대한 국명을 상세하게 전하

고 있다. 현 강단사학자들은 ≪환단고기≫ 자체를 위서로 취급하고 연구 대
상에서 제외하고 있다. 참으로 안타까운 현실이다. 국가의 녹을 받는 국립대
역사학과 교수들이 연구에서 제외하였다면, 개인이 나서서라도 역사의 진
실을 밝혀야 한다. 진실을 밝히는 데 어렵고 힘든 길이라도 후손들을 위해서
는 반드시 해야 할 일이라는 사명감을 가지고 연구에 매진하여야 한다.

　≪환단고기桓檀古記≫〈태백일사太白逸史〉〈환국본기桓國本紀〉에도〈삼성
기전 하편〉에 나와 있는 12환국에 대해서 기록하고 있다. 그러나 완벽하게
국명이 일치하지 않는다.〈태백일사〉〈환국본기〉원본에 대해서 먼저 살펴
본 후에〈삼성기전 하편〉과〈태백일사〉〈환국본기〉의 12환국명을 도표로
써 정리하여 비교하고자 한다. 또한 12환국의 위치를 여러 사료를 근거로 하
여 추정하여 보고자 한다. 정확한 사료가 부족한 경우라도 최대한 역사의 진
실에 가깝게 연구하고자 한다. 후대에 이 연구가 역사의 진실에 가깝지 않다
면 과감하게 지적하고 비판하여야 할 것이다.

2)〈태백일사〉〈환국본기〉

[원문原文]

三聖密記에 云호대 波奈留之山下에
삼 성 밀 기　　운　　　파 내 류 지 산 하

有桓仁氏之國하니
유 환 인 씨 지 국

天海以東之地를 亦 稱波奈留之國也라
천 해 이 동 지 지　　역 칭 파 내 류 지 국 야

其地廣이 南北五萬里오
기 지 광　　남 북 오 만 리

東西二萬餘里니 摠言桓國이오
동 서 이 만 여 리　　총 언 환 국

分言則 卑離國 養雲國 寇莫汗國
분언즉 비리국 양운국 구막한국

勾茶川國 一群國 虞婁國 一云畢那國
구다천국 일군국 우루국 일운필나국

客賢汗國 勾牟額國
객현한국 구모액국

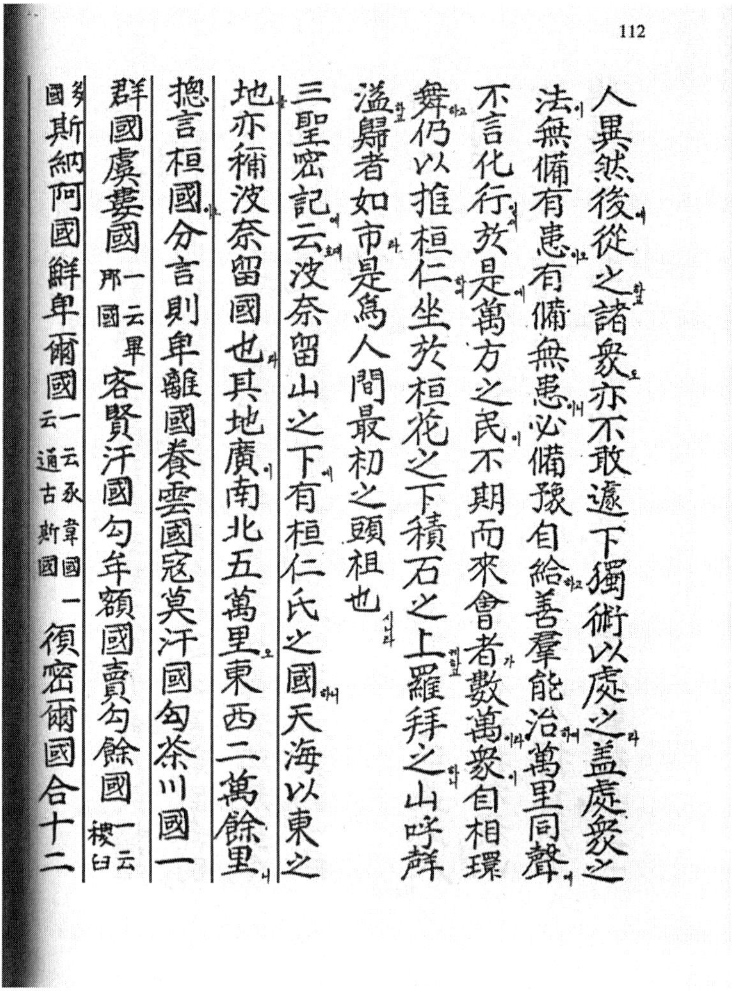
112

人異然後從之諸衆亦不敢違下獨術以處之蓋處衆之
法無備有患有備無患必備豫自給善羣能治萬里同聲
不言化行於是萬方之民不期而來會者數萬衆自相環
舞仍以推桓仁坐於桓花之下積石之上羅拜之山呼聲
溢歸者如市是爲人間最初之頭祖也
三聖密記云波奈留山之下有桓仁氏之國天海以東之
地亦稱波奈留國也其地廣南北五萬里東西二萬餘里
摠言桓國分言則卑離國養雲國寇莫汗國勾茶川國一
群國虞婁國(一云畢那國)客賢汗國勾牟額國賣勾餘國(一云稷臼
多國)斯納阿國鮮卑爾國(一云豕韋國一云通古斯國)須密爾國合十二

[그림 066] ≪환단고기≫ 광오이해사본(1979년) 〈태백일사〉 〈환국본기〉 12환국 자료

賣勾餘國　一云稷臼多國　斯納阿國
매 구 여 국　일 운 직 구 다 국　사 납 아 국

鮮卑爾國一云豕韋國　一云通古斯國
선 비 이 국 일 운 시 위 국　일 운 통 고 사 국

須密爾國　合十二國이　是也라.
수 밀 이 국　합 십 이 국　　시 야

[해석解釋]

　삼성밀기에 이르기를 파내류산(하늘산, 天山) 아래에 환인씨의 나라가 있으니, 천해의 동쪽 땅이라. 또한 칭하기를 파내류국이라. 그 땅의 넓이는 남북으로 5만 리요, 동서로 2만여 리이니 통틀어 환국이라 했다. 나누어 말하면, 비리국, 양운국, 구막한국, 구다천국, 일군국, 우루국 일명 필나국, 객현한국, 구모액국, 매구여국 일명 직구다국, 사납아국, 선비이국 일명 시위국 일명 통고사국, 수밀이국 등 합이 열두 나라이니라.

[원문原文]

天海　今曰北海라　密記注에　曰　盖馬國은
천 해　금 왈 북 해　　밀 기 주　　왈　개 마 국

一云熊心國이니　在北盖馬大嶺之北하여
일 운 웅 심 국　　　재 북 개 마 대 령 지 북

距勾茶國이　二百里오　勾茶國은　舊稱瀆盧國이니
거 구 다 국　　이 백 리　　구 다 국　　구 칭 독 로 국

在北盖馬大嶺之西하고
재 북 개 마 대 령 지 서

月瀆國은　在其北五百里하고
월 지 국　　재 기 북 오 백 리

稷臼多國은　或稱賣勾餘國이니　舊在五難河라가
직 구 다 국　　혹 칭 매 구 여 국　　　구 재 오 난 하

後에　爲瀆盧國所破하여　遂移于金山居之하고

후 위독로국소파 수이우금산거지

勾茶國은 本艾蒜所産也니 艾는 前服以治冷하고
구다국 본애산소산야 애 전복이치랭

蒜은 燒食以治魔也라.
산 소식이치마야

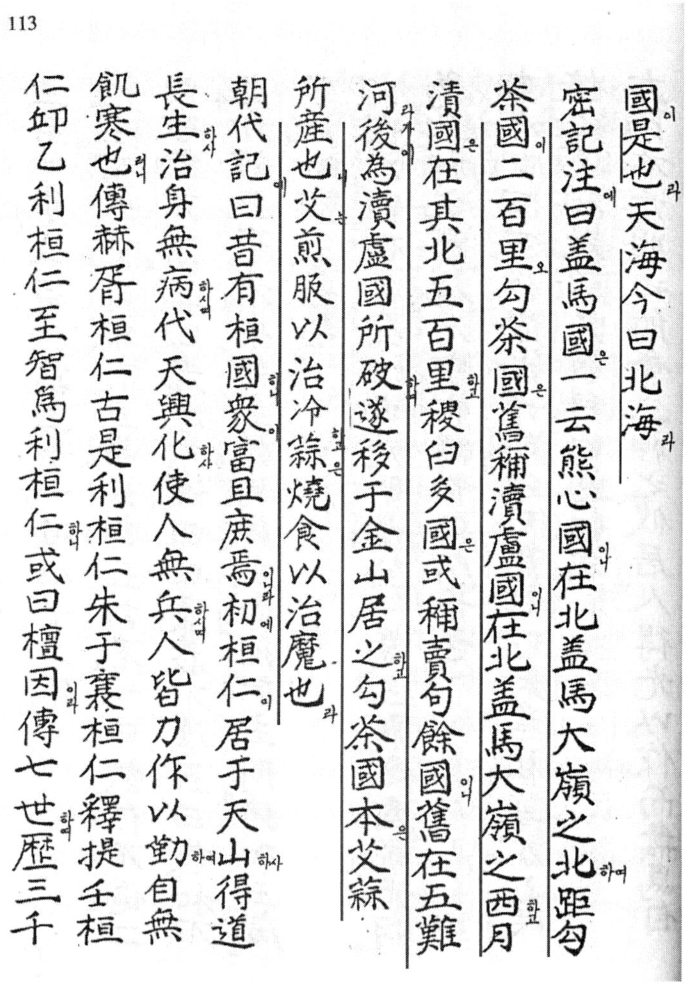
113

國이是也라天海今曰北海라

密記注에曰蓋馬國은一云熊心國이니在北蓋馬大嶺之北하여距勾

茶國이二百里오勾茶國은舊稱瀆盧國이니在北蓋馬大嶺之西하고月

漬國은在其北五百里하고稷臼多國은或稱賣句餘國이니舊在五難

河라가後에為瀆盧國所破하야遂移于金山居之하고勾茶國은本艾蒜

所産也니艾는煎服以治冷하고蒜은燒食以治魔也라

朝代記에曰昔有桓國하니衆富且庶焉이라初에桓仁이居于天山하사得道

長生하사治身無病하시며代天興化하사使人無兵하시며人皆力作하여以勤自無

飢寒也러니傳赫胥桓仁古是利桓仁朱于襄桓仁釋提壬桓

仁卯乙利桓仁至智爲利桓仁하니或曰檀因이라傳七世하여歷三千

[그림 067] ≪환단고기≫ 광오이해사본(1979년) 〈태백일사〉 〈환국본기 12환국 자료

　천해는 오늘날의 북해라. 삼성밀기 주에 이르기를 개마국은 일명 웅심국이니 북개마대령의 북쪽에 있으며 구다국과 2백 리 떨어져 있다. 구다국의 옛 명칭은 독로국으로 북개마대령의 서쪽에 있다. 월지국은 구다국 북쪽 5백 리에 있다. 직구다국은 매구여국이라고도 부르는데 옛날에는 오난하에 있었으나, 후에 독로국에게 패하여 마침내 금산으로 옮겼다. 구다국은 본래 쑥과 마늘이 나는 곳이다. 쑥은 달여 먹어 냉을 치료하고, 마늘은 구워 먹어 마를 다스린다.

　두 역사 기록의 차이점은 구다천국勾茶川國에 대하여 구다국勾茶國, 독로국瀆盧國의 다른 이름이 있다는 상세 설명과 일군국의 한자漢字가 군羣과 군群으로 다르게 기록되어 있다는 점이다. 또한 선패국鮮稗國을 선비이국鮮卑爾國으로 다르게 기록한 차이점 정도이다.

　12환국에 대한 기록은 ≪환단고기桓檀古記≫〈삼성기전 하편〉과 ≪환단고기≫〈태백일사〉〈환국본기〉에만 전하고 있는 기사이다. 소중한 역사 기록이지만 12환국에 대한 구체적이고 상세한 연구 서적이 거의 전무全無하다. ≪환단고기≫가 대중화되었지만 환국桓國에 대한 연구는 안타깝게도 소량이다. 1만 년 전부터 7천 년 전까지의 역사이니 그 기록을 찾기가 너무나 어려운 환경이다. 또한 반도사관과 만주사관의 틀에서 환국을 찾고자 하니 찾을 수 없는 문제점도 있다.

[도표 024] 환국 12국명桓國+二國名 분석표

원동중 〈삼성기전 하편〉	〈태백일사〉 〈환국본기〉
비리국卑離國	비리국卑離國
양운국養雲國	양운국養雲國

원동중 〈삼성기전 하편〉	〈태백일사〉 〈환국본기〉
구막한국 寇莫汗國	구막한국 寇莫汗國
구다천국勾茶川國	구다천국勾茶川國 구다국勾茶國 독로국瀆盧國
일군국一羣國	일군국一群國
우루국虞婁國 필나국畢那國	우루국虞婁國 필나국畢那國
객현한국 客賢汗國	객현한국 客賢汗國
구모액국 勾牟額國	구모액국 勾牟額國
매구여국賣勾餘國 직구다국稷臼多國	매구여국賣勾餘國 직구다국稷臼多國
사납아국 斯納阿國	사납아국 斯納阿國
선패국鮮稗國 시위국豕韋國 통고사국通古斯國	선비이국鮮卑爾國 시위국豕韋國 통고사국通古斯國
수밀이국 須密爾國	수밀이국 須密爾國

① 12환국 비리국(卑離國, Biri-guk)

12환국 중에서 첫번째로 언급된 비리국卑離國에 대한 기록을 정리하여 보고자 한다. 먼저 진晉나라의 진수陳壽가 편찬한 ≪삼국지三國志≫〈동이전東夷傳〉〈한조韓條〉를 살펴보면 비리국에 대한 기사記事가 보인다. 두번째로 당唐나라 시대에 편찬된 ≪진서≫〈사이전〉에 비리국에 대한 위치와 인구에 대

한 기사가 보인다. 셋째 요나라 역사책인 ≪요사遼史≫의 기록에 있는 비리
국에 대해서 알아본다. 넷째, 광개토경평안호태황비문廣開土境平安好太皇碑文
의 기록을 살펴볼 예정이며, 다섯째 중국 고지도에 기록된 지리적 형세도 살
펴보고자 한다.

[도표 025] 비리국 인용 사서 목록

사서 목록	저자	중요 기록
삼국지 위서 동이전 三國志 魏書 東夷傳	진수 陳壽	삼국시절 국명존재
진서 사이전 晉書 四夷傳	방현령 房玄齡	국명, 거리 위치 설명
요사 遼史	탈호탈	국명 존재 위치 설명
광개토경평안호태황비문 廣開土境平安好太皇碑文	장수왕	비문 기록
중국사고지도집 中國史稿地圖集	곽매약 郭沫若	지도 위치

1) 진수陳壽 ≪삼국지≫ 비리국(卑離國, Biri-guk)

≪삼국지≫는 진晉나라의 학자 진수(陳壽, 233~297년)가 편찬한 것으로, ≪사
기史記≫, ≪한서漢書≫, ≪후한서後漢書≫와 함께 중국 전사사前四史로 불린
다. 〈위서魏書 30권〉, 〈촉서蜀書 15권〉, 〈오서吳書 20권〉, 합계 65권으로 되어
있으나 표表나 지志는 포함되지 않았다. 위나라를 정통 왕조로 보고 〈위서〉
에만 제기帝紀를 세우고, 〈촉서〉와 〈오서〉는 열전列傳의 체제를 취했으므로
후세의 사가史家들로부터 많은 비판의 대상이 되었다. 그러나 저자는 촉한蜀
漢에서 벼슬을 하다가 촉한이 멸망한 뒤 위나라의 조祚를 이은 진나라로 가서
저작랑著作郎이 되었으므로 자연 위나라의 역사를 중시한 것으로 여겨진다.
그 때문에 후에 촉한을 정통으로 한 사서史書도 나타났다. 그러나 찬술한 내

용은 매우 근엄하고 간결하여 정사 중의 명저名著라 일컬어진다. 다만 기사
가 간략하고 인용한 사료史料도 지나치게 절략節略하여 누락된 것이 많았으
므로 남북조南北朝시대 남조南朝 송宋의 문제(文帝, 407~453년)는 429년에 배송
지(裵松之, 372~451년)에게 명하여 주註를 달게 하였다. 또한 〈위서魏書 권삼십
卷三十〉〈동이전東夷傳〉에는 〈부여扶餘〉, 〈고구려高句麗〉, 〈동옥저東沃沮〉, 〈읍

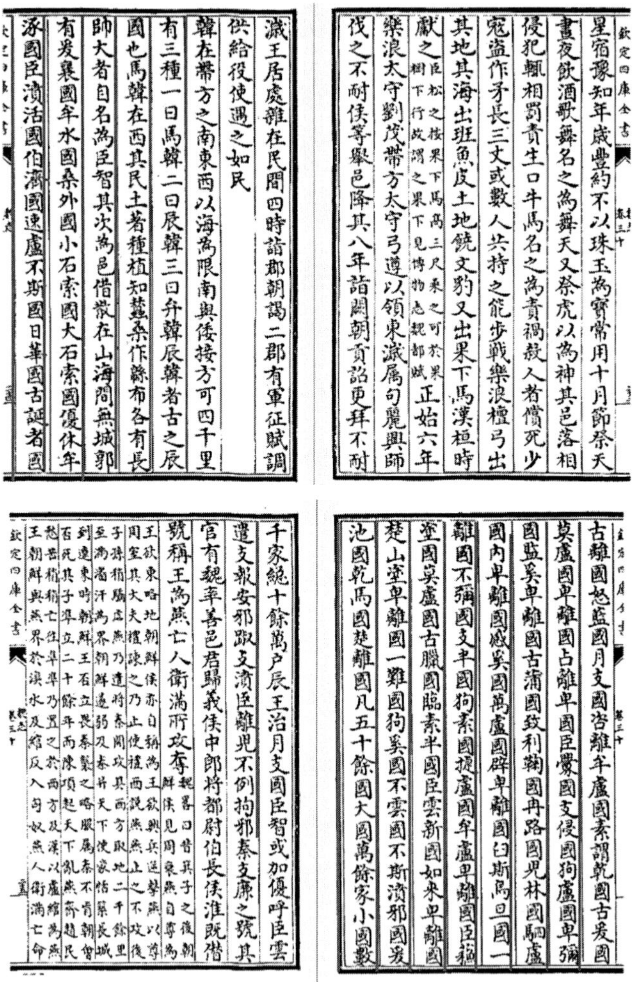

星宿，豫知年歲豐約，不以珠玉為寶。常用十月節祭天，晝夜飲酒歌舞，名之為舞天，又祭虎以為神。其邑落相侵犯，輒相罰責生口牛馬，名之為責禍。殺人者償死，少寇盜。作矛長三丈，或數人共持之，能步戰。樂浪檀弓出其地。其海出班魚皮，土地饒文豹，又出果下馬，漢桓時獻之。……正始六年，樂浪太守劉茂、帶方太守弓遵以領東濊屬句麗，興師伐之，不耐侯等舉邑降。其八年，詣闕朝貢，詔更拜不耐濊王。居處雜在民間，四時詣郡朝謁。二郡有軍征賦調，供給役使，遇之如民。

韓在帶方之南，東西以海為限，南與倭接，方可四千里。有三種，一曰馬韓，二曰辰韓，三曰弁韓。辰韓者，古之辰國也。馬韓在西。其民土著，種植，知蠶桑，作綿布。各有長帥，大者自名為臣智，其次為邑借。散在山海間，無城郭。有爰襄國、牟水國、桑外國、小石索國、大石索國、優休牟涿國、臣濆沽國、伯濟國、速盧不斯國、日華國、古誕者國、古離國、怒藍國、月支國、咨離牟盧國、素謂乾國、古爰國、莫盧國、卑離國、占離卑國、臣釁國、支侵國、狗盧國、卑彌國、監奚卑離國、古蒲國、致利鞠國、冉路國、兒林國、駟盧國、內卑離國、感奚國、萬盧國、辟卑離國、臼斯烏旦國、一離國、不彌國、支半國、狗素國、捷盧國、牟盧卑離國、臣蘇塗國、莫盧國、古臘國、臨素半國、臣雲新國、如來卑離國、楚山塗卑離國、一難國、狗奚國、不雲國、不斯濆邪國、爰池國、乾馬國、楚離國，凡五十餘國。大國萬餘家，小國數千家，總十餘萬戶。辰王治月支國。臣智或加優呼臣雲遣支報安邪踧支濆臣離兒不例拘邪秦支廉之號。其官有魏率善、邑君、歸義侯、中郎將、都尉、伯長。

侯準既僭號稱王，為燕亡人衛滿所攻奪……王莽地皇時，廉斯鑡為辰韓右渠帥，聞樂浪土地美，人民饒樂，亡欲來降。出其邑落，見田中驅雀男子一人，其語非韓人。問之，男子曰：我等漢人，名戶來，我等輩千五百人伐材木，為韓所擊得，皆斷髮為奴，積三年矣。鑡曰：我當降漢樂浪，汝欲去不？戶來曰：可。鑡因將戶來出詣含資縣，縣言郡，郡即以鑡為譯，從芩中乘大船入辰韓，逆取戶來，降伴輩尚得千人，其五百人已死。鑡時曉謂辰韓：汝還五百人，若不者，樂浪當遣萬兵乘船來擊汝。辰韓曰：五百人已死，我當出贖直耳。乃出辰韓萬五千人，弁韓布萬五千匹，鑡收取直還。郡表鑡功義，賜冠幘、田宅，子孫數世，至安帝延光四年時，故受復除。

[그림 068] 진수의 《삼국지》〈위서 권삼십〉〈동이전〉〈한조韓條〉에 12환국의 첫번째 환국인 비리
국 국명을 기록하였다.

루揭婁〉,〈예濊〉,〈마한馬韓〉,〈진한辰韓〉,〈변한弁韓〉,〈왜인倭人〉등의 전傳
이 있어, 동방 민족에 관한 최고의 기록으로 동방의 고대사를 연구하는 데 참
고할 사료가 된다.

[원문原文]

韓在帶方之南, 東西以海爲限, 南與倭接
한 재 대 방 지 남　동 서 이 해 위 한　남 여 왜 접

方可四千里. 有三種, 一曰馬韓, 二曰辰韓
방 가 사 천 리　유 삼 종　일 왈 마 한　이 왈 진 한

三曰弁韓. 辰韓者, 古之辰國也.
삼 왈 변 한.　진 한 자　고 지 진 국 야.

馬韓在西. 其民土著, 種植, 知蠶桑 作綿布
마 한 재 서　기 민 토 저　종 식　지 잠 상　작 면 포

各有長帥, 大者自名爲臣智, 其次爲邑借,
각 유 장 수　대 자 자 명 위 신 지　기 차 위 읍 차

散在山海間, 無城郭. 有爰襄國. 车水國.
산 재 산 해 간　무 성 곽　유 원 양 국　모 수 국

桑外國. 小石索國. 大石索國. 優休牟涿國.
상 외 국　소 석 삭 국　대 석 삭 국　우 휴 모 탁 국

臣濆沽國. 伯濟國. 速盧不斯國. 日華國.
신 분 고 국　백 제 국　속 로 불 사 국　일 화 국

古誕者國. 古離國. 怒藍國. 月支國.
고 탄 자 국　고 리 국　노 람 국　월 지 국

咨離牟盧國. 素謂乾國. 古爰國. 莫盧國.
자 리 모 로 국　소 위 건 국　고 원 국　막 로 국

卑離國. 占離卑國. 臣釁國. 支侵國. 狗盧國.
비 리 국　점 리 비 국　신 흔 국　지 침 국　구 로 국

卑彌國. 監奚卑離國. 古蒲國. 致利鞠國.
비 미 국　감 해 비 리 국　고 포 국　치 리 국 국

冉路國. 兒林國. 馴盧國. 內卑離國. 感奚國
염 로 국　아 림 국　사 로 국　내 비 리 국　감 해 국

萬盧國. 辟卑離國. 臼斯烏旦國. 一離國.
만 로 국　벽 비 리 국　구 사 오 단 국　일 리 국

不彌國. 支半國. 狗素國. 捷盧國.
불 미 국　지 반 국　구 소 국　첩 로 국

牟盧卑離國. 臣蘇塗國. 莫盧國. 古臘國.
모 노 비 리 국　신 소 도 국　막 로 국　고 납 국

臨素半國. 臣雲新國. 如來卑離國.
림 소 반 국　신 운 신 국　여 내 비 리 국

楚山塗卑離國. 一難國. 狗奚國. 不雲國.
초 산 도 비 리 국　일 난 국　구 해 국　불 운 국

不斯濆邪國. 爰池國. 乾馬國. 楚離國,
불 사 분 야 국　원 지 국　건 마 국　초 리 국

凡五十餘國 大國萬餘家, 小國數千家,
범 오 십 여 국　대 국 만 여 가　소 국 수 천 가

總十餘萬戶. 辰王治月支國.
총 십 여 만 호　진 왕 치 월 지 국.

[해석解釋]

　한韓은 대방帶方의 남南쪽에 있다. 동서東西는 바다(海)로 경계를 삼고 남南쪽은 왜倭와 경계를 접하니 면적이 사방을 4천 리쯤 된다. 세 종족이 있는데 하나는 **마한馬韓**이요 둘째는 **진한辰韓**, 셋째는 **변한弁韓**이니 진한辰韓은 옛 진국辰國이다.

　마한馬韓은 서쪽에 있다. 그 백성은 토착 생활을 하고 곡식을 심으며 누에치기와 뽕나무를 가꿀 줄 안다. 면포綿布를 만들었다. 각각 장수長帥가 있어서, 세력이 강한 사람은 신지臣智라 하고, 그 다음은 읍차邑借라 하였다. 산과 바다 사이에 흩어져 살며 성곽이 없다.

　원양국爰襄國, 모수국牟水國, 상외국桑外國, 소석삭국小石索國, 대석삭국大石

索國, 우휴모탁국優休牟涿國, 신분고국臣濆沽國, 백제국伯濟國, 속로불사국速盧不斯國, 일화국日華國, 고탄자국古誕者國, 고리국古離國, 노람국怒藍國, 월지국月支國, 자리모로국咨離牟盧國. 소위건국素謂乾國, 고원국古爰國, 막로국莫盧國, **비리국卑離國,** 점리비국占離卑國, 신흔국臣釁國, 지침국支侵國, 구로국狗盧國. 비미국卑彌國, 감계비리국監奚卑離國, 고포국古蒲國, 치리국국致利鞠國, 염로국冉路國, 아림국兒林國, 사로국駟盧國, 내비리국內卑離國, 감해국感奚國, 만로국萬盧國, 벽비리국辟卑離國, 구사오단국臼斯烏旦國, 일리국一離國, 불미국不彌國, 지반국支半國, 구소국狗素國, 첩로국捷盧國, 모로비리국牟盧卑離國, 신소도국臣蘇塗國, 막로국莫盧國, 고납국古臘國, 임소반국臨素半國, 신운신국臣雲新國, 여래비리국如來卑離國, 초산도비리국楚山塗卑離國, 일난국一難國, 구해국狗奚國, 불운국不雲國, 불사분야국不斯濆邪國, 원지국爰池國, 건마국乾馬國, 초리국楚離國으로 무릇 50여 개국이다. 큰나라는 혹 만여 가家, 작은 나라는 수천 가家. 모두 합치면 10여만 호戶다. 진왕辰王은 월지국月支國을 다스린다.

위 해석에서 우리 나라 고대 삼한의 여러 소국 이름이 열거되어 있다. 열거된 소국의 이름에는 '비리卑離'가 붙은 나라 이름을 여덟 개 볼 수 있다. 비리국, 점리비국占離卑國, 감계비리국監奚卑離國, 내비리국內卑離國, 벽비리국辟卑離國, 모로비리국牟盧卑離國, 여래비리국如來卑離國, 초산도비리국楚山塗卑離國. 여기에서 중요한 사실은 비리국이란 동일 국명을 사용하였다는 것이다. 비리국에서 분파되었다는 의미로 해석하여 보면, 비리국이 오랜 역사를 가지고 있어 55개국 중에서 무려 여덟 개 나라가 같은 이름을 사용하고 있다. 환국桓國 시절부터 존재했던 비리국이 7,000년 후에도 나라를 이어오고 있다는 것은 12환국이 실존했음을 국명으로 보여 주고 있다.

2) ≪진서≫ 〈사이전〉 비리국(卑離國, Biri-guk)

비리국에 대한 중국 사서 중 ≪진서晉書≫에 기록이 있다. 참고로 ≪진서≫

는 644년 편찬되었으며, 당나라 태종太宗의 지시로 방현령房玄齡 등이 찬한 진왕조의 정사正史이며. 130권이다. 〈제기帝紀〉 10권, 〈지志〉 20권, 〈열전列傳〉 70권 외에 〈재기載記〉 30권이 있다. 처음으로 재기라는 양식이 정사에 나타난 것이며, 5호 16국五胡十六國에 관한 기록으로서 진나라 시대를 이해하는 데 도움이 된다. 주로 장영서臧榮緖의 진서에 의존하였고, 기타 진시대사晉時代史도 참고로 하여 많은 사관史官이 집필하였다. 현존하는 유일한 '진대사'라는 점에서 귀중하다. 이 책을 보완한 것으로 ≪진서음의晉書音義≫ 3권, ≪진서각주晉書斠注≫ 130권 등이 있다. ≪진서≫ 권97 〈열전〉 제 67 〈사이전〉에 비리국 기록이 있다.

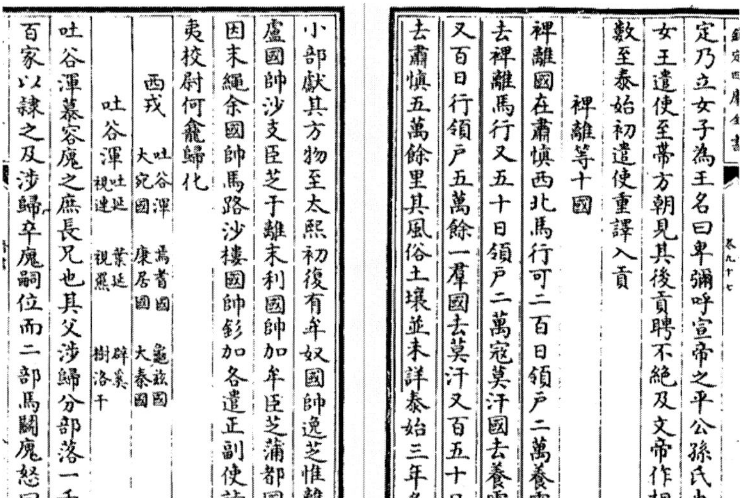
定乃立女子為王名曰卑彌呼宣帝之平公孫氏也其女王遣使至帶方朝見其後貢聘不絕及文帝作相又數至泰始初遣使重譯入貢

裨離等十國

裨離國在肅慎西北馬行可二百日領戶二萬養雲國去裨離馬行又五十日領戶二萬寇莫汗國去養雲國又百日行領戶五萬餘一羣國去莫汗又百五十日計去肅慎五萬餘里其風俗土壤並未詳泰始三年各遣小部獻其方物至太熙初復有牟奴國帥逸芝惟離模盧國帥沙支臣芝于離末利國帥加牟臣芝蒲都國帥因末繩余國帥馬路沙樓國帥釤加各遣正副使詣東夷校尉何龕歸化

西戎 吐谷渾 焉耆國 龜茲國 大宛國 康居國 大秦國

吐谷渾 吐延 葉延 辟奚 視連 視羆 樹洛干

吐谷渾慕容廆之庶長兄也其父涉歸分部落一千七百家以隸之及涉歸卒廆嗣位而二部馬鬭廆怒曰先

[그림 069] ≪진서≫ 권97 〈열전〉 〈사이전〉 비리국 기록

[원문原文]

裨離國在肅愼西北, 馬行可二百日, 領戶二萬.
비 리 국 재 숙 신 서 북 마 행 가 이 백 일 령 호 이 만

養雲國去裨離馬行又五十日, 領戶二萬.
양 운 국 거 비 리 마 행 우 오 십 일 령 호 이 만

寇莫汗國去養雲國又百日行, 領戶五萬餘.
구 막 한 국 거 양 운 국 우 백 일 행   령 호 오 만 여

一羣國去莫汗又百五十日, 計去肅愼五萬餘里.
일 군 국 거 막 한 우 백 오 십 일   계 거 숙 신 오 만 여 리

其風俗土壤並未詳.
기 풍 속 토 양 병 미 상

[해석解釋]

　비리국은 숙신肅愼의 서북西北 쪽에 있는데, 말馬을 타고 200일을 가며 가구의 수는 2만 호二萬戶이다. 양운국은 비리국에서 말을 타고 50일을 가며 가구의 수는 2만 호이다.

　구막한국寇莫汗國은 양운국에서 또 백일百日을 가며 가구의 수는 5만 호이다. 일군국一羣國은 구막한국寇莫汗國에서 또 150일을 가야 하며 숙신肅愼으로부터 5만 리의 거리이다. 그 풍속風俗과 토양土壤에 대해서는 모두 알려진 바 없다.

　12환국에 나와 있는 열두 나라 중에서 비리국, 양운국, 구막한국寇莫汗國, 일군국一羣國 등 네 개 국에 대한 국명이 진나라 시대까지 지속되고 있음을 보여 주고 있다.

3) 비리국에 대한 ≪요사遼史≫ 자료

　≪요사遼史≫는 중국中國 24사史의 하나로 요遼의 역사歷史를 적은 기전체紀傳體의 역사책이다. 원元나라의 재상宰相 탁극탁托克托 등이 순제順帝의 명命을 받들어 지은 것으로, 1334년에 완성했는데 〈본기本紀〉·〈지표志表〉·〈열전列傳〉등으로 구성되어 있으며. 116권으로 이루어져 있다. ≪요사遼史≫38권에 비리국에 대한 기록이 있다. 여기에서는 비리군陴離郡으로 되어 있다. 한문 기록이 비卑를 비陴자로 사용하였다.

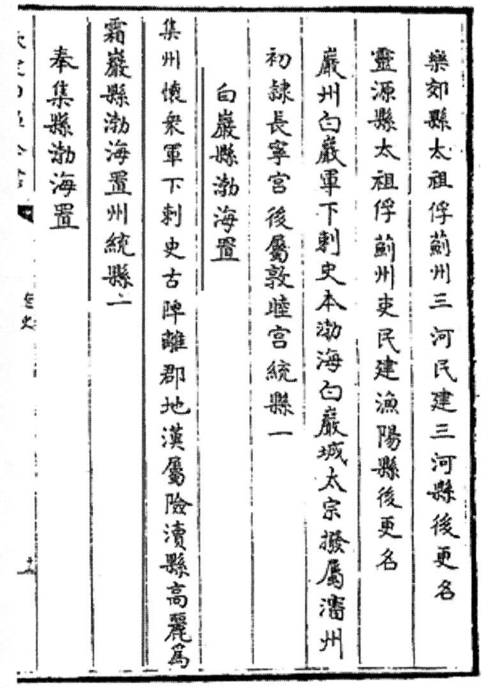
樂郊縣太祖俘薊州三河民建三河縣後更名
靈源縣太祖俘薊州吏民建漁陽縣後更名
巖州白巖軍下刺史本渤海白巖城太宗撥屬瀋州
初隸長寧宮後屬敦睦宮統縣一
白巖縣渤海置
集州懷衆軍下刺史古陴離郡地漢屬險瀆縣高麗爲
霜巖縣渤海置州統縣一
奉集縣渤海置

[그림 070] ≪요사≫ 38권 백암현에 옛 지명으로 비리군을 소개하고 있다.

[원문原文]

白巖縣 渤海置
백암현 발해치

集州懷衆軍下刺史 古陴離郡地
집주회중군하자사 고비리군지

漢屬險瀆縣 高麗為霜巖縣 渤海置州統縣一
한속험독현 고려위상암현 발해치주통현일

[해석解釋]

백암현白巖縣은 발해渤海 때의 집주集州이며 회중군하자사懷衆軍下刺史를 두었다. 옛古 비리군陴離郡의 땅地이다. 한漢나라 때 험독현險瀆縣에 속하였고 고구려高句麗 때 상암현霜巖縣이 되었다가 발해渤海 때 주州를 두고 현縣을 통일統

―하였다.

요遼나라의 역사를 기록한 ≪요사遼史≫에 나와 있는 지명을 정리하여 보면, '비리국-환국桓國〈 험독현險瀆縣-한나라漢〈 상암현霜巖縣-고구려高句麗〈 집주集州-발해渤海〈 백암현白巖縣-요나라遼'로 지명이 변경되었으며, 이 땅이 옛날 비리국의 땅이다. 금사金史를 참고하면 금金나라 때에는 귀덕주貴德州로 변경되며, ≪만주원류고滿洲源流考≫를 찾아보니 청淸나라 때에는 무순성撫順城 남쪽 80리 지역으로 설명되어 있다.

4) 광개토경평안호태황비廣開土境平安好太皇碑

광개토경평안호태황비廣開土境平安好太皇碑는 서기 414년 광개토경평안호태황의 아들 장수왕이 세웠으며, 응회암凝灰岩 재질로 높이가 약 6.39미터, 면의 너비는 1.38~2.00m이고, 측면은 1.35m~1.46m이지만 고르지 않다. 대석은 3.35m×2.7m이다. 네 면에 걸쳐 1,802자가 화강암에 예서로 새겨져 있다. 그 가운데 150여 자는 판독이 어렵다. 내용은 대체로 고구려의 역사와 광개토왕의 업적이 주된 내용이며, 고구려사 연구에서 중요한 사료史料가 된다. 또한 전한前漢 예서隷書의 서풍으로 기록되어 있어 금석문 연구의 좋은 자료가 된다. 이 비석은 조선 후기까지 확인된 적은 없었다. 그러다가 청의 만주에 대한 봉금제도가 해제된 뒤에야 비로소 발견되었으나, 그 기록에 비리국(卑離國, Biri-guk) 기사가 제1면 비석문에 있어 살펴보고자 한다.

아래 탁본拓本은 1981년 주운태탁본周雲台拓本으로 제1면 상반부 비문이다. 자세히 살펴보면 돌석石 + 낮을비卑로 보인다. 벼화禾 + 낮을비卑로도 해석하는 경우가 있는데, 원문 탁본을 살펴본 결과 돌석石으로 해석하는 것이 타당하리라 생각된다. 결론적으로 비리국碑麗國이 조공을 바치지 않아서 정벌하고 상황을 지리적 설명을 통하여 기사화하였다.

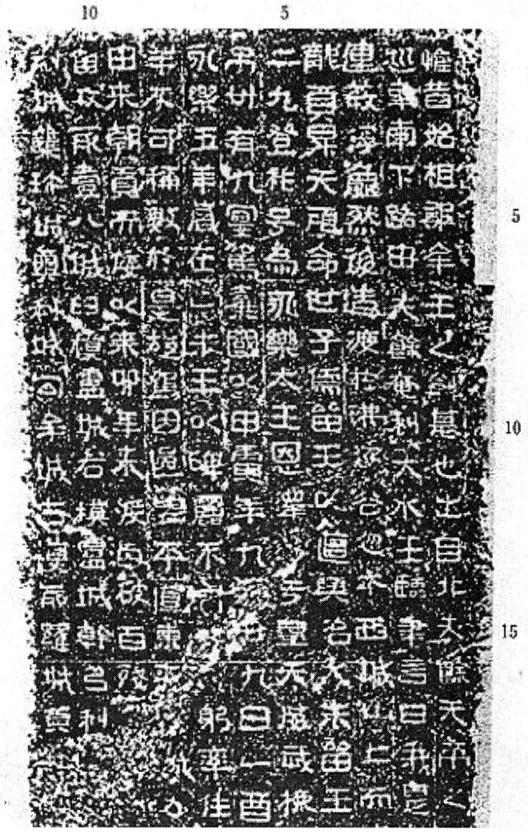

[그림 071] 광개토경평안호태황비 비리 자료, 1981년 채집된 주운태탁본周雲台拓本으로 제1면 상반부 7번줄부터 원문으로 정리하였다.

[원문原文]

永樂五年歲在乙未, 王以□(碑麗)不□(歸,
영락오년세재을미, 왕이   비리부   귀

貢)□(人)□躬率往討. 過富山負山至鹽水
공   인   궁솔왕토 과부산부산지염수

上破其□(三,丘)部□(族,洛)六七百 營. 牛馬
상파기   삼구부   족락육칠백 영 우마

群羊不可稱數. 於是旋駕因過襄平道
군 양 부 가 칭 수. 어 시 선 가 인 과 양 평 도

東來□城力城北豐.
동 래   성 력 성 북 풍

□(王,五)備□(道,海), 遊觀土境, 田獵而
  왕 오 비   도 해   유 관 토 경   전 렵 이

[해석解釋]

　영락永樂 5년 을미년(乙未年, 서기 395년)에 비리碑麗가 조공을 하지 않으므로 왕이 몸소 군사를 거느리고 가서 이를 토벌하였다. 부산富山과 부산負山을 지나 염수鹽水 위에 이르러, 그 곳의 세 부족, 6, 7백 부락을 깨뜨리니 소, 말 뭇 양羊을 얻은 것이 헤아릴 수가 없었다. 이곳에서 어가御駕를 돌이켜 양평도襄平道 동래東來□성城, 역성力城, 북풍北豐을 지나니, 왕은 도로를 닦게 하고 지경地境을 돌아보고 사냥을 하면서 돌아왔다.

　비리碑麗는 진서에 나타나는 당시 거란 지역의 비리국神離國으로 보인다. 소수림왕 8년에 거란이 침입해서 8개 부락을 함몰시키고 많은 사람을 포로로 잡아갔었다. 광개토왕 원년 9월에 이미 북쪽의 거란을 쳐서 포로 500인을 잡고 함몰되었던 고구려 백성 일만 명을 다시 데리고 돌아왔고, 을미년에는 거란에 대한 지배를 더욱 공고히 하기 위하여 보다 대규모의 출병을 한 것으로 보인다. 그리고 회군하는 길에는 국경을 돌아보고 수비를 위해 도로를 정비하는 등 북방 국경을 확고히 하고 안정시키고자 노력한 역사 기록이다.

　광개토경평안호태황비에 대한 국내외 연구 내역을 분석한 결과 비리국神離國으로 해석할 수 있는 글자를 비리碑麗로 판독 9건, 패리稗麗로 판독 5건으로 분석되었다. 위에 탁본을 직접 살펴봐도 비리碑麗로 봐야 한다. 또한 문맥상 조공을 하지 않았다고 하였으니 국國을 붙여 해석하면 비리국碑麗國, 패리국稗麗國이다. 결론적으로 비리국碑麗國으로 해석하고자 한다. 려麗는 '고을

려', '나라이름 리'로 읽는다. 나라를 의미하는 경우는 '나라이름 리'로 읽는다.

[도표 026] 광개토경평안호태황비문 비교 연구표

판독	광개토경평안호태황비문 연구 출처
碑麗	高句麗古碑(寫眞石版)·高句麗碑出土記·高句麗古碑考·高句麗古碑釋文」『亞細亞協會會餘錄』5(1889)]橫井忠直
稗麗	高麗古碑考追加」『考古學會雜誌』2-5(1898)]三宅米吉
碑麗	高麗好太王碑釋文及拓本『神州國光集』9(1909)] 羅振玉
碑麗	「好太王碑文」『訂正增補大日本時代史』上(1915)]今西龍
碑麗	『朝鮮金石總覽』(1919)]前間恭作
碑麗	「晋高句麗好太王碑」『奉天通志』(1934)]金毓黻
稗麗	「好太王碑考」『書品』100(1959)]水谷悌二郎
碑麗	『日本上代史管見』(1963)]末松保和
碑麗	『광개토왕릉비』(1963)]박시형
碑麗	『好太王碑研究』(1984)] 王健群
碑麗	『廣開土大王陵碑新研究』(1986)]李亨求
稗麗	『廣開土王碑原石拓本集成』(1988)]武田幸男
稗麗	『譯註 韓國古代金石文』Ⅰ(1992)]노태돈
稗麗	광개토대왕 비문을 통해 본 우리 고대 역사[상생문화연구소콜로기움(2004) 류승국

5) 비리국(卑離國, Biri-guk)에 대한 지도

1996년 중국지도출판사中國地圖出版社에서 곽매약郭沫若이 주편主編한 ≪중국사고지도집中國史稿地圖集≫ 서진시기형세(西晉時期形勢, 282年) 지도에 고구려 땅 북쪽 끝에 비리裨离 지형이 표시되어 있다. 비리卑離를 비리裨离로 기록하였다. 지리적으로 보면 고구려, 부여의 북쪽 경계 지역이 있던 곳에 살던 족속이었다. 이 족속들이 환국桓國의 12국 중 첫번째 나라이다. 이 곳에는 국

國자를 넣지 않고 지역만 표시하였다. 비리神离 지역은 현재 중국과 러시아의
국경지역이다.

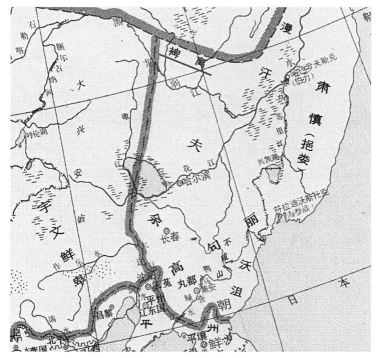

[그림 072] 《중국사고지도집》 비리神离 기록이 보인다. 부족은 전쟁과 기후 등 여러 가지 상황에 따
라서 새로운 거주지를 찾아 이주하는 경우가 많으며, 특히 유목민족의 거주지는 일정하지
않다는 점이 역사 연구의 어려움이 있다.

비리국(卑離國, Biri-guk)에 대한 역사 기록을 살펴보았다. 러시아는 16세기
부터 동진정책에 따라서 한민족의 고대 활동 영역 지역을 점령하고 러시아
문화로 현지 사람들을 동화시켜 러시아어와 러시아 문화로 살게 하고 있다.
그러나 대행히도 부르야트공화국은 자치권을 주장하여 살고 있지만, 동진
정책으로 많은 러시아 종족이 함께 살고 있다. 터전인 땅을 점령하여 몇 세기
가 흐르게 되면 혈통과 문화가 교류하여 본래의 문화를 보존하기 어렵게 된
다. 그러나 지명과 강 이름 그리고 문화의 원류는 잘 살펴보면 그 흔적을 찾

아볼 수 있다. 현재 지도로 살펴보면 중국과 러시아의 경계에 있는 부레야(Bureya) 지역이다.

비리국(卑離國, Biri-guk)은 현 지도로 살펴보면 부레야(Bureya), 비로비잔(Birobidzhan)과 바이칼(Baikal) 호수 근처에 부리야트공화국(Buryat ASSR)이 있다. 부리야트족은 몽골계 부족으로 약 1995년 기준으로 252,000명 정도 살고 있다. 그들은 러시아-중국 국경선 근처를 터전으로 하고 살고 있으며, 부리야트족은 러시아뿐만 아니라 몽골공화국과 내몽고자치구와 중국 내 소수민족으로 살아 가고 있다.

부리야트족 지역에서 출토된 8천 년에서 1만5천 년 전의 돌촉과 돌날들은 세석기 전통에 속하며, 이 기술은 부리야트족 고대 주민들이 북부 아메리카로 이주하는 동안에 가져가 지금도 유물로 발견되고 있다. 부리야트족은 전설에 의하면 부르테 치노(푸른 늑대 사람들)라고 부르고 있다. 설화를 살펴보면 부르테 치노 남자가 고아마랄(고운 붉은 사슴)을 아내로 삼고 그들의 혼인에서 몽골족들과 징기스칸의 부족이 유래하였다고 한다. 부르테 혹은 부레드는 이 지역의 고대 방언으로 '늑대'를 뜻하며 이 단어에서 부리야트족이란 이름이 유래하였다. 오늘날까지 늑대 종족은 부리야트 몽골족들 사이에서 큰 가문으로 인정되고 있다. 부리야트족이 비리(Biri)국의 주 구성 부족으로 그 지역을 터전으로 살아가고 있다. 그들이 바로 구환족九桓族의 후손들이다.

한자漢字는 표의문자表意文字로 뜻을 표현하기에는 적당하나, 소리를 그대로 적기에는 부족하다. ≪중국사고지도집中國史稿地圖集≫의 비리神离 지역을 현재는 러시아에서 부레야(Bureya)라고 부른다. 다행히 알파벳은 원음에 가깝게 기록할 수 있어 역사 연구에 도움이 된다. 비神의 발음에 'ㅂ'과 Bureya의 'B' 발음은 일치한다. 또한 리离의 발음에 'ㄹ'과 Bureya의 'r' 발음이 일치한다. 또한 부레야(Bureya) 지역에 살던 민족을 부르야트(Buryat, 로마자) 또는 부리야트(Bouriate, 프랑스어)라고 부른다. 여기에서도 비神 발음의 'ㅂ'과 Buryat와 Bouriate의 'B' 발음은 일치한다. 더불어 리离의 발음에 '리'와

Bouriate의 'r'" 발음이 일치한다. 즉 자음뿐만 아니라 모음까지 일치한다. '리离 = ri '로 표기하고 있다는 것이다.

부리야트를 로마자로 표기하면 Buryat(부르야트), 중국어로는 Buliyati(부리야티), 몽골어로는 Buriyad(부리야드), 부리야트어로는 Buryaad(부리야드), 프랑스어로는 Bouriate(부리야트)이다. 12환국의 첫번째 나라로 기록되어 있는 비리국(卑離國, Biri-guk)의 후손들이 현재 부리야트공화국(Buryat ASSR)의 부리야트족 사람들로 추정할 수 있다. 여기에서 부르야트족이 많이 살고 있는 도시와 지역을 살펴보았다.

첫째, 부레야(Bureya)는 북위 49도에서 50도 사이 경도 130도에 위치한 도시이다. 북위로 보면 프랑스 파리와 영국의 런던 정도에 위치하는 도시이다. 아래 지도에서 살펴보면 도시명과 강 이름으로 같이 사용하고 있다. 아무르 강의 가장 큰 지류는 아무곤 (Amgun), 아누이(Anuy), 툰구스카(Tunguska), 부레야(Bureya)와 우수리(Ussuri)이다.

[그림 073] Bureya 지역에 대한 현대 지도 Bureya시와 Bureya강 지명이 기록되어 있다.

둘째, 브리야트 공화국(부랴트어, Б у р я а д Р е с п у б л и к а, 러시아어, Р е с п у́ б л и к а Б у р я́ т и я, 문화어, 부랴쩨야)은 몽골에 인접한 러시아의 공

화국이다. 수도는 울란우데이며, 브리야트 공화국의 절대 다수는 몽골족 후예들이다. 국기에도 몽골 국기처럼 소욤보 문장이 들어 있다. 브리야티야는 시베리아의 남중부에 위치해 있고 바이칼 호가 위치해 있다. 기후는 1월 -22℃, 7월 +18℃. 주민은 1989년 조사에서 러시아인(69.9%), 브리야트족(24%), 우크라이나인(2.2%), 타타르족과 몽골족(1%), 벨라루스인(0.5%), 유대인(0.06%), 기타(2.5%, 대부분이 에벤키인, 독일인, 투바인) 등으로 구성된다. 17세기 중엽에 러시아인들이 식민지로 개척했다. 1923년 5월 30일에 브리야트-몽골 소비에트 사회주의 자치공화국이란 이름으로 러시아 소비에트 연방 사회주의 공화국의 일부가 되었다. 1958년까지는 브리야트 소비에트 사회주의 자치공화국이었다. 1992년에 브리야트 소비에트 사회주의 자치공화국은 브리야트 공화국으로 승격되었다.

셋째, 비로비잔(Birobidzhan)은 러시아 하바롭스크 지방 예브레이스카야주州의 주도州都. 부레야산맥 남쪽 기슭 헤이룽강江 중류 유역 분지에 자리하는 비라강江 연안에 위치한다. 지명은 비라강과 비잔강에서 연유된 것이다. 하바롭스크에서 서쪽으로 약 175㎞ 떨어져 있으며 시베리아철도를 끼고 있다. 이곳은 1931년까지는 티혼카야라고 불렸던 시베리아철도의 작은 역에 불과했는데, 1934년 유대인 자치주自治州로서 예브레이스카야 자치주가 설립되고, 1937년에 시가 되어 행정중심지가 되었다. 1948년경에는 주민의 1/4이 유대인이었으나, 현재는 대부분이 러시아인이며 약 2%만이 유대인이다.

비리국(卑離國, Biri-guk), 부레야(Bureya), 부르야트(Buryat), 비로비잔(Birobidzhan), 부여夫餘 등 환국의 비리국 어원을 그대로 담고 있다. 이 지역은 환족의 후손들이 살아가던 터전이었으나 17세기부터 러시아인들의 동방 이주로 러시아의 터전이 되었다. 다만, 그 역사는 한민족의 강역이었다는 것을 반드시 기억해야 한다.

참고로 학자에 따라서는 비리국의 위치를 중앙아시아 지역으로 추정하는 사례가 있다. 이는 충분히 가능한 추정일 수 있다. 유목민족의 특성상 전쟁과 배고픔이 없는 지역으로 끝없이 이주하기 때문이다.

[그림 074] 비리국의 위치 현재 부르야트공화국 (Buryat ASSR) 지역이다. 한반도에서 직선 거리가
아닌 산맥과 물길을 따라 가려면 수천Km에 위치한다.

[그림 075] 부리야트족 부족 사진1

[그림 076] 부르야트족 가족 사진2

[그림 077] 부르야트족 사진3, 구환족九桓族 고유의 씨름을 하고 있는 모습이다.

[그림 078] 부리아트족 사진4, 활을 쏘는 모습이다.

비리국卑離國이 바이칼(Baikal) 호수 근처에 터전을 잡았다고 하여 결코 바이칼 호수가 천해天海는 아니다. 즉 한민족의 기원은 천산天山이기 때문이다. 단, 북해北海라고는 부른다. 역사상 북해北海는 두 곳이 있다. 상세한 내역은 환국의 강江에서 살펴보고자 한다. 홍익인간弘益人間 사상으로 세상 사람들을 이롭게 하려는 생각으로 살아온 구환족은 전쟁과 부족 간의 투쟁을 피하여 이주하였다. 이 곳에서도 부족의 인구가 늘어나자, 아메리카 지역으로 이주하여 중앙아메리카와 남아메리카 지역으로 이주하여 구환족九桓族의 태백문화太白文化를 형성했다. 후대에 많은 학자들이 좀더 상세하게 연구를 통하여 세계문화의 원류인 구환족의 이동 경로를 상세하게 밝혀주기를 바랄 뿐이다.

② 양운국(養雲國, Yangun-guk)

12환국중에서 두번째 나라로 언급된 양운국에 대한 기록을 정리하여 보고자 한다.

[도표 027] 양운국 인용사서 목록

사서목록	저자	중요기록
단군세기 檀君世紀	행촌이암	十五世 檀君代音
단군세기 檀君世紀	행촌이암	二十一世 檀君蘇台
단군세기 檀君世紀	행촌이암	二十七世 檀君豆密
진서 사이전	방현령 房玄齡	거리등 위치 설명
중국사고지도집 中國史稿地圖集	곽매약 郭沫若	지도에 표기

먼저 〈단군세기檀君世紀〉의 십오세十五世 단군대음檀君代音 재위 기간에 기록된 양운국의 방물 기록과 두번째로 〈단군세기檀君世紀〉의 이십일세二十一世 단군소태檀君蘇台 재위 기간에 기록된 양운국의 기록이 있다. 세번째로 〈단군세기檀君世紀〉의 이십칠세二十七世 단군두밀檀君豆密 재위 기간에 기록된 양운국의 방물 기록을 살펴보고자 한다. 네번째로 당나라 시대에 편찬된 ≪진서≫〈사이전〉에 양운국에 대한 위치와 인구에 대한 기사가 보인다. 다섯번째로 중국 고지도에 비리卑離과 더불어 양운養雲이란 강역이 표시되어 있다.

1) 〈단군세기〉 십오세十五世 단군대음檀君代音

[원문原文]

辛巳二年이라
신 사 이 년

洪水大漲하여 民家多被害하니 帝甚撚恤하여
홍 수 대 창　　민 가 다 피 해　　제 심 연 휼

移其粟於蒼海蛇水之地하고 均給于民하다
이 기 속 어 창 해 사 수 지 지　　균 급 우 민

冬十月에 養雲須密爾二國人이 來獻方物하다.
동 시 월   양 운 수 밀 이 이 국 인   내 헌 방 물

[해석解釋]

　재위 2년 신사(단군기원 674년, BC 1660년)년 홍수가 크게 나서 민가에 많은 피해를 주었다. 단군께서 심히 불쌍히 여기시어 곡식을 창해蒼海 사수蛇水 땅으로 옮겨 백성에게 균등하게 나누어 주게 하셨다. 겨울 10월에 양운국과 수밀이국須密爾國 두 나라 사람이 와서 방물을 바쳤다.

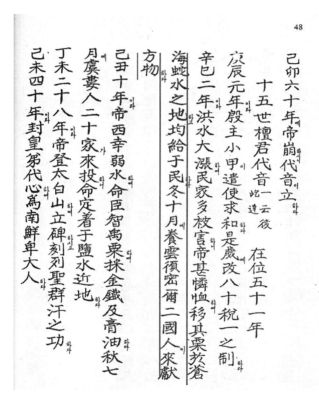

48

己卯六十年에 帝崩代音立하다

十五世 檀君代音屹一云後達

在位五十一年

庚辰元年殷主小甲遣使求和是歲改八十稅一之制하다

辛巳二年洪水大漲民家多被害帝甚憐恤移其粟蒼海蛇水之地均給于民冬十月養雲須密爾二國人來獻方物하다

己丑十年帝西幸弱水命臣智禹粟採金鐵及膏油秋七月虞婁人二十家來投命定著于鹽水近地

丁未二十八年帝登太白山立碑刻列聖群汗之功하다

己未四十年封皇弟代心爲南鮮卑大人하다

[그림 079] 〈단군세기〉 십오세十五世 단군대음檀君代音에 관한 기사 중에 양운국이 나와 있다. 광오이해사본(1979년) 사본

행촌 이암(李嵒, 1297~1364)이 찬한 〈단군세기檀君世紀〉에 12환국 중에서 두 번째로 언급된 양운국에 대한 기록이 남아 있다.

위 기록에서 살펴보면 단군조선시대에도 12환국의 두번째 나라 양운국이 존속되고 있었다는 기록이며, 역逆으로 생각하면 12환국의 실체가 증명된다고 할 수 있다.

2) 〈단군세기〉 이십일세二十一世 단군소태檀君蘇台

행촌 이암(李嵒, 1297~1364)이 찬한 〈단군세기檀君世紀〉에 12환국 중에서 두 번째로 언급된 양운국에 대한 기록이 남아 있다.

[원문原文]

甲辰元年이라. 殷主小乙이 遣使入貢하다.
갑 진 원 년 　　　 은 주 소 을 　　 견 사 입 공

庚寅四十七年에
경 인 사 십 칠 년

殷主武丁이 旣勝鬼方하고 又引大軍하여
은 주 무 정 　 기 승 귀 방 　　 우 인 대 군

侵攻索度令支等國하고 爲我大敗하고
침 공 삭 도 영 지 등 국 　　　 위 아 대 패

請和入貢하다
청 화 입 공

壬辰四十九年이라 蓋斯原褥薩高登이 潛師하여
임 진 사 십 구 년 　　 개 사 원 욕 살 고 등 　 잠 사

襲鬼方滅之하니 一羣養雲二國이 遣使朝貢하다.
습 귀 방 멸 지 　　 일 군 양 운 이 국 　 견 사 조 공

於是에 高登이 手握重兵하여 經畧西北地하니
어 시 　 고 등 　 수 악 중 병 　　 경 략 서 북 지

勢甚强盛이라 遣人하여 請爲右賢王이어늘
세 심 강 성 　　 견 인 하여 　 청 위 우 현 왕

帝憚之不允이라가 屢請乃許하고 號爲豆莫婁라.
제 탄 지 불 윤　　　누 청 내 허　　　호 위 두 막 루

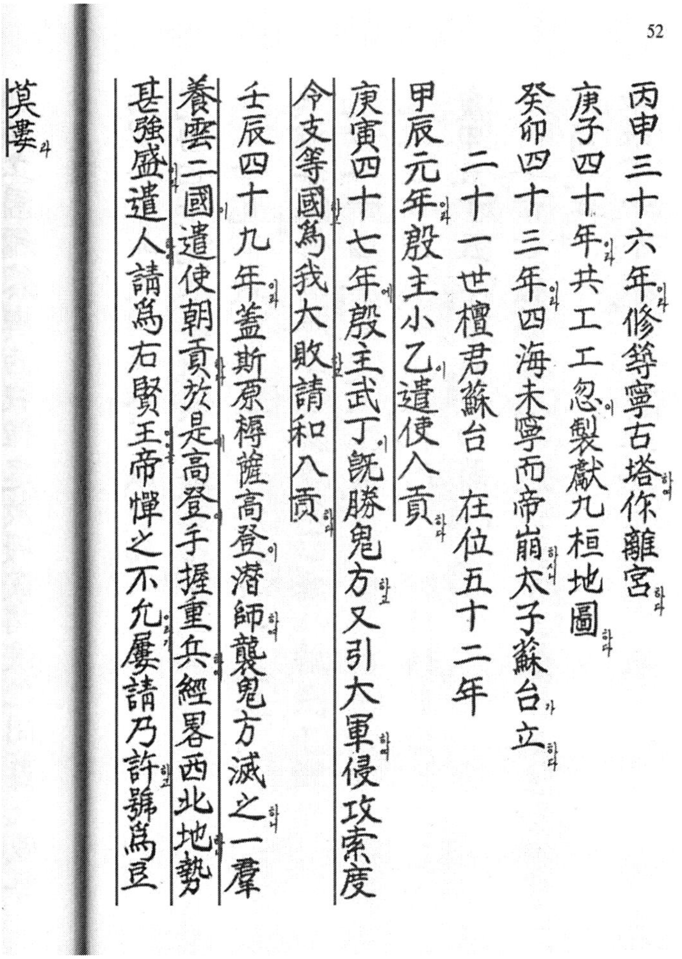

52

丙申三十六年修葺寧古塔你離宮하다

庚子四十年共工忽製獻九桓地圖하다

癸卯四十三年四海未寧而帝崩太子蘇台立하다

二十一世檀君蘇台　在位五十二年

甲辰元年殷主小乙遣使入貢하다

庚寅四十七年殷主武丁旣勝鬼方又引大軍侵攻索度하다

壬辰四十九年蓋斯原㯮高登潛師襲鬼方滅之一群하다

養雲二國遣使朝貢於是高登手握重兵經畧西北地勢하니

甚強盛道人請爲右賢王帝憚之不允屢請乃許罷爲豆

莫婁라

[그림 080] 〈단군세기〉 이십일세二十一世 단군소태檀君蘇台에 관한 기사 중에 양운국이 나와 있다. 광오이해사본(1979년) 사본

[해석解釋]

　소태단군의 재위 원년은 갑진(환기 5861년, 신시개천2561년, 단기 997년, BC 1337년)이다. 은나라 왕 소을(小乙, 21世)이 사신을 보내 조공을 바쳤다. 재위 47년

경인(단기 1043년, BC 1291년)에 은나라 왕 무정(武丁, 22世)이 전쟁을 일으켜 이미 귀방鬼方을 물리치고 나서 다시 대군을 이끌고 삭도索度, 영지令支 등의 나라를 침공하다가 우리 군사에게 대패하여 화친을 청하고 조공을 바쳤다. 재위 49년 임진(단기 1045년, BC 1289년)에 개사원蓋斯原, 욕살褥薩, 고등高登이 몰래 군사를 이끌고 귀방을 공격하여 멸망시키자 일군一羣, 양운養雲 두 나라가 사신을 보내 조공을 바쳤다. 이때 고등이 대군을 장악하고 서북 지방을 경략하니 세력이 더욱 강성해졌다. 고등이 단군께 사람을 보내어 우현왕右賢王이 되기를 주청하였다. 단군께서 꺼리시며 윤허하지 않으시다가 거듭 청하므로 윤허하시고 두막루豆莫婁라 불렀다.

임진(단기 1045년, BC 1289년)에 양운국에서 사신을 보내 조공을 바쳤다는 기록은 이 당시에도 양운국에 존속되고 있었다는 역사적 기록이다. 환국과 배달국 이후에 단군조선시대에도 조공을 하였다 함은 오랜 역사에서 지속적으로 나라를 유지하였다는 역사 기록이다.

3) 〈단군세기〉 이십칠세二十七世 단군두밀檀君豆密

행촌 이암(李嵒, 1297~1364년)이 찬한 〈단군세기〉에 12환국 중에서 두번째로 언급된 양운국에 대한 기록이 남아 있다.

[원문原文]

甲申元年이라
갑 신 원 년

天海水溢하고 斯阿蘭山이 崩하다.
천 해 수 일   사 아 란 산   붕

是歲에 須密爾國과 養雲國과
시 세   수 밀 이 국   양 운 국

句茶川國이 皆遣使하여 獻方物하다.
구 다 천 국　개 견 사　　헌 방 물

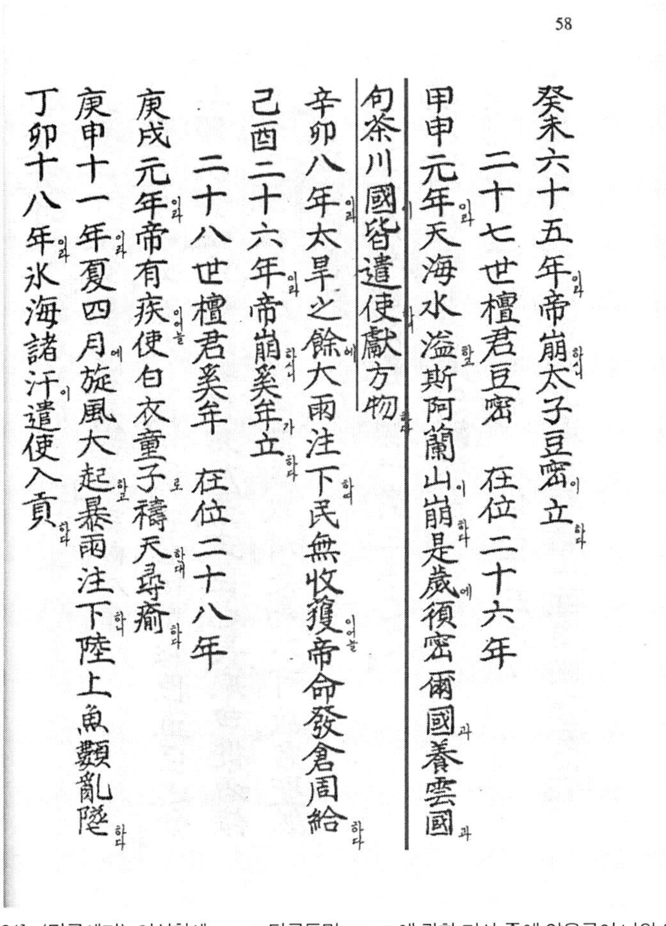

58

癸未六十五年帝崩太子豆密立
二十七世檀君豆密　在位二十六年
甲申元年天海水溢斯阿蘭山崩是歲須密爾國養雲國
句茶川國皆遣使獻方物
辛卯八年太旱之餘大雨注下民無收復帝命發倉周給
己酉二十六年帝崩癸年立
二十八世檀君癸年　在位二十八年
庚戌元年帝有疾使白衣童子禱天尋瘉
庚申十一年夏四月旋風大起暴雨注下陸上魚鼈亂墜
丁卯十八年冰海諸汗遣使入貢

[그림 081] 〈단군세기〉 이십칠세二十七世 단군두밀檀君豆密에 관한 기사 중에 양운국이 나와 있다. 광오이해사본(1979년) 사본

[해석解釋]

　두밀단군의 재위 원년은 갑신(甲申, 환기桓紀 6201년, 신시개천 2901년, 단군기원 1337년, BC 997년)이다. 천해天海의 물이 넘치고 사아란산斯阿蘭山이 무너졌다. 이 해에 수밀이국須密爾國, 양운국, 구다천국句茶川國이 모두 사신을 보내 방물

方物을 바쳤다.

12환국 중 두번째로 언급된 양운국은 환국이 배달국으로 개승된 이후 3천 년의 세월이 흐르도록 유지되고 있음을 사서의 기록을 통하여 알 수 있다. 십오세 단군에 이어 이십칠세 두밀단군조에서도 양운국에 대한 기사가 보이는 것은 양운군의 존속이 지속되고 있음을 보여 주고 있다. 역사의 기록에 나와 있는 환국의 12국에 대한 존재를 믿고 깊이 있는 연구가 계속되어야 할 것이다.

4) ≪진서≫ 양운국

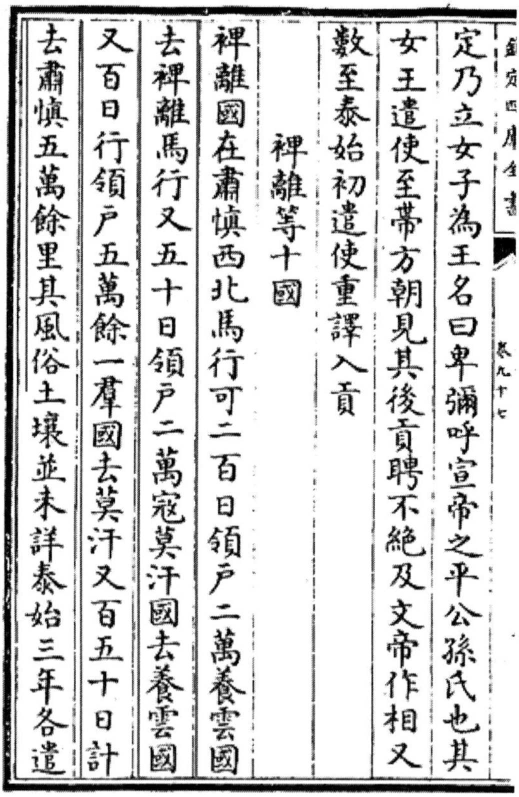
欽定四庫全書 卷九十七

定乃立女子為王名曰卑彌呼宣帝之平公孫氏也其
女王遣使至帶方朝見其後貢聘不絕及文帝作相又
數至泰始初遣使重譯入貢
裨離等十國
裨離國在肅慎西北馬行可二百日領戶二萬養雲國
去裨離馬行又五十日領戶二萬寇莫汗國去養雲國
又百日行領戶五萬餘一羣國去莫汗又百五十日計
去肅慎五萬餘里其風俗土壤並未詳泰始三年各遣

[그림 082] ≪진서≫ 권97 〈열전〉 〈사이전〉 양운국 기록

양운국養雲國에 대한 기록은 비리국卑離國에 대한 기록이 있었던 《진서》 〈사이전〉에 비리국을 기점으로 기록하고 있다.

[원문原文]

裨離國在肅愼西北, 馬行可二百日, 領戶二萬.
비 리 국 재 숙 신 서 북　마 행 가 이 백 일　령 호 이 만

養雲國去裨離馬行又五十日, 領戶二萬.
양 운 국 거 비 리 마 행 우 오 십 일　령 호 이 만

寇莫汗國去養雲國又百日行, 領戶五萬餘.
구 막 한 국 거 양 운 국 우 백 일 행　령 호 오 만 여

一羣國去莫汗又百五十日, 計去肅愼五萬餘里.
일 군 국 거 막 한 우 백 오 십 일　계 거 숙 신 오 만 여 리.

其風俗土壤並未詳.
기 풍 속 토 양 병 미 상.

[해석解釋]

비리국은 숙신肅愼의 서북西北쪽에 있는데 말馬을 타고 200일을 가며 가구의 수는 2만 호이다. 양운국은 비리국에서 말을 타고 50일을 가며 가구의 수는 2만 호이다. 구막한국寇莫汗國은 양운국에서 또 100일을 가며 가구의 수는 오만 호이다. 일군국一羣國은 구막한국寇莫汗國에서 또 150일을 가야 하며 숙신으로부터 5만 리의 거리이다. 그 풍속風俗과 토양土壤에 대해서는 모두 알려진바 없다.

진나라 시대에도 양운국이 건재하고 있었음을 중국사서에서 증명하고 있는 것이다. 비리국 바이칼호 근처에 생활 터전을 삼았던 브리야트공화국에서 50여 일 정도 더 서북쪽으로 이동한 터전이 양운국으로 추정된다.

[그림 083] 양운국 위치. 비리국에서 50일 정도 서북쪽으로 이동한 지역

5) 양운국에 대한 지리地理 자료

1996년 중국지도출판사中國地圖出版社에서 곽매약郭沫若이 주편主編한 ≪중국사고지도집中國史稿地圖集≫ 50페이지 서진시기형세西晉時期形勢, 282年) 지

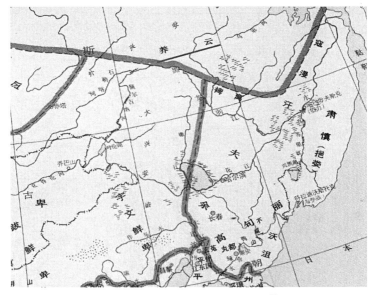

[그림 084] ≪중국사고지도집≫ 50쪽 양운養雲 지역이 표시되어 있다.

도에 고구려 땅 북쪽 끝에 양운養雲 지명이 나와 있다. 위 진서의 기록처럼 비리神离와 인접하고 있으며, 좀 더 서북쪽으로 진출해야 양운국의 터전이 나온다. 이 지도는 진서의 기록을 기준으로 작성된 것으로 사료된다. 진서의 기록이나 ≪중국사고지도집中國史稿地圖集≫의 기록에서 중요한 사항은 위치도 고려해 볼 수 있으나 국가의 존재를 확인할 수 있다는 것이다.

③ 구막한국(寇莫汗國, Gumakhan-guk)

12환국 중에서 세번째로 언급된 구막한국寇莫汗國에 대한 기록을 정리하여 보고자 한다. 먼저 ≪진서≫〈사이전〉에 비리국, 양운국과 더불어 구막한국寇莫汗國의 기록이 있다. 둘째 ≪진서≫〈숙신씨肅愼氏〉전에도 구막한국에 대한 기록이 있다. 세번째로 ≪중국사고지도집≫에서 찾아볼 수 있다.

[도표 028] 구막한국寇莫汗國 인용사서 목록

사서목록	저자	중요기록
진서 사이전	방현령 房玄齡	거리 등 위치 설명
진서 숙신씨肅愼氏	방현령 房玄齡	거리 등 위치 설명
중국사고지도집 中國史稿地圖集	곽매약 郭沫若	지도에 표기

1) ≪진서≫〈사이전〉의 구막한국寇莫汗國 기록

구막한국에 대한 기록은 비리국, 양운국에 대한 기록이 있었던, ≪진서≫〈사이전〉에 양운국을 기점으로 기록하고 있다.

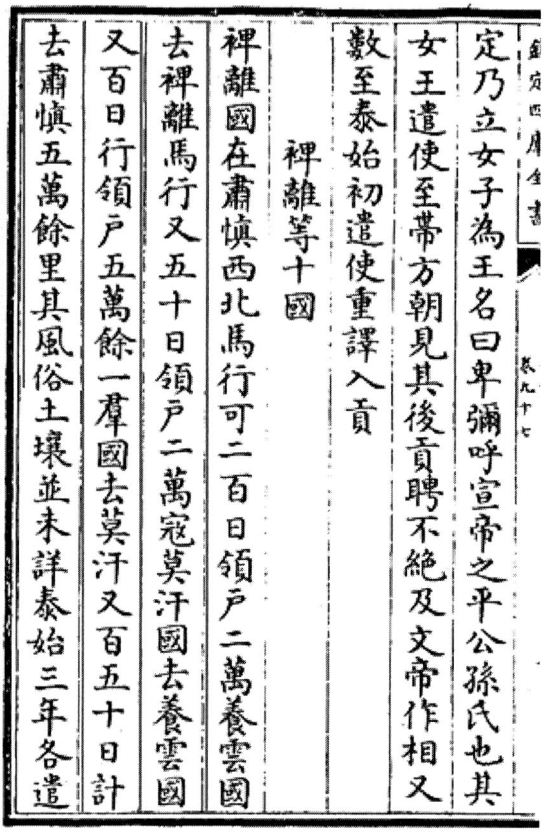

定乃立女子為王名曰卑彌呼宣帝之平公孫氏也其
女王遣使至帶方朝見其後貢聘不絕及文帝作相又
數至泰始初遣使重譯入貢
裨離等十國
裨離國在肅愼西北馬行可二百日領戶二萬養雲國
去裨離馬行又五十日領戶二萬寇莫汗國去養雲國
又百日行領戶五萬餘一羣國去莫汗又百五十日計
去肅愼五萬餘里其風俗土壤並未詳泰始三年各遣

[그림 085] ≪진서≫ 권97 〈열전〉 〈사이전〉 구막한국 기록

[원문原文]

裨離國在肅愼西北, 馬行可二百日, 領戶二萬.
비리국재숙신서북 마행가이백일 령호이만

養雲國去裨離馬行又五十日, 領戶二萬.
양운국거비리마행우오십일 령호이만

寇莫汗國去養雲國又百日行, 領戶五萬餘.
구막한국거양운국우백일행 령호오만여

一羣國去莫汗又百五十日, 計去肅愼五萬餘里.
일군국거막한우백오십일 계거숙신오만여리.

其風俗土壤並未詳.
기 풍 속 토 양 병 미 상.

[해석解釋]

　　비리국卑離國은 숙신肅愼의 서북쪽에 있는데 말을 타고 200일을 가며 가구의 수는 2만 호이다. 양운국은 비리국에서 말을 타고 50일을 가며 가구의 수는 2만 호이다. 구막한국은 양운국에서 또 100일을 가며 가구의 수는 5만 호이다. 일군국一群國은 구막한국에서 또 150일을 가야 하며 숙신肅愼으로부터 5만 리의 거리이다. 그 풍속과 토양에 대해서는 모두 알려진 바 없다.

　　위 기록에서 12환국의 국명이 후대의 정통사서에 기록되어 있다는 것과 중국의 기록에 기록되어 있다는 것은 ≪환단고기桓檀古記≫에 기록된 12국의 실존 여부를 증명하고 있는 중요한 사실이다.

2) ≪진서≫의 구막한국 기록

[원문原文]

肅愼氏一名挹婁, 在不咸山北
숙 신 씨 일 명 읍 루　재 불 함 산 북

去夫餘可六十日行.
거 부 여 가 육 십 일 행

東濱大海, 西接寇漫汗國, 北極弱水.
동 빈 대 해　서 접 구 만 한 국　북 극 약 수

[해석解釋]

　　숙신씨는 일명 읍루라고도 한다. 불함산의 북쪽에 있으며, 부여에서 60일을 가야 하는 거리이다. 동쪽으로는 바닷가에 닿아 있고, 서쪽으로는 구만한국寇漫汗國과 접하였으며, 북극으로 약수弱水에 닿아 있다.

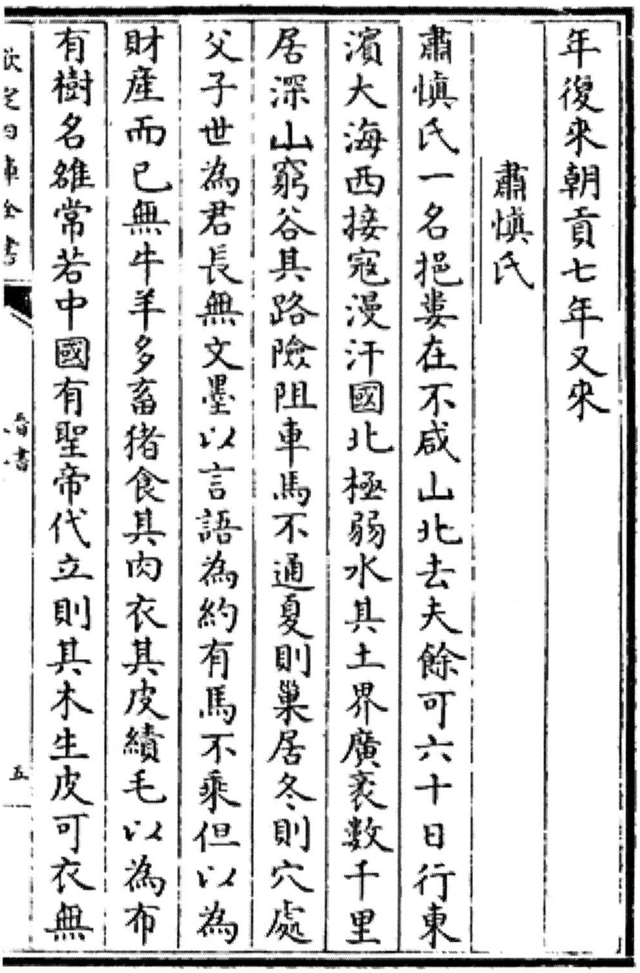

年復來朝貢七年又來

肅愼氏

肅愼氏一名挹婁在不咸山北去夫餘可六十日行東濱大海西接寇漫汗國北極弱水其土界廣袤數千里居深山窮谷其路險阻車馬不通夏則巢居冬則穴處父子世為君長無文墨以言語為約有馬不乘但以為財產而已無牛羊多畜猪食其肉衣其皮績毛以為布有樹名雒常若中國有聖帝代立則其木生皮可衣無

欽定四庫全書　晉書

[그림 086] ≪진서≫ 권卷97 〈열전〉 제第67 〈숙신씨전肅愼氏傳〉에 구만한국에 관한 자료가 있다.

≪진서≫ 권卷97 〈열전〉 제第67 〈숙신씨전肅愼氏傳〉에는 구만한국 기록이 있다.

여기에서 우리말은 한문으로 옮겨 적게 되는데 발음에 따라서 조금씩 다른 글자를 선택하여 기록하게 되는 경우가 많다. 구막한국을 구만한국寇漫汗國으로 기록한 것으로 추정된다. 구막과 구만은 발음상 비슷한 글자이다. 또한 소리나는 대로 받아쓴 기록으로 추정해 볼 때 같은 국가에 대한 기록으로 생각된다. 여기에서 "구막, 구만"은 후에 "구마, 고마"로 변화되었다.

3) 구막한국 에 대한 지리地理 자료

1996년 중국지도출판사中國地圖出版社에서 곽매약郭沫若이 주편主編한 ≪중국사고지도집中國史稿地圖集≫ 50페이지 서진시기형세(西晉時期形勢, 282年) 지도에 고구려땅 북쪽 끝에 구만한寇漫汗 이름이 나와 있다. 위 진서의 기록처럼 비리神离와 인접하고 있으며 좀 더 서북쪽으로 진출하면 양운국의 터전이 나오며, 그 동쪽으로 구막한국이 나온다.

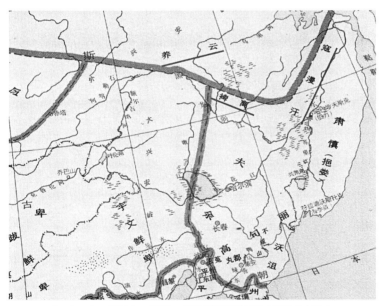

[그림 087] ≪중국사고지도집≫ 50쪽 구막한국 지역이 표시되어 있다.

≪중국사고지도집≫에는 비리神离, 양운養雲, 구만한寇漫汗 등이 지도 위치에 나와 있다. 이 지도는 고대 자료를 근거로 최근에 작성된 자료이다. 그러

나 중국 정사正史인 진서에 12환국 명이 나와 있다는 것은 매우 중요한 자료이다.

④ 구다천국勾茶川國 독로국瀆盧國

구다천국勾茶川國에 대한 기록은 〈태백일사〉〈환국본기〉에 상세하게 설명되어 있다. 또한, 〈단군세기〉 27세 두밀단군조에 기사화되어 있고, 셋째로 ≪삼국사기≫〈고구려본기〉 대무신왕 9년에 구다천국이 항복하게 되는 기사에 나오게 된다. 이는 ≪환단고기≫의 기록이 얼마나 역사적인 기록인지를 생각하게 한다. 사서에서 그 기록을 증명하고자 하는 부단한 노력들이 이루어져 역사의 정설로 자리 잡아야 한다.

[도표 029] 구다천국勾茶川國 인용 사서 목록

사서목록	저자	중요기록
태백일사 환국본기 太白逸史 桓國本紀	이맥	거리 위치 설명
단군세기 檀君世紀	행촌 이암	거리 위치 설명
삼국사기 고구려본기 三國史記 高句麗本紀	김부식	고구려에 항복 기사
삼국지 위서 동이전 三國志 魏書 東夷傳	진수 陳壽	독로국 기사

1) 〈태백일사〉〈환국본기〉 구다천국

먼저 이맥이 찬한 〈태백일사〉〈환국본기〉에 12환국을 설명하고, 구다국勾茶國에 대해서는 북개마대령北盖馬大嶺의 서쪽에 위치하며 옛 이름이 독로국濊盧國이라는 새로운 기사로 전하고 있다. 독로국濊盧國 시절에 오난하五難河에 터전을 하였던 직구다국稷臼多國, 즉 매구여국賣句餘國과 전쟁하여 승리하게 되고 직구다국稷臼多國, 매구여국賣句餘國이 금산金山 쪽으로 민족이동이되었으며, 쑥과 마늘이 특산물이라는 내용도 소개하고 있다.

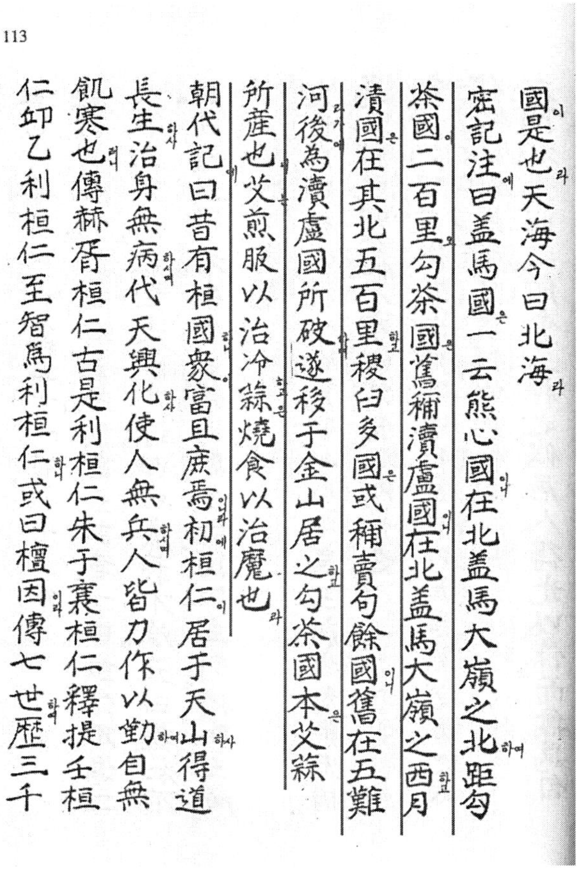

113

[그림 088] ≪환단고기≫ 광오이해사본(1979년) 〈태백일사〉 〈환국본기〉 구다천국勾茶川國 자료

[원문原文]

密記注에 曰 盖馬國은 一云 熊心國이니 在
밀 기 주   왈 개 마 국   일 운 웅 심 국   재

北盖馬大嶺之北하여 距勾茶國이 二百里오
북 개 마 대 령 지 북　　거 구 다 국　　이 백 리

勾茶國은 舊稱瀆盧國이니 在北盖馬大嶺之西하고
구 다 국　　구 칭 독 로 국　　재 북 개 마 대 령 지 서

月漬國은 在北五白里하고 稷臼多國은 或稱
월 지 국　　재 북 오 백 리　　직 구 다 국　　혹 칭

賣句餘國이니 舊在五難河라가 後에 爲瀆盧國
매 구 여 국　　구 재 오 난 하　　후　　위 독 로 국

所破하여 遂移金山居之하고 勾茶國本은 艾蒜所
소 파　　수 이 금 산 거 지　　구 다 국 본　　애 산 소

産也니 艾는 煎服以治冷하고 蒜은 燒食以治魔也라
산 야　　애　　전 복 이 치 랭　　산　　소 식 이 치 마 야

[해석解釋]

　〈삼성밀기三聖密記〉의 주注에 이렇게 기록되어 있다. "개마국盖馬國은 웅심국熊心國이라고도 하는데, 북개마대령北盖馬大嶺의 북쪽에 있다. 구다국句茶國과는 200리 떨어져 있다. 구다국句茶國은 옛날에 독로국瀆盧國이라고 칭하던 곳이다 북개마대령北盖馬大嶺의 서쪽에 있다. 월지국月漬國은 구다국句茶國으로부터 북쪽으로 500리에 있다. 직구다국稷臼多國은 혹 매구여국賣句餘國이라고도 하는데, 옛날에는 오난하五難河에 있었다. 후에 독로국瀆盧國에 공파攻破되어 마침내 금산金山으로 이동하여 거하게 되었다. 구다국句茶國은 본래 쑥(애, 艾)과 마늘(산, 蒜)이 나는 곳이다. 쑥은 달여서 먹으면 냉冷을 고치고, 마늘은 구워먹으면 마귀魔鬼를 물리친다."고 하였다.

　위 사료의 중요한 가치는 다음과 같다.

　첫째, 구다국句茶國, 구다천국句茶川國, 독로국瀆盧國이란 이름으로 존재했던 12환국의 4번째 나라를 공식화하고 있다는 것이다. 12환국의 존재 증명은 상고사를 밝히는 중요한 연구이다.

　둘째, 구다천국句茶川國의 위치이다. 북개마대령北盖馬大嶺의 서쪽에 위치

하고 있다는 내용이다. 지구의 문명사에서 중요한 분수령이 되는 것은 강江과 산맥山脈이다. 강과 산맥으로 사람의 왕래가 단절되어 문화가 다르게 형성되고 기후가 달라지고 더불어 풍속이 달라져 결국에는 언어가 달라진다. 한반도 8도에도 사투리가 있어 언어가 달라지듯이 산맥과 강을 중심으로 역사를 연구하는 것도 역사의 진실에 가깝게 연구하는 것이라 사료된다. 그럼 여기에서 북개마대령北盖馬大嶺은 어디인가? 만주벌판과 몽고초원을 가로막고 있는 대홍안령산맥大興安嶺山脈이 북개마대령北盖馬大嶺으로 추정된다.

대홍안령산맥大興安嶺山脈은 길이 약 1,500km. 전반적으로 해발고도 1,000m 내외이며 1,500m 정도의 잔구상 봉우리가 많다. 낙엽송 · 자작나무 등의 수림으로 구성되어 있다. 산맥의 폭은 북쪽이 306km로 남쪽의 97km보다 훨씬 넓다. 산맥은 주요한 기후 경계를 형성한다. 동쪽은 남동풍이 불어와 상대적으로 습한 기후인 반면, 서쪽은 건조한 지방이다. 산맥의 북부는 겨울의 기온은 -28℃까지 떨어지고 많은 지역이 영구 동토층이다. 이 지역의 고산

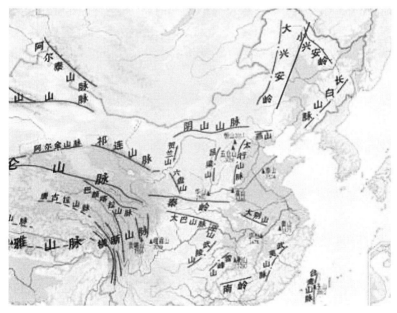

[그림 089] 중국주요산맥분포中國主要山脈分布 대흥안령산맥大興安嶺山脈

지대는 낙엽송, 자작나무, 사시나무, 소나무 숲과 관목으로 덮여 있다. 산맥의 중앙부를 빈주濱州철도가 횡단한다. 북부 지역에는 소수의 오로촌족族이 수렵 목축을 하면서 이동생활을 한다. 북단부에서 흑룡강黑龍江 연안을 따라 그 지맥인 소흥안령산맥小興安嶺山脈이 뻗어 있다.

몽골어 발음은 싱안다바한(산신령이란 뜻)이다. 당나라 시기에는 금산金山이라 불렸고 원나라와 명나라 시대에는 하츠온산이라 불리웠다. 청나라 시대에 이르러 대흥안령이라 불리게 되어 오늘에 이르게 되었다.

2) 〈단군세기檀君世紀〉 구다천국勾茶川國 기록

[원문原文]

甲申元年이라.
갑 신 원 년

天海水溢하고 斯阿蘭山이 崩하다.
천 해 수 일　　사 아 란 산　　붕

是歲에 須密爾國과 養雲國과 句茶川國이
시 세　　수 밀 이 국　　양 운 국　　구 다 천 국

皆遣使하여 獻方物하다.
개 견 사　　　헌 방 물

[해석解釋]

27세 두밀단군 재위 원년은 갑신(환기 6201년, 신시개천 2901년, 단군기원 1337년 BC 997년)년이다. 천해天海[29]의 물이 넘치고 사아란산斯阿蘭山이 무너졌다. 이해에 수밀이국須密爾國, 양운국, 구다천국句茶川國이 모두 사신을 보내 방문方物을 바쳤다.

---

[29] 천해(天海)와 관련해 환국(桓國)의 강과 호수에 대해서 제4장에서 별도로 상세하게 설명하고자 한다. 여기에서 천해는 바이칼호이다.

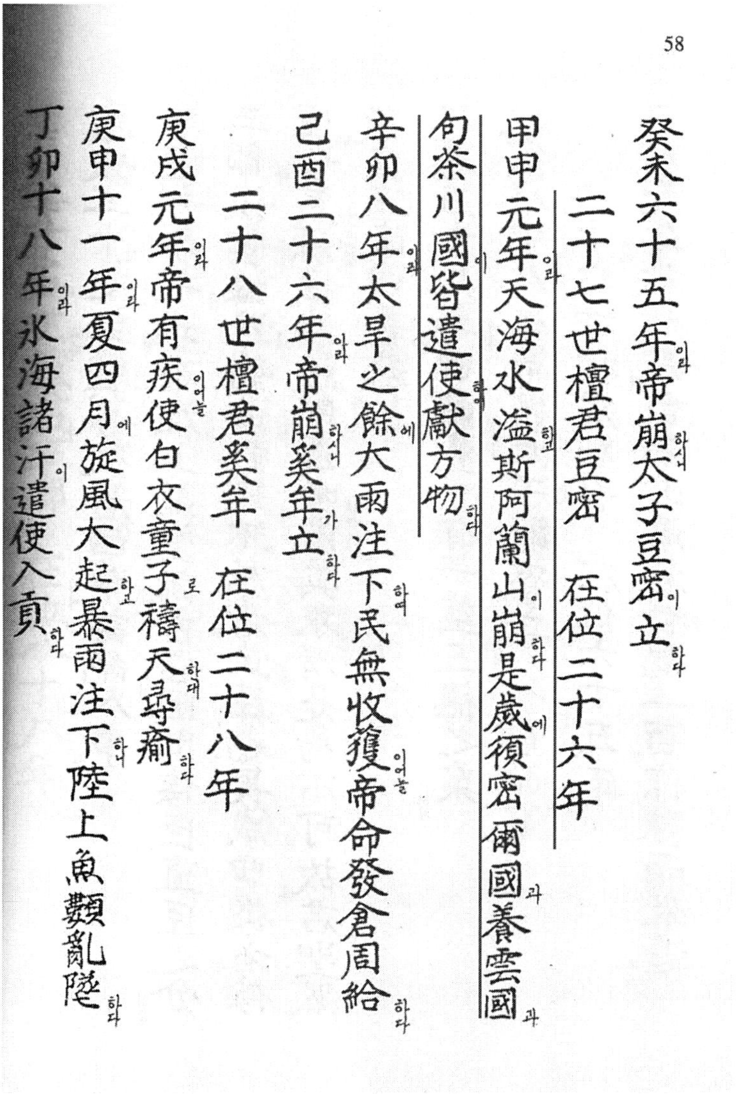
58

癸未六十五年이라 帝崩하시니 太子豆密이 立하다

二十七世檀君豆密 在位二十六年

甲申元年이라 天海水溢하고 斯阿蘭山이 崩하다 是歲에 須密爾國과 養雲國과

句茶川國이 皆遣使하야 獻方物하다

辛卯八年이라 太旱之餘에 大雨注下하여 民無收穫이어늘 帝命發倉周給하다

己酉二十六年이라 帝崩하시니 奚牟가 立하다

二十八世檀君奚牟 在位二十八年

庚戌元年이라 帝有疾이어늘 使白衣童子로 禱天하대 尋瘉하다

庚申十一年이라 夏四月에 旋風大起하고 暴雨注下하니 陸上魚類亂墜하다

丁卯十八年이라 氷海諸汗이 遣使入貢하다

[그림 090] ≪환단고기≫ 광오이해사본(1979년) 〈단군세기〉 구다천국勾茶川國 자료

위 단군세기의 기록은 환국기원 6201년의 세월이 흐른 시기였다. 이때에도 구다천국이 존재하고 있었으며, 단군조선의 관경 속에서 나라를 존속시키고 있었으나, 그로부터 1000여 년 후인 대무신왕 9년인 서기 26년에 항복

하게 되어 역사속으로 사라지게 된다. 여기에서 언급되고 있는 사아란산斯阿蘭山은 어디인가? 러시아 영토 내에 있는 사얀산맥(Sayansky Khrebet)이다.

[그림 091] 사아란산斯阿蘭山 사얀산맥(Sayansky Khrebet) 전경

사얀산맥은 총길이 1,750km. 평균 해발고도 2,000∼3,000m. 최고봉은 문크사르디크산(3,491m). 동東)사얀(길이 1,100km)과 서西사얀(650km)으로 나뉜다. 동東사얀산맥의 동부에서 발원한 안가라강의 지류와 예니세이강의 상류는 서西사얀산맥의 중남부를 횡단한다. 사얀산맥은 러시아 부리야트 공화국(옛 비리국으로 추정되는 지역에 있는 산맥이다. 바이칼 호수의 남서쪽에 위치하며, 이르츠쿠츠크로부터 320km 지점에 위치하는 무크사르크 마을을 중심으로 국립공원으로 지정된 곳이다. 사얀산맥은 오래 전부터 신성한 곳으로 인정되어 수도자들이 많이 찾는 곳으로도 알려져 있다. 보통은 이르츠쿠츠크에서 4~7시간을 걸려 자동차로 접근하거나 이르츠쿠츠크역에서 관광열차를 타고 2시간 동안 바이칼 호반을 달려 슬로잔카역에 도착하여 다시 자동차로 2시간 정도 가게 된다.

3) ≪삼국사기三國史記≫〈고구려본기高句麗本紀〉

[그림 092] 1537년에 인쇄된 옥산서원본 보물 제525호로 ≪삼국사기≫〈고구려본기〉 대무신왕 9년
에 구다국句茶國왕 관련 역사 기록이 보인다.

[원문原文]

九年 冬十月 王親征蓋馬國 殺其王 慰安百姓
구 년 동 십 월 왕 친 정 개 마 국 살 기 왕 위 안 백 성

毋虜掠 但以其地爲郡縣 十二月 句茶國王
무 노 략 단 이 기 지 위 군 현 십 이 월 구 다 국 왕

聞蓋馬滅 懼害及己 擧國來降 由是拓地浸廣
문 개 마 멸 구 해 급 기 거 국 래 강 유 시 탁 지 침 광

　　고구려 대무신왕 9년(서기 26년) 겨울 10월, 임금은 직접 개마국蓋馬國을 정벌하여 그 왕을 죽였다. 하지만 그곳의 백성들을 위로하고 자기 군사들에게 노략질하지 않도록 하였다. 다만 그 지역만 따로 군현으로 삼았다. 12월, 구다국句茶國왕이 개마국蓋馬國이 멸망했다는 소식을 듣고, 자기에게도 화가 미칠까 두려워하여 나라를 들어 항복하였다. 이로 말미암아 고구려의 개척 지역이 점점 넓어졌다.

　　《삼국사기》〈고구려본기〉에 대무신왕 9년 구다국句茶國에 대한 역사기록이 나온다. 《삼국사기》의 기록을 살펴보면 12환국 중 하나로 존속되었던 구다천국句茶川國이 7223년을 존속하다가 고구려국 대무신왕 9년에 이르러 항복함으로써 고구려에 통합되게 되었다는 역사적인 기록이 나온다. 이런 연관성을 《환단고기桓檀古記》를 위서僞書로 취급하고 연구조차 하지 않는 것이 우리나라 현실이다.

4) 구다국句茶國의 옛 이름 독로국瀆盧國

　　《삼국지》는 서진의 진수陳壽가 쓴 중국 삼국시대의 정사이다. 후한의 운세가 기울기 시작하던 184년부터 진나라의 사마염이 천하를 통일하는 280년까지 96년의 기록을 담고 있다. 《삼국지》에 독로국瀆盧國의 기록이 있다. 고구려본기의 기록에 의하면 대무신왕 9년(서기 26년) 겨울 10월에 구다국왕이 항복하게 되는 기사가 있다. 그로부터 150여 년의 역사 기록 속에 구다국의 옛이름인 독로국의 이름으로 기록되어 있다. 《삼국지》〈위지魏志〉권삼십십卷三十,〈오환선비동이전제烏丸鮮卑東夷傳第〉〈한韓〉,〈변진弁辰〉에 나와 있다.

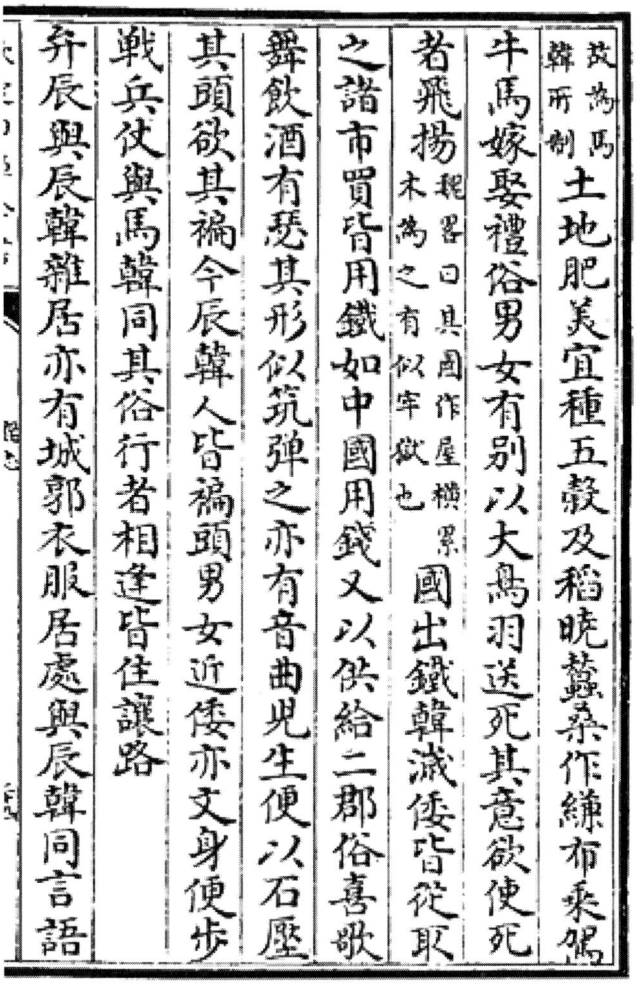
故為馬韓所制土地肥美宜種五穀及稻曉蠶桑作縑布乘駕
牛馬嫁娶禮俗男女有別以大鳥羽送死其意欲使死
者飛揚魏略曰其國作屋橫累木為之有似牢獄也國出鐵韓濊倭皆從取
之諸市買皆用鐵如中國用錢又以供給二郡俗喜歌
舞飲酒有瑟其形似筑彈之亦有音曲兒生便以石壓
其頭欲其褊今辰韓人皆褊頭男女近倭亦文身便步
戰兵仗與馬韓同其俗行者相逢皆住讓路
弁辰與辰韓雜居亦有城郭衣服居處與辰韓同言語

[그림 093] ≪삼국지≫ 〈위지魏志〉 권삼십卷三十

[원문原文]

弁辰與辰韓雜居, 亦有城郭. 衣服居處與辰韓同.
변 진 여 진 한 잡 거 역 유 성 곽 의 복 거 처 여 진 한 동

言語法俗相似, 祠祭鬼神有異, 施竈皆在戶西.
언 어 법 속 상 사 사 제 귀 신 유 이 시 조 개 재 호 서

其瀆盧國與倭接界. 十二國亦有王, 其人形皆大.
기독로국여왜접계 십이국역유왕 기인형개대

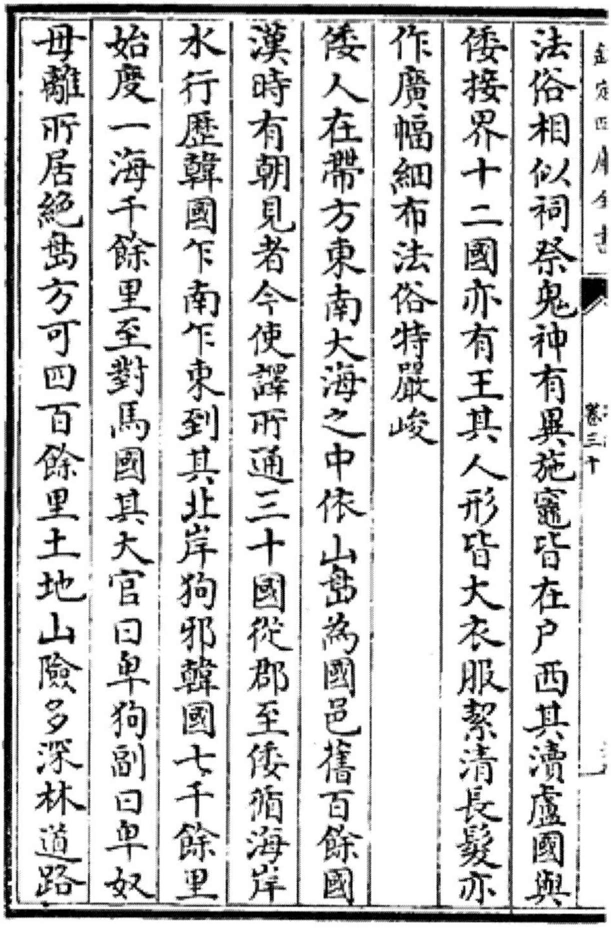
欽定四庫全書 卷三十

法俗相似祠祭鬼神有異施竈皆在户西其瀆盧國與
倭接界十二國亦有王其人形皆大衣服絜清長髮亦
作廣幅細布法俗特嚴峻
倭人在帶方東南大海之中依山島為國邑舊百餘國
漢時有朝見者今使譯所通三十國從郡至倭循海岸
水行歷韓國乍南乍東到其北岸狗邪韓國七千餘里
始度一海千餘里至對馬國其大官曰卑狗副曰卑奴
母離所居絶島方可四百餘里土地山險多深林道路

[그림 094] ≪삼국지≫ 〈위지〉 권삼십

[해석解釋]

변진弁辰, 즉 변한 사람들은 진한辰韓사람들과 '섞이어서(雜) 살고(居) 있었는데, 역시 성곽城郭이 있었다. 의복衣服과 거처居處는 진한辰韓사람들과 동일하였다. 언어言語와 법속法俗은 서로(相) 비슷(似)하였다. 귀신鬼神을 모시는 제사祭祀는 약간의 차이가 있었다.

불(火)을 때는 부엌 또는 아궁이(灶)는 대개 집(戶)의 서西에 있었다. **독로국瀆盧國**은 왜倭와의 접계接界에 있었다. 변진弁辰의 12국 모두가 역시 왕王이 있었는데, 그 나라 사람은 외형은 대개가 컸다.

위 역사 기록에 대해서 많은 학설들이 있다. 대흥안령산맥大興安嶺山脈에서 거주하다가 서기 26년 대무신왕 9년에 항복하여 고구려에 복속하게 된다. 그러나 그 일파가 한반도 남쪽으로 이주하여 반도삼한半島三韓을 형성할 때 변한의 독로국으로 거제도(다산 정약용설)나 부산동래를 거점으로 건국하였다고 추정한다. 서기 26년에 구다국句茶國 왕이 항복하고 그 일파가 한반도 남쪽으로 이주하여 새롭게 거주하면서 구다국句茶國의 옛 이름인 독로국瀆盧國을 국명으로 한 것으로 추정된다.

⑤ 일군국—羣國

12환국 중에서 다섯번째인 일군국—羣國은 세 가지 사서의 기록을 살펴볼 수 있다. 먼저 중국측 사료인 ≪진서≫ 〈사이전〉에 기록되어 있으며 거리와

[도표 030] 일군국—羣國 인용 사서 목록

사서 목록	저자	중요 기록
진서 사이전 晋書 四夷傳	방현령 房玄齡	거리 등 위치 설명
단군세기 檀國世紀	이암 李嵒	21세 소태단군 때 조공 기록
북부여기 北夫餘記	복애거사 범장	조공 기록

위치가 소개되어 있습니다. 두번째는 〈단군세기檀國世紀〉 기록에 조공한 기록이 있으며, 세번째는 〈북부여기北夫餘記〉 기록에 마지막으로 등장한다. 그 이후의 역사 기록에서는 사라진다.

1) ≪진서≫ 〈사이전〉의 일군국–羣國 기록

일군국–羣國에 대한 기록은 비리국卑離國, 양운국, 구막한국寇莫汗國에 대한 기록이 있었던, ≪진서≫ 〈사이전〉에 구막한국을 기점으로 기록하고 있다.

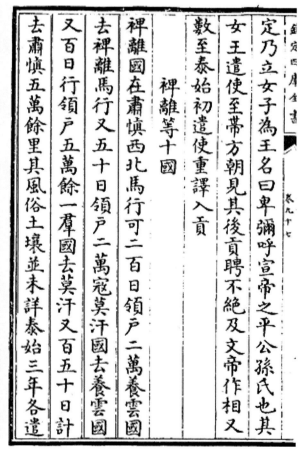

[그림 095] ≪진서≫ 권97 〈열전〉 〈사이전〉 일군국–羣國 기록

裨離國在肅愼西北, 馬行可二百日, 領戶二萬.
비 리 국 재 숙 신 서 북　마 행 가 이 백 일　령 호 이 만

養雲國去裨離馬行又五十日, 領戶二萬.
양 운 국 거 비 리 마 행 우 오 십 일　령 호 이 만

寇莫汗國去養雲國又百日行, 領戶五萬餘.
구 막 한 국 거 양 운 국 우 백 일 행　령 호 오 만 여

一羣國去莫汗又百五十日, 計去肅愼五萬餘里.
일 군 국 거 막 한 우 백 오 십 일　계 거 숙 신 오 만 여 리.

其風俗土壤並未詳.
기 풍 속 토 양 병 미 상.

　비리국卑離國은 숙신肅愼의 서북쪽에 있는데 말을 타고 200일을 가며 가구의 수는 2만 호이다. 양운국은 비리국에서 말을 타고 50일을 가며 가구의 수는 2만 호이다. 구막한국은 양운국에서 또 100일을 가며 가구의 수는 5만 호이다. **일군국**一群國은 구막한국에서 또 150일을 가야하며 숙신肅愼으로부터 5만 리의 거리이다. 그 풍속과 토양에 대해서는 모두 알려진 바 없다.

　결론적으로 ≪진서≫〈사이전〉은 비리국裨離國, 양운국, 구막한국, 일군국一羣國의 존재를 증명하고 있다는 점이다. 12환국 중 동북아시아에 터전을 두고 있던 4대 환국을 위치와 거리로 증명하고 있는 사실은 ≪환단고기≫ 등 고대사서를 국가적인 차원에서 연구해야 한다는 점을 명확히 하고 있는 것이다.

2) 단군세기 이십일세二十一世 단군소태檀君蘇台

　행촌 이암(李嵒, 1297~1364)이 찬한 단군세기에 12환국 중에서 다섯번째로

언급된 일군국一群國에 대한 기록이 남아 있다.

甲辰元年이라. 殷主小乙이 遣使入貢하다.
갑 진 원 년　　　　은 주 소 을　　　견 사 입 공

庚寅四十七年에
경 인 사 십 칠 년

殷主武丁이 旣勝鬼方하고 又引大軍하여
은 주 무 정　　　기 승 귀 방　　　　우 인 대 군

侵攻索度令支等國하고 爲我大敗하고
침 공 삭 도 영 지 등 국　　　위 아 대 패

請和入貢하다.
청 화 입 공

壬辰四十九年이라 蓋斯原褥薩高登이 潛師하여
임 진 사 십 구 년　　　개 사 원 욕 살 고 등　　잠 사

襲鬼方滅之하니 一羣養雲二國이 遣使朝貢하다.
습 귀 방 멸 지　　　일 군 양 운 이 국　　　견 사 조 공

於是에 高登이 手握重兵하여 經畧西北地하니
어 시　　　고 등　　수 악 중 병　　　　경 략 서 북 지

勢甚强盛이라 遣人하여 請爲右賢王이어늘
세 심 강 성　　　견 인　　　청 위 우 현 왕

帝憚之不允이라가 屢請乃許하고 號爲豆莫婁라.
제 탄 지 불 윤　　　　누 청 내 허　　　호 위 두 막 루

　소태단군의 재위 원년은 갑진(환기 5861년, 신시개천2561년, 단기 997년, BC 1337
년)이다. 은나라 왕 소을(小乙, 21世)이 사신을 보내 조공을 바쳤다. 재위 47년
경인(단기 1043년, BC 1291년)에 은나라 왕 무정(武丁, 22世)이 전쟁을 일으켜 이미
귀방鬼方을 물리치고 나서 다시 대군을 이끌고 삭도索度, 영지令支 등의 나라

를 침공하다가 우리 군사에게 대패하여 화친을 청하고 조공을 바쳤다. 재위 49년 임진(단기 1045년, BC 1289년)에 개사원蓋斯原, 욕살褥薩, 고등高登이 몰래 군사를 이끌고 귀방을 공격하여 멸망시키자 **일군**一羣, 양운養雲 두 나라가 사신을 보내 조공을 바쳤다. 이때 고등이 대군을 장악하고 서북 지방을 경략하니 세력이 더욱 강성해졌다. 고등이 단군께 사람을 보내어 우현왕右賢王이 되기

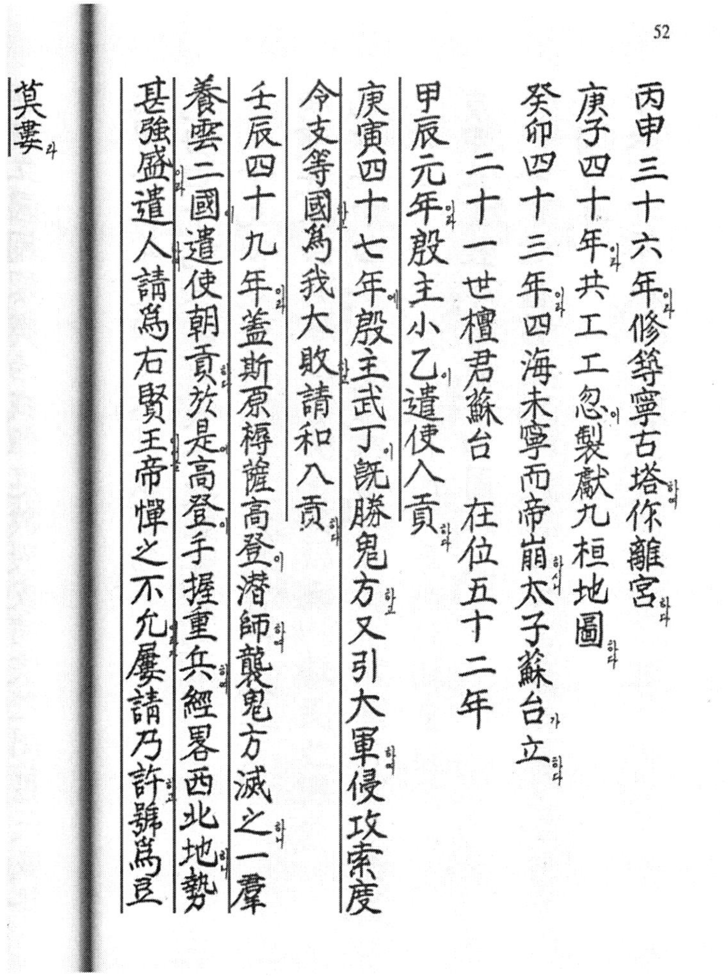

52

莫來4

丙申三十六年修鐸寧古塔佽離宮

庚子四十年共工忽製獻九桓地圖

癸卯四十三年四海未寧而帝崩太子蘇台立

二十一世檀君蘇台 在位五十二年

甲辰元年殷主小乙遣使入貢

庚寅四十七年殷主武丁旣勝鬼方又引大軍侵攻索度

壬辰四十九年蓋斯原褥薩高登潜師襲鬼方滅之一羣

今支等國爲我大敗請和入貢

養雲二國遣使朝貢於是高登手握重兵經畧西北地勢

甚强盛道人請爲右賢王帝憚之不允屢請乃許驍爲豆

[그림 096] 〈단군세기〉 이십일세二十一世 단군소태檀君蘇台에 관한 기사 중에 일군국一羣國이 나와 있다.

를 주청하였다. 단군께서 꺼리시며 윤허하지 않으시다가 거듭 청하므로 윤허하시고 두막루豆莫婁이라 불렀다.

임진(단기 1045년, BC 1289년)에 일군국—羣國에서 사신을 보내 조공을 바쳤다는 기록은 이 당시에도 일군국이 존속되고 있다는 역사적 기록이다.

환국과 배달국 이후에 단군조선시대에도 조공을 하였다 함은 오랜 역사에서 지속적으로 나라를 유지하였다는 역사기록이다.

3) 〈북부여기北夫餘記〉 3세 단군三世 檀君

복애거사 범장이 찬한 〈북부여기北夫餘記〉에 12환국으로 언급된 일군국—羣國에 대한 기록이 남아 있다. 삼세 단군 고해사 재위 사십구년(三世 檀君 高奚 斯 在位 四十九年) 기록을 살펴보고자 한다.

[원문原文]

壬申元年이라
임 신 원 년

正月에 樂浪王 崔崇이 納穀三百石于海城하다
정 월 낙 랑 왕 최 숭 납 곡 삼 백 석 우 해 성

先時에 崔崇이 自樂浪山으로 載積珍寶而渡海하여
선 시 최 숭 자 낙 랑 산 재 적 진 보 이 도 해

至馬韓하여 都王儉城하니
지 마 한 도 왕 검 성

是檀君解慕漱 丙午冬也라.
시 단 군 해 모 수 병 오 동 야

癸丑四十二年이라 帝躬率步騎一萬하여
계 축 사 십 이 년 제 궁 솔 보 기 일 만

破衛賊於南閭城하시고 置吏하다.
파 위 적 어 남 려 성 치 리

庚申四十九年이라
경신 사십구년

一羣國이 遣使 獻方物하다.
일군국　견사 헌방물

是歲九月에 帝崩하시니 太子高于婁가 立하다.
시세구월　제붕　　태자고우루　입

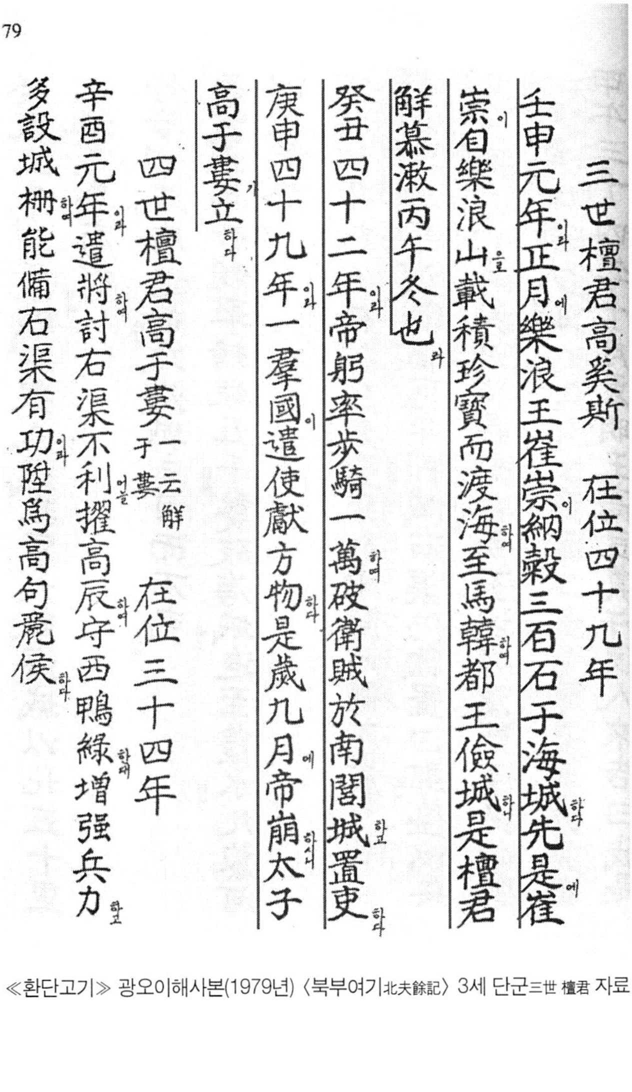

79

三世檀君高奚斯 在位四十九年

壬申元年正月樂浪王崔崇納穀三百石于海城先是崔

崇自樂浪山載積珍寶而渡海至馬韓都王儉城是檀君

鮮慕漱丙午冬也

癸丑四十二年帝躬率步騎一萬破衛賊放南閭城置吏

庚申四十九年一羣國遣使獻方物是歲九月帝崩太子

高于婁立

四世檀君高于婁 于婁一云解 在位三十四年

辛酉元年遣將討右渠不利擢高辰守西鴨綠增强兵力

多設城柵能備石渠有功陞爲高句麗侯

[그림 097] ≪환단고기≫ 광오이해사본(1979년) 〈북부여기北夫餘記〉 3세 단군三世 檀君 자료

고해사단군의 재위 원년은 임신(환기 7029년, 신시개천 3729년, 단기 2165, BC 169) 년이다. 정월에 낙랑 왕 최숭崔崇이 해성에 곡식 3백 석을 바쳤다. 이보다 먼저 최숭은 낙랑산樂浪山에서 진귀한 보물을 싣고 바다를 건너 마한馬韓에 이르러 왕검성王儉城에 도읍하였다. 이 때는 해모수단군 재위 45년 병오(BC 195) 년 겨울이었다.

재위 42년 계축(단기 2206년, BC 128년)에 단군께서 친히 보병과 기병 1만명을 거느리고 남려성南閭城에서 도적 위만을 격퇴하고 관리를 두어 다스리게 하셨다.

재위 49년 경신(환기 7077, 신시개천 3777, 단기 2213, BC 121)년에 일군국一羣國에서 사절을 보내 방물을 바쳤다. 이 해 9월에 고해사단군께서 붕어 하셨다. 태자 고우루高于婁께서 즉위 하셨다.

〈단군세기檀國世紀〉 일군국一羣國 기록은 BC 1289년, 〈북부여기北夫餘記〉의 일군국一羣國 기록은 BC 121년, ≪진서≫〈사이전〉의 일군국一羣國 기록은 AD 644년이다. 그 이후의 역사 기록은 찾을 수가 없다. ≪진서≫기록까지는 존재했음을 증명하는 것이다.

⑥ 우루국虞婁國, 필나국畢那國

12환국 중에서 여섯번째인 우루국虞婁國 혹은 필나국 畢那國[30]은 세 가지 사서의 기록을 살펴볼 수 있다. 먼저 중국측 사료인 ≪신당서新唐書≫〈북적전

---

30 필나국(畢那國)은 ≪환단고기≫ 광오이해사본(1979년) 태백일사에 기록되어 있다. 그러나 ≪환단고기≫배달의숙본(1983년)에는 비나국(卑那國)으로 되어 있다. 두 기록이 상이하여 두 가지 판본에 기록된두 2가지 국명으로 찾아 보았다.

사서목록	저자	중요기록
신당서 新唐書	구양수 歐陽脩	우루부 虞婁部
단군세기 檀君世紀	행촌 이암	우루국 투항기록
대진국본기 大辰國本紀	일십당 이맥	우루국 공략

北狄傳)에 우루국의 기록이 있다. 둘째는 〈단군세기〉 15세世 단군檀君 때에 우루국虞婁國의 기록이 있다. 세번째로 〈태백일사〉 〈대진국본기大辰國本紀〉에 우루국虞婁國의 기록이 있다.

1) ≪신당서新唐書≫ 〈북적전北狄傳〉 〈흑수말갈전黑水靺鞨傳〉

[원문原文]

黑水西北又有思慕部, 益北行十日郡利部,
흑 수 서 북 우 유 사 모 부　익 북 행 십 일 군 리 부

東北行十日得窟說部, 亦號屈設,
동 북 행 십 일 득 굴 열 부　역 호 굴 설

稍東南行十日得莫曳皆部, 又有拂涅,
초 동 남 행 십 일 득 막 예 개 부　우 유 불 열

虞婁, 越喜, 鐵利等部
우 루　월 희　철 리 등 부

[해석解釋]

흑수黑水의 서북쪽에 또 사모부思慕部가 있으며, 북쪽으로 10일을 더 가면 군리부郡利部가 있다. 동북으로 10일을 가면 굴열부窟說部가 있으며, 혹은 굴설屈設이라 부른다.

동남쪽으로 10여 일을 가면 막예개부莫曳皆部를 만난다. 또 불열拂涅, 우루虞婁, 월희越喜, 철리등부鐵利等部가 있다.

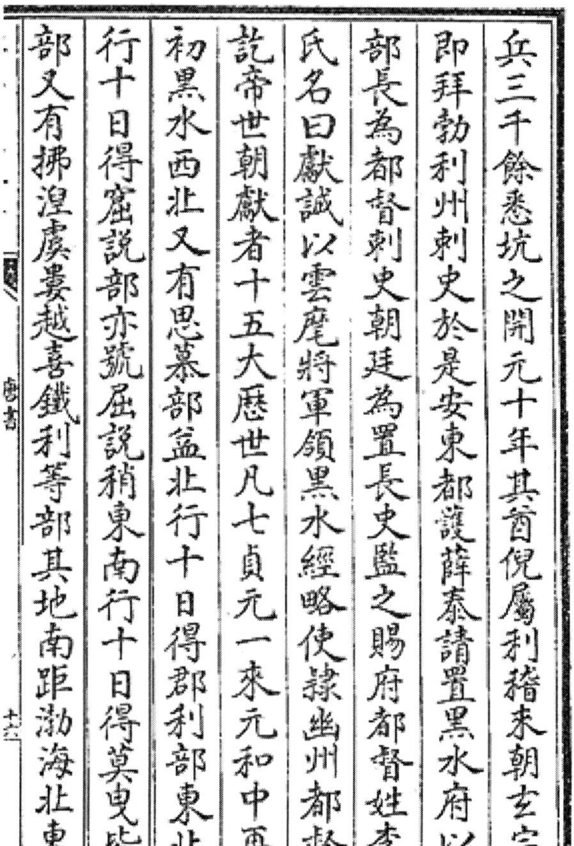
兵三千餘悉坑之開元十年其酋倪屬利稽來朝玄宗
即拜勃利州刺史於是安東都護薛泰請置黑水府以
部長為都督刺史朝廷為置長史監之賜府都督姓李
氏名曰獻誠以雲麾將軍領黑水經略使隸幽州都督
訖帝世朝獻者十五大曆世凡七貞元一來元和中再
初黑水西北又有思慕部益北行十日得郡利部東北
行十日得窟說部亦號屈說稍東南行十日得莫曳皆
部又有拂涅虞婁越喜鐵利等部其地南距渤海北東

[그림 098] ≪신당서新唐書≫ 〈북적전北狄傳〉 〈흑수말갈전黑水靺鞨傳〉 219권에 우루虞婁에 대한 기록이 남아 있다.

중국中國 기전체紀傳體 사서인 24사二十四史 가운데 하나인 ≪신당서新唐書≫는 1004~1060년 동안 집필되어 17년에 걸쳐 완성하였다. 북송北宋의 구양수歐陽脩 등이 편찬하였다. ≪신당서新唐書≫ 권219 〈북적전北狄傳〉, 〈흑수말갈전黑水靺鞨傳〉에 우루부虞婁部 기록이 나와 있다.

2) 〈단군세기〉 십오세十五世 단군대음檀君代音

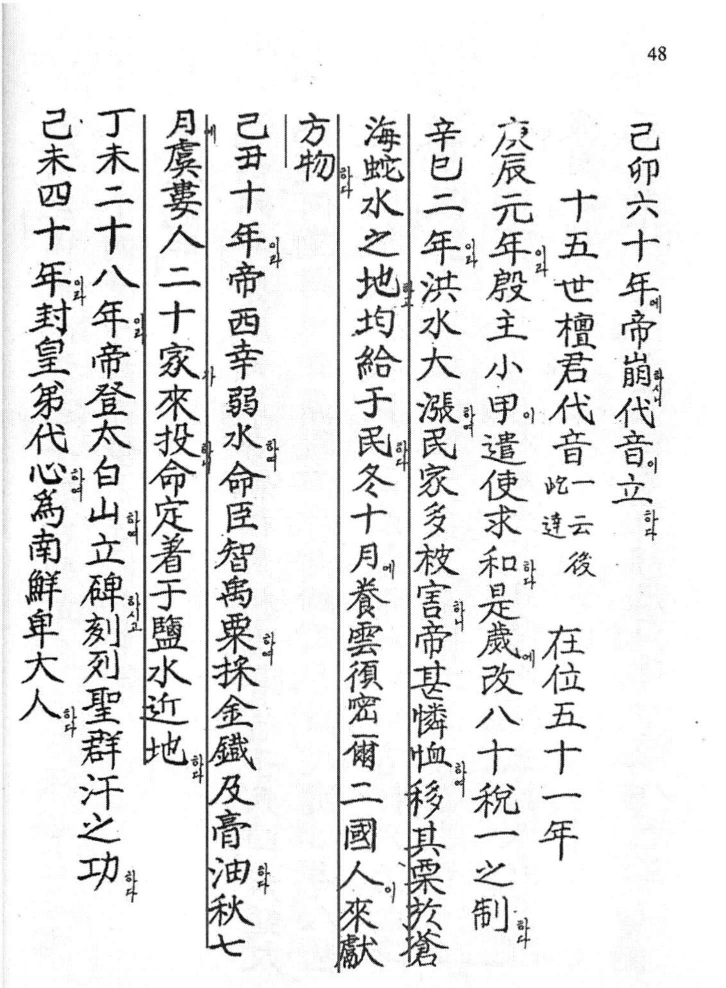
48

己卯六十年에帝崩하시니代音이立하다

十五世檀君代音 一云後屹達 在位五十一年

庚辰元年이라殷主小甲이遣使求和하다是歲에改八十稅一之制하다

辛巳二年이라洪水大漲하여民家多被害帝甚憐恤하여移其粟於蒼海蛇水之地로均給于民하다冬十月에養雲須密爾二國人이來獻方物하다

己丑十年이라帝西幸弱水하여命臣智禹粟하여採金鐵及膏油하다秋七月에虞婁人二十家가來投하니命定着于鹽水近地하다

丁未二十八年이라帝登太白山하여立碑하시고刻列聖群汗之功하다

己未四十年이라封皇弟代心하여爲南鮮卑大人하다

[그림 099] 〈단군세기〉 십오세十五世 단군대음檀君代音에 관한 기사 중에 우루국虞婁國이 나와 있다.

행촌 이암(李嵒, 1297~1364)이 찬한 〈단군세기〉에 12환국 중에서 여섯번째로 언급된 우루국虞婁國에 대한 기록이 남아 있다.

[원문原文]

辛巳二年이라
신 사 이 년

洪水大漲하여 民家多被害하니 帝甚撚恤하여
홍 수 대 창　　민 가 다 피 해　　제 심 연 휼

移其粟於蒼海蛇水之地하고 均給于民하다.
이 기 속 어 창 해 사 수 지 지　　균 급 우 민

冬十月에 養雲須密爾二國人이 來獻方物하다.
동 시 월　　양 운 수 밀 이 이 국 인　　내 헌 방 물

己丑十年이라 帝西幸弱水하여
기 축 십 년　　제 서 행 약 수

命臣智禹粟하여 採金鐵及膏油하다.
명 신 지 우 속　　채 금 철 급 고 유

秋七月에 虞婁人二十家가 來投하니
추 칠 월　　우 루 인 이 십 가　　내 투

命定着于鹽水近地하다.
명 정 착 우 염 수 근 지

[해석解釋]

　재위 2년 신사(단군기원 674년, BC 1660년)년에 홍수가 크게 나서 민가에 많은 피해를 주었다. 단군께서 심히 불쌍히 여기시어 곡식을 창해蒼海 사수蛇水 땅으로 옮겨 백성에게 균등하게 나누어 주게 하셨다. 겨울 10월에 양운국과 수밀이국須密爾國 두 나라 사람이 와서 방물을 바쳤다.

　재위 10년 기축(단기682년, BC 652년)에 단군檀君께서 서쪽의 약수弱水를 순행하여, 신지우속臣智禹粟에게 명하여 금과 철과 기름을 채취하게 하셨다. 가을 7월에 우루虞婁 사람 20가구가 투항해 오므로 염수鹽水 근처의 땅에 정착하게 하셨다.

위 기록에서 살펴보면 단군조선시대에도 12환국의 여섯번째 나라인 우루
국虞婁國이 존속되고 있었다는 기록이다.

3) 〈태백일사〉〈대진국본기大辰國本紀〉

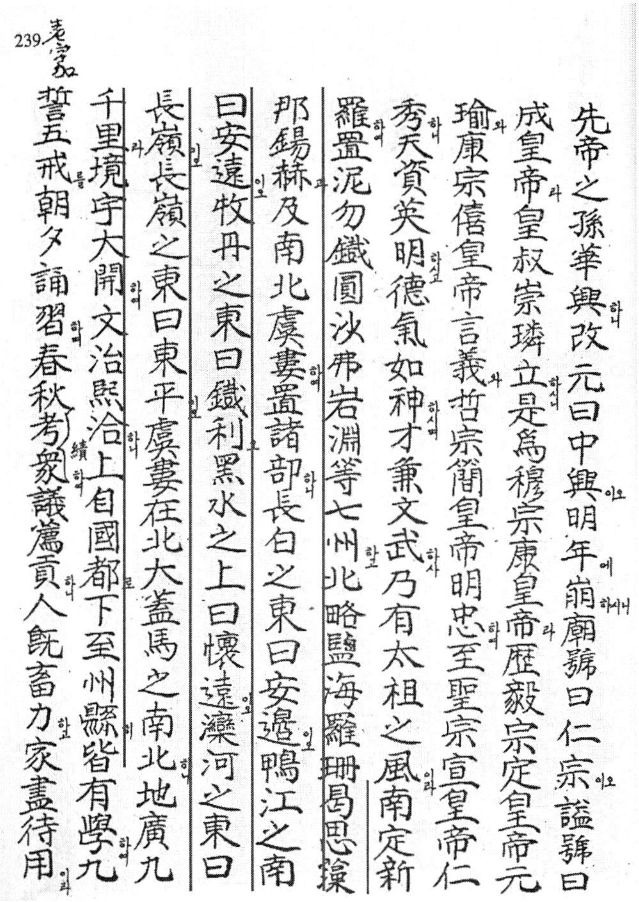

先帝之孫擧興改元曰中興明年崩廟號曰仁宗諡曰
成皇帝皇叔崇璘立是爲穆宗康皇帝歷毅宗定皇帝元
瑜康宗僖皇帝言義哲宗簡皇帝明忠至聖宗宣皇帝仁
秀天資英明德氣如神才兼文武乃有太祖之風南定新
羅置泥勿鐵圓沙弗岩淵等七州北略臨海羅珊曷思篌
邢錫赫及南北虞婁置諸部長白之東曰安邊鴨江之南
日安遠牧丹之東曰鐵利黑水之上曰懷遠灤河之東曰
長嶺長嶺之東曰東平虞婁在北大蓋馬之南北地廣九
千里境守大開文治照洽上自國都下至州縣皆有學九
誓五戒朝夕誦習春秋考衆議蒿貢人皃畜力家盡待用

[그림 100] 《환단고기》 광오이해사본(1979년) 〈태백일사〉〈대진국본기〉에 우루국虞婁國에 대한
기록이 있다.

〈태백일사〉〈대진국본기大辰國本紀〉에는 우루국虞婁國에 대한 기록이 있

다. 그 기록을 살펴보면 대진국 11세 성종 선황제는 재위기간 AD 813 - AD 830년으로 1천2백 년 전이다. 이때까지 우루국虞婁國이 존속되었으며, 그 당시에는 위치가 북대개마北大蓋馬 남북으로 거주하고 있었다는 기록이 남아 있다.

[원문原文]

南定新羅하여　置泥勿　鐵圓　沙弗
남 정 신 라 　　 치 이 물　철 원　사 불

岩淵等七州하고　北畧鹽海　羅珊　曷思
암 연 등 칠 주　　　북 략 염 해　나 산　갈 사

藻那　錫赫과　及南北虞婁하여　置諸部하니
조 나　석 혁　급 남 북 우 루　　치 제 부

長白之東曰安邊이오．鴨江之南曰安遠이오
장 백 지 동 왈 안 변　　　압 강 지 남 왈 안 원

牧丹之東曰鐵利오　黑水之上曰懷遠이오
목 단 지 동 왈 철 리　　흑 수 지 상 왈 회 원

瀛河之東曰長嶺이오　長嶺之東曰東平이오
난 하 지 동 왈 장 령　　　장 령 지 동 왈 동 평

虞婁는　在北大蓋馬之南北하니
우 루　　재 북 대 개 마 지 남 북

[해석解釋]

　대진국 11세 성종 선황제 때에 이르러 남쪽으로 신라를 평정하여, 이물泥勿, 철원鐵圓, 사불沙弗, 암연岩淵 등 일곱 주를 설치하시고, 북쪽으로 염해鹽海, 나산羅珊, 갈사曷思, 조나藻那, 석혁錫赫과 남북 우루虞婁를 공략하여 여러 부部를 설치하였다.

　장백산 동쪽을 안변安邊이라 하고, 압록강 남쪽을 안원安遠이라 하였다. 목단 동쪽을 철리鐵利라 하고, 흑수 위를 회원懷遠이라 하였다. 난하 동쪽을 장령長嶺이라 하고, 장령 동쪽을 동평東平이라 하였다. 우루虞婁는 북대개마北大蓋馬 남북에 자리잡고 있었다.

⑦ 객현한국客賢汗國

　12환국 중에서 일곱번째인 객현한국客賢汗國은 사서의 기록에 남아 있지 않다. 다행히도 광개토경평안호태황비廣開土境平安好太皇碑에 객현한客賢韓이 남아 있다. 여기에서 한汗은 한韓과 같은 의미이다. 광개토태황 때까지 객현한국이 존재하고 있다는 역사적인 기록이다.

1) 광개토경평안호태황비廣開土境平安好太皇碑

　서기 414년 광개토경평안호태황의 아들 장수왕이 세웠으며, 응회암凝灰岩 재질로 높이가 약 6.39미터, 면의 너비는 1.38~2.00m이고, 측면은 1.35m~

[그림 101] 광개토경평안호태황비 객현한客賢韓 자료, 1981년 채집된 주운태탁본으로 제3면 상반부 13번줄부터 원문으로 정리하였다.

1.46m지만 고르지 않다. 대석은 3.35×2.7m 이다. 네 면에 걸쳐 1,802자가 화강암에 예서로 새겨져 있다. 1981년 채집된 주운태탁본周雲台拓本으로 제3면의 탁본이다.

[원문原文]

莫古城國烟一看烟三, 客賢韓一家爲看烟,
막 고 성 국 연 일 간 연 삼　 객 현 한 일 가 위 간 성

阿旦城, 雜珍城合十家爲看烟
아 단 성　 잡 진 성 합 십 가 위 간 연

[해석解釋]

막고성莫古城에서는 국연國烟 1집 간연看烟 3집이며, **객현한客賢韓**에서는 간연看烟 1집, 아단성阿旦城과 잡진성雜珍城에서는 합해서 간연看烟 10집이 있다.

⑧ 구모액국勾牟額國

12환국 중에서 여덟번째인 구모액국勾牟額國도 광개토경평안호태황비廣開土境平安好太皇碑에 유일하게 기록으로 남아 있다.

1) 광개토경평안호태황비廣開土境平安好太皇碑

1981년 채집된 주운태탁본周雲台拓本으로 제3면의 탁본에 구모객두勾牟客頭로 남아 있다. 구모勾牟라는 나라 이름이 일치한다.

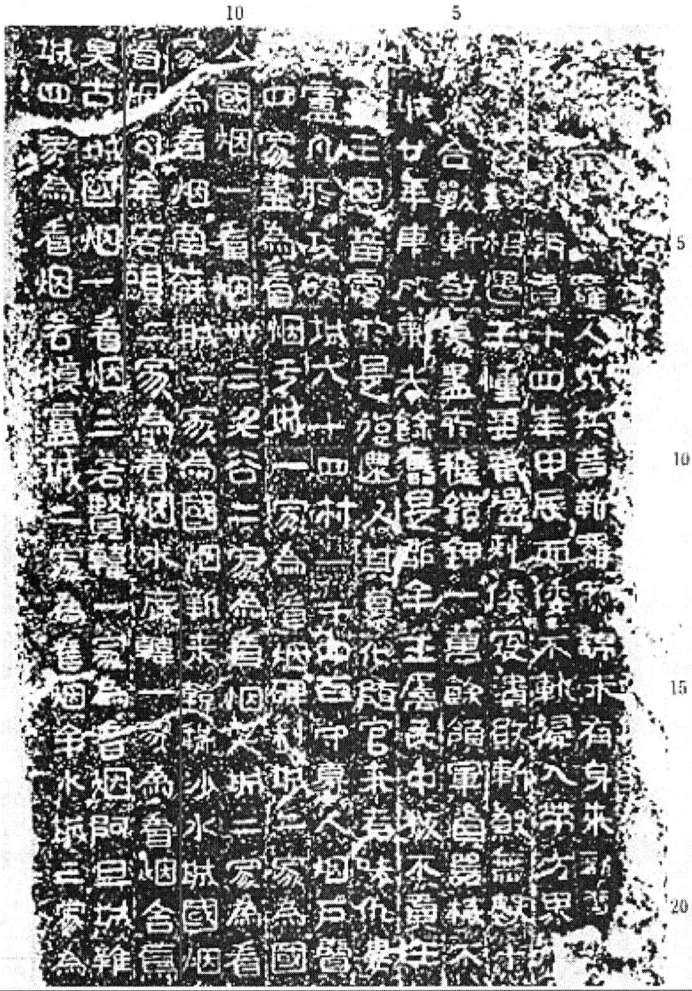

[그림 102] 광개토경평안호태황비 구모객두勾牟客頭 1981년 채집된 주운태탁본으로 제3면 상반부 12번줄에 구모객두 지역이 소개되어 있다.

[원문原文]

新來韓穢, 沙水城國烟一看烟一, 牟婁城二家爲
신 래 한 예 사 수 성 국 연 일 간 연 일 모 루 성 이 가 위

看烟, 豆比鴨岑韓五家爲看烟, 勾牟客頭二家
간 연 두 비 압 잠 한 오 가 위 간 연 구 모 객 두 이 가

새로 들어온 한韓과 예穢 가운데는 사수성沙水城에서는 국연國烟 1집 간연看烟 1집, 모루성牟婁城에서는 간연看烟 2집, 두비압잠한豆比鴨岑韓에서는 간연看烟 5집, **구모객두**勾牟客頭에서는 간연看烟 2집이 있다.

⑨ 직구다국稷臼多國, 매구여국賣勾餘國

12환국의 아홉번째 나라인 직구다국稷臼多國, 매구여국賣勾餘國에 대한 기록은 ≪환단고기≫ 〈태백일사〉 〈환국본기〉에 상세하게 나와 있다. 즉 **오난하**五難河에서 **금산**金山으로 전쟁에 패하여 이주하게 된다. 12환국 중 네번째 구다천국勾茶川國, 즉 독로국瀆盧國과의 전쟁에서 패하여 이주하게 되는 것이다.

두번째로 매구여국賣勾餘國에 대한 기록은 ≪삼국사기≫ 〈고구려본기〉 대무신왕大武神王 13년 편에 매구곡인買溝谷人이란 기록으로 보인다.

세번째는 광개토경평안호태황비로 제3면의 탁본에 매구여민賣勾余民에 대한 기록이 있다.

[도표 032] 직구다국稷臼多國, 매구여국賣勾餘國 기록

사서 목록	저자	중요 기록
태백일사 환국본기 太白逸史 桓國本紀	일십당 이맥	매구여국 賣勾餘國
삼국사기	김부식	매구곡인 買溝谷人
광개토태황비 廣開土太皇碑	장수왕	매구여민 賣勾余民

1) ≪환단고기≫ 〈태백일사〉 〈환국본기〉

113

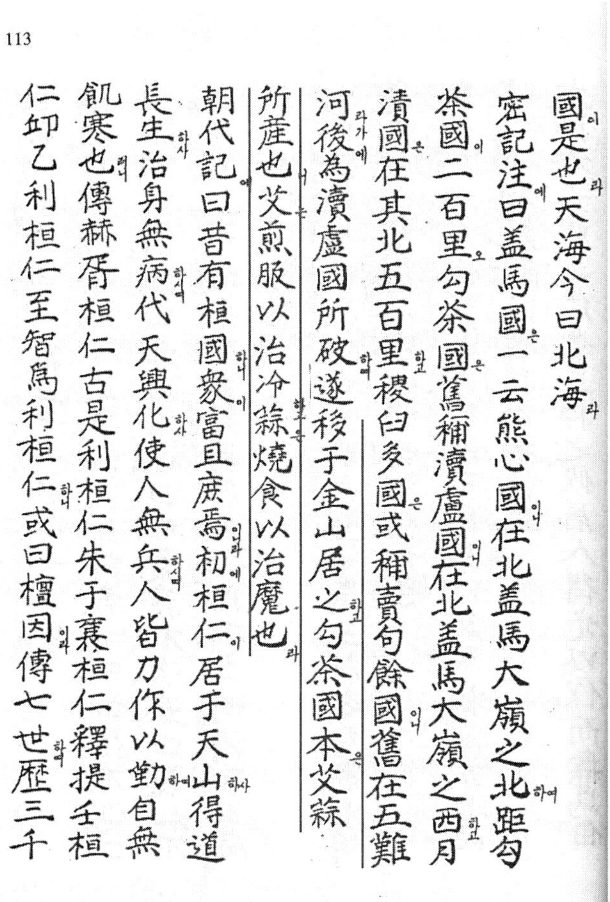

仁仰乙利桓仁至智爲利桓仁或曰檀因傳七世歷三千

飢寒也傳赫胥桓仁古是利桓仁朱于襄桓仁釋提壬桓

長生治身無病代天興化使人無兵人皆刀作以勤自無

朝代記曰昔有桓國衆富且庶喬初桓仁居于天山得道하사

所産也艾煎服以治冷蒜燒食以治魔也

河後爲瀆盧國所破遂移于金山居之勾茶國本艾蒜

瀆國在其北五百里稷曰多國或稱賣勾餘國舊在五難

茶國二百里勾茶國舊稱瀆盧國在北盖馬大嶺之西月

宻國注曰盖馬國一云熊心國在北盖馬大嶺之北距勾

國是也天海今曰北海라

[그림 103] ≪환단고기≫ 광오이해사본(1979년) 〈태백일사〉 〈환국본기〉 직구다국稷臼多國 자료

[원문原文]

稷臼多國은 或稱賣勾餘國이니 舊在五難河라가
직 구 다 국　　혹 칭 매 구 여 국　　　구 재 오 난 하

後에 爲瀆盧國所破하여 遂移于金山居之하고
후　　위 독 로 국 소 파　　　수 이 우 금 산 거 지

勾茶國은 本艾蒜所産也니 艾는 前服以治冷하고
구 다 국　　본 애 산 소 산 야　　애　　전 복 이 치 랭

蒜은 燒食以治魔也라.
산　　소 식 이 치 마 야

[해석解釋]

　　직구다국稷臼多國은 매구여국賣勾餘國이라고도 부르는데, 옛날에는 오난하
五難河에 있었으나, 후에 독로국瀆盧國, 즉 구다천국勾茶川國, 구다국勾茶國에게
패하여 마침내 금산金山으로 옮겼다. 구다국은 본래 쑥과 마늘이 나는 곳이
다. 쑥은 달여 먹어 냉을 치료하고, 마늘은 구워 먹어 마를 다스린다.

2) ≪삼국사기≫ 매구여국賣勾餘國

　　고구려 대무신왕大武神王 13년에 매구곡인買溝谷人들이 항복해 온 것이다.
매구여국에서 매구買溝와 일치하는 부분이 있어 매구여국의 사람들로 추정
해 본다.

[원문原文]

十三年 秋七月 買溝谷人尙須
십 삼 년 추 칠 월 매 구 곡 인 상 수

與其弟尉須及堂弟于刀等來投
여 기 제 위 수 급 당 제 우 도 등 래 투

[해석解釋]

　　대무신왕大武神王 13년(서기 30년) 가을 7월, 매구곡買溝谷 사람 상수尙須가 그
의 아우 위수尉須 및 사촌 우도于刀 등을 데리고 귀순하여 왔다.

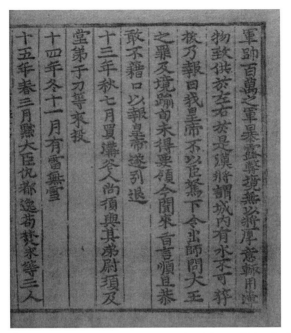

[그림 104] 1537년 인쇄된 옥산서원본 보물 제525호로 ≪삼국사기≫ 〈고구려본기〉 대무신왕 13년에 매구곡인買溝谷人 관련 역사 기록이 보인다.

3) 광개토경평안호태황비廣開土境平安好太皇碑

1981년 채집된 주운태탁본으로 제3면의 탁본에 매구여민賣勾余民에 대한 기록이 있다.

[원문原文]

守墓人烟戶. 賣句余民國烟二看烟三
수 묘 인 연 호   매 구 여 민 국 연 이 간 연 삼

[해석解釋]

묘지기 연호烟戶 수는 매구여賣勾余의 백성 가운데서 국연國烟이 2집 간연看烟이 3집

[그림 105] 광개토경평안호태황비 1981년 채집된 주운태탁본으로 제3면 중간에 매구여민賣勾余民 지역이 소개되어 있다.

≪환단고기≫에서는 매구여賣勾餘의 나라로 표시하였고, 광개토경평안호 태황비廣開土境平安好太皇碑에서는 매구여賣勾余의 백성으로 기록하고 있다. 한문 1글자가 조금 다르지만 같은 소리(音)로 고구려 때까지 나라가 존속되 고 있음을 보여 주고 있다.

⑩ 사납아국斯納阿國

12환국의 열번째 나라인 사납아국斯納阿國에 대한 역사 자료를 살펴보았다. 사납아斯納阿라는 국명에서 사납斯納은 사랍斯納, 'ㅂ'이 탈락한 사라斯羅, 사로斯盧, 시라尸羅로 변화된 국명이다. 즉 신라新羅[31]의 옛 국명들은 박혁거세朴赫居世가 세운 나라 이름이 시라尸羅였으며, 석탈해昔脫解 이후에는 사라斯羅, 사로斯盧라고 불렀다. 이와 관련 있는 사서 기록을 살펴보고자 한다.

[도표 033] 사납아국斯拉阿國 기록

사서목록	저자	중요기록
태백일사 신시본기	이맥	시라尸羅
태백일사 고구려본기	이맥	사로斯盧
조선왕조실록	지리지	시라尸羅
삼성기三聖記 상편	안함로	신라新羅

1) 〈태백일사〉〈신시본기神市本紀〉 기록

[원문原文]

其後에 有號曰檀君王儉하여 立都阿斯達
기 후   유 호 왈 단 군 왕 검   입 도 아 사 달

今松花江也라
금 송 화 강 야

始稱國하여 爲朝鮮하시니 三韓 高離 尸羅 高禮
시 칭 국   위 조 선   삼 한 고 리 시 라 고 례

南北沃沮 東北夫餘 濊與貊 皆其管境也.
남 북 옥 저 동 북 부 여 예 여 맥 개 기 관 경 야

---

[31] 신라는 시라(尸羅), 사로(斯盧), 사라(斯羅), 서나(徐那), 서나벌(徐那伐), 서야(徐耶), 서야벌(徐耶伐), 서라(徐羅), 서라벌(徐羅伐), 서벌(徐伐)등으로 불리웠다.

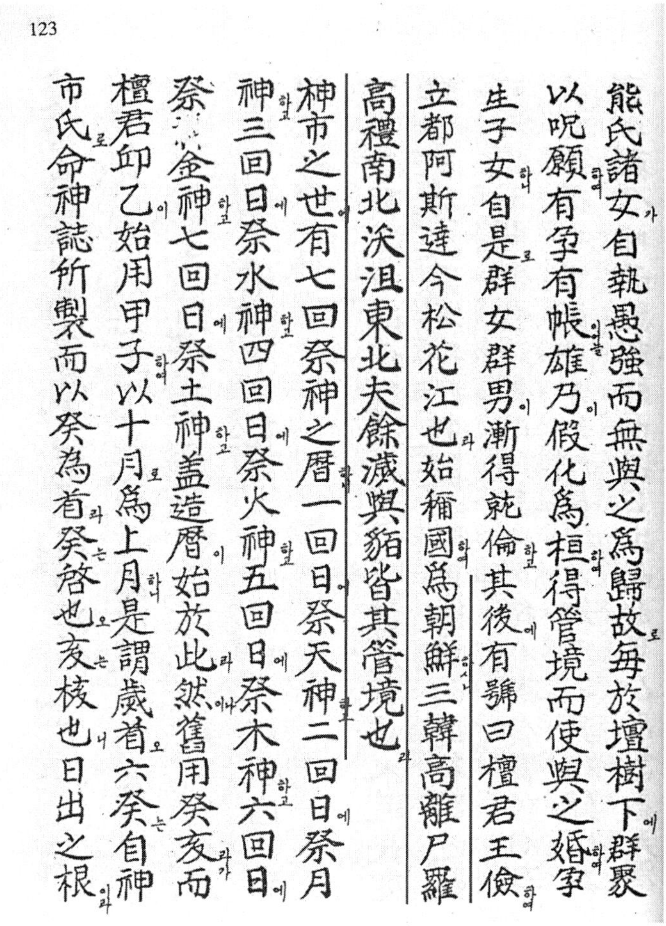

123

熊氏諸女가 自執愚強而無與之爲歸故로 每於壇樹下에 群聚하여 以呪願有孕이어늘 有帳雄乃假化爲桓하여 得管境而使與之婚孕하여 生子女하니 自是로 群女群男이 漸得就倫하고 其後에 有號曰檀君王儉하여 立都阿斯達하니 今松花江也라 始稱國하여 爲朝鮮하시니 三韓高離尸羅高禮南北沃沮東北夫餘濊與貊이 皆其管境也라

神市之世에 有七回祭神之曆하니 一回日에 祭天神하고 二回日에 祭月神하고 三回日에 祭水神하고 四回日에 祭火神하고 五回日에 祭木神하고 六回日에 祭金神하고 七回日에 祭土神하니 蓋造曆이 始於此라 然이나 舊用癸亥라가 而檀君丘乙이 始用甲子하여 以十月로 爲上月하니 是謂歲首오 六癸는 自神市氏로 命神誌所製而以癸爲首라 癸는 啓也오 亥는 核也니 日出之根이라

[그림 106] 〈태백일사〉〈신시본기神市本紀〉에 시라尸羅의 기록이 있다.

[해석解釋]

그 이후에 단군왕검檀君王儉께서 아사달阿斯達에 도읍하시니 지금의 송화강松花江이라. 처음 나라 이름을 조선朝鮮이라 칭하시니 삼한三韓, 고리高離, 시라尸羅, 고례高禮, 남북옥저南北沃沮, 동북부여東北夫餘 예여맥濊與貊이 그 관경이라.

〈태백일사〉〈신시본기神市本紀〉에 시라尸羅의 기록이 있다. 단군왕검께서 고조선을 건국하여 다스리던 관경管境 내에 있던 나라로 시라尸羅를 소개하고 있다. 즉 단군조선의 삼한 관경의 일부 땅을 승계하고 있는 것이다. ≪삼국유사≫에 진한 땅 육촌이 소개되고 있다. '辰韓之地 古有六村', 즉 진한辰韓의 땅에서 신라가 건국된 것이다.

2) 〈태백일사〉〈고구려본기高句麗本紀〉

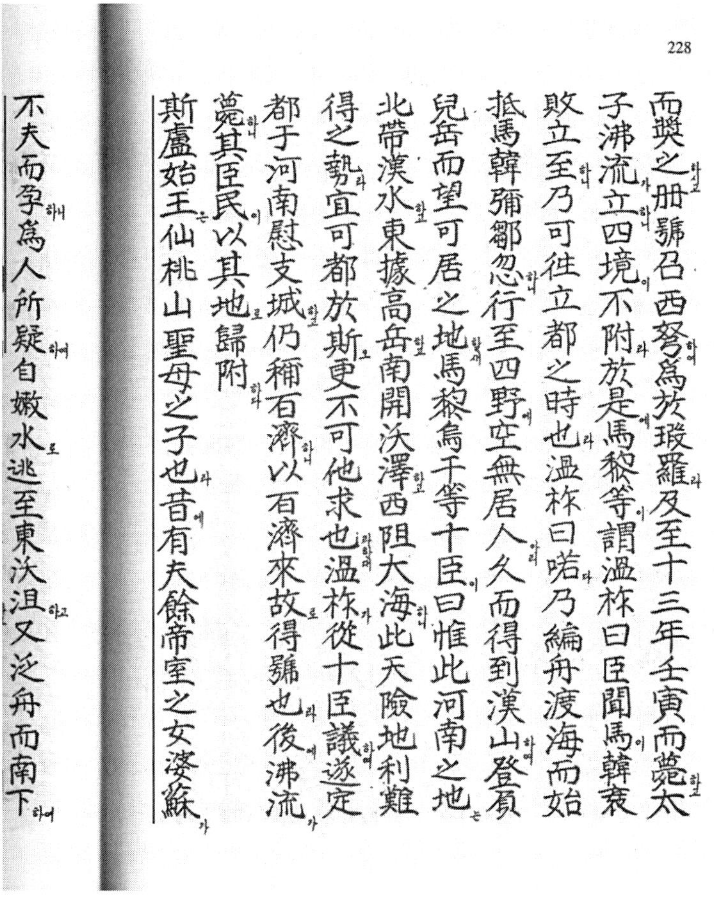

228

而獎之冊驕召西弩爲斤琊羅及至十三年壬寅而蔑太
子沸流立四境不附放是馬黎等謂溫祚曰臣聞馬韓衰
敗立至乃可徙立都之時也溫祚曰嗟乃編舟渡海而始
抵馬韓彌鄒忽忽行至四野空無居人久而得到漢山登頁
兒岳而望可居之地馬黎烏干等十臣曰惟此河南之地
北帶漢水東據高岳南開沃澤西阻大海此天險地利難
得之勢宜可都放斯更不可他求十臣議遂定
都于河南慰支城仍稱百濟以百濟來故得驪也後沸流
蔑其臣民以其地歸附
斯盧始王仙桃山聖母之子也昔有夫餘帝室之女婆蘇
不夫而孕爲人所疑自嫩水逃至東汍沮又泛舟而南下

[그림 107] 〈태백일사〉〈고구려본기〉에 사로斯盧에 대한 기록이 보인다.

斯盧始王은 仙桃山聖母之子也라
사 로 시 왕　　선 도 산 성 모 지 자 야

昔에 有夫餘帝室之女婆蘇가 不夫而孕하니
석　　유 부 여 제 실 지 녀 파 소　　불 부 이 잉

爲人所疑하여.
위 인 소 의

[해석解釋]

　　사로斯盧의 첫 임금(박혁거세)은 선도산 성모의 아들이다. 옛적에 부여 황실의 딸 파소가 지아비 없이 잉태하여 남의 의심을 사게 되었다.

　　〈태백일사〉〈고구려본기〉에 사로斯盧에 대한 기록이 있다. 신라新羅의 건국 초기 이름은 서라벌徐羅伐, 서벌徐伐, 사라斯羅, 사로斯盧 등으로 불렸다. 더불어 부여 황실의 공주가 잉태하여 낳은 아이가 장성하여 신라를 건국하게 되니 환국 배달국 단군조선을 이은 북부여 황실의 혈통이며, 최초의 건국이 부여국과 관련 있다는 점이다. 즉 북부여의 활동무대와 관련이 있음을 알 수 있다.

3) ≪조선왕조실록≫〈세종실록지리지〉〈평안도〉〈평양부〉

[원문原文]

≪檀君古記≫云: 上帝桓因有庶子, 名雄,
　　단 군 고 기　　운　　상 제 환 인 유 서 자　　명 웅

意欲下化人間, 受天三印, 降太白山神檀樹下,
의 욕 하 화 인 간　수 천 삼 인　강 태 백 산 신 단 수 하

是爲檀雄天王。令孫女飮藥成人身,
시 위 단 웅 천 왕　　령 손 녀 음 약 성 인 신

與檀樹神婚而生男, 名檀君, 立國號曰朝鮮。
여단수신혼이생남 명단군 입국호왈조선

朝鮮. 尸羅. 高禮. 南北沃沮. 東北扶餘.
조선 시라 고례 남북옥저 동북부여

濊與貊, 皆檀君之理。
예여맥 개단군지리

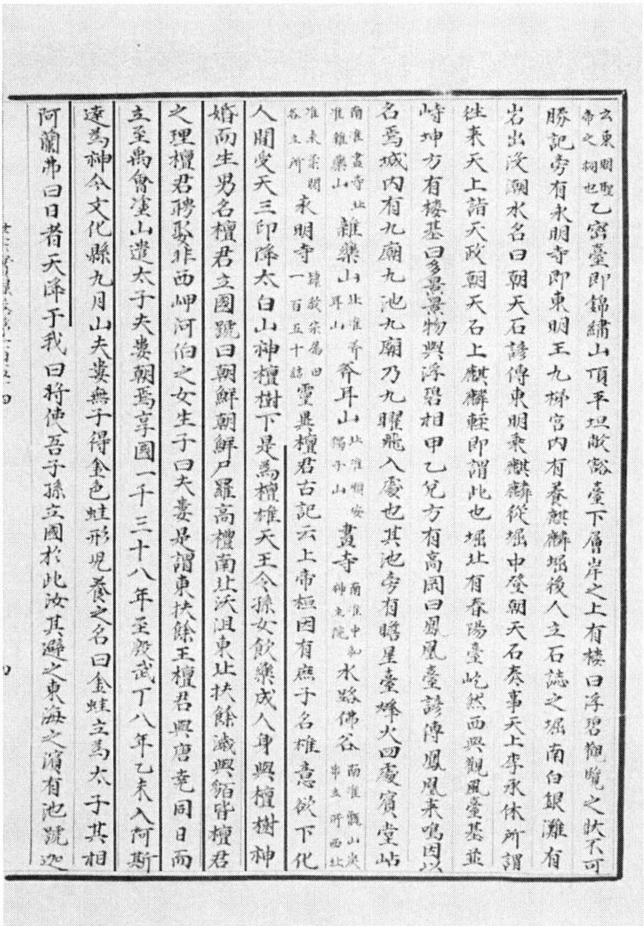

[그림 108] ≪조선왕조실록≫〈세종실록지리지〉〈평안도〉〈평양부〉의 ≪단군고기≫를 인용한 자료
에 시라尸羅가 나온다.

檀君聘娶非西岬河伯之女生子, 曰夫婁,
단 군 빙 취 비 서 갑 하 백 지 녀 생 자　왈 부 루

是謂東扶餘王。 檀君與唐堯同日而立,
시 위 동 부 여 왕　단 군 여 당 요 동 일 이 립

至禹會塗山, 遣太子夫婁朝焉。
지 우 회 도 산　견 태 자 부 루 조 언

享國一千三十八年, 至殷武丁八年乙未,
향 국 일 천 삼 십 팔 년 지 은 무 정 팔 년 을 미

入阿斯達爲神, 今文化縣九月山。
입 아 사 달 위 신　금 문 화 현 구 월 산

[해석解釋]

≪단군고기檀君古記≫에 이르기를, "상제 환인上帝桓因께 서자庶子가 있으니, 이름이 웅雄인데, 세상에 내려가서 사람이 되고자 하여 천부인天符印 세 개를 받아 가지고 태백산太白山 신단수神檀樹 아래에 강림하였으니, 이가 곧 단웅천왕檀雄天王이 되었다. 손녀孫女로 하여금 약藥을 마시고 인신人身이 되게 하여, 단수檀樹의 신神과 더불어 혼인해서 아들을 낳으니, 이름이 단군檀君이다. 나라를 세우고 이름을 조선朝鮮이라 하니, 조선朝鮮, 시라尸羅, 고례高禮, 남·북옥저南北沃沮, 동·북부여東北扶餘, 예濊와 맥貊이 모두 단군의 다스림이 되었다. 단군이 비서갑 하백非西岬河伯의 딸에게 장가들어 아들을 낳으니, 부루夫婁이다. 이를 곧 동부여 왕東扶餘王이라고 이른다. 단군이 당요(唐堯 - 요임금)와 더불어 같은 날에 임금이 되고, 우禹가 도산塗山의 모임을 당하여, 태자太子 부루夫婁를 보내어 조회하게 하였다. 나라를 누린 지 1,038년 만인 은殷나라 무정武丁 8년 을미에 아사달阿斯達에 들어가 신神이 되니, 지금의 문화현文化縣 구월산九月山이다.

≪조선왕조실록≫〈세종실록지리지〉〈평안도〉〈평양부〉에 ≪단군고기≫를 인용하여 설명한 자료가 있다. 이는 조선시대에도 단군조선檀君朝鮮에 대

한 실질적인 역사를 정리한 사서인 ≪단군고기≫가 있었음을 확인할 수 있다. 또한 ≪삼국유사≫에서 고기古記[32]는 바로 ≪단군고기≫를 말한다. 환국桓國의 환인桓因 기록과 배달국의 환웅桓雄에 대한 기록과 단군왕검의 건국에 대한 기록이 있다.

4) 안함로 〈삼성기≡聖記 상편〉

안함로 〈삼성기〉에 신라의 옛 땅이 소개되고 있다. 그러나 상식적으로 알고 있는 지금의 경주 일대의 지역이 아니라, 요동과 요서 지방이라고 소개하고 있는 것이다. 즉 만주 지역에서 한반도 지역으로 이주하기 전의 역사 무대를 소개하고 있는 것이다.

[원문原文]

壬戌秦始時에 神人大解慕漱 起於熊心山하시고
임 술 진 시 시　 신 인 대 해 모 수　 기 어 웅 심 산

丁未漢惠時에 燕酋衛滿이 窃居西鄙一隅할새
정 미 한 혜 시　 연 추 위 만　 절 거 서 비 일 우

32　≪동사강목(東史綱目)≫ 〈고이(考異)편〉에 있는 내용이다. ≪위서(魏書)≫를 상고하면, "2천 년 전에 단군왕검(檀君王儉)이 아사달(阿斯達)에 도읍하고 나라를 열어 그 국호를 조선(朝鮮)이라 하였으니 요(堯)와 동시이다." 하여, 중국사(中國史)의 기록이 동사(東史)와 대략 같다. 단, 동사에는 지나치게 과장하고 허황하게 썼기 때문에 믿지 않는 사람이 많다. 그러나 모호하게 기연미연한 것으로 돌림은 옳지 못하다. 또 상고하건대, 고려의 중 일연(一然)이 ≪삼국유사(三國遺事)≫를 찬술(撰述)하면서 ≪고기(古記)≫, 즉 ≪단군고기(檀君古記)≫를 인용하여, "단군(檀君)은 당요(唐堯) 50년 경인(庚寅)에 즉위하였다."하고, 그 자주(自註)에 "요(堯)의 원년은 무진(戊辰)이므로 50년은 정사(丁巳)요 경인이 아니다." 하여, ≪경세서(經世書)≫와 다르니 필시 다른 일종의 책일 것이다. ≪동국통감(東國通鑑)≫과 ≪고려사(高麗史)≫ 지리지(地理志)에 모두, "당요 무진년에 단군이 평양(平壤)에 도읍하였다." 하였는데, 요(堯)의 즉위가 상원갑자(上元甲子) 갑진(甲辰)에 있었으니 무진(戊辰)은 곧 25년이다. 신익성(申翊聖)이 지은 ≪경세서보편(經世書補編)≫에도 요(堯)의 25년 무진으로 단군의 원년을 삼았기 때문에 그것을 따른다. 한국고전번역원자료 출처(장순범, 이정섭 공역 참조, 1979년)

番韓 準이 爲戰不敵하여 入海而亡하니
번한 준　위전부적　입해이망

自此로 三韓所率之衆이 殆遷民於漢水之南하고
자차　삼한소솔지중　태천민어한수지남

一時에 羣雄이 競兵於遼海之東이러니
일시　군웅　경병어요해지동

至癸酉漢武時에 漢이 移兵滅右渠하니라.
지계유한무시　한　이병멸우거

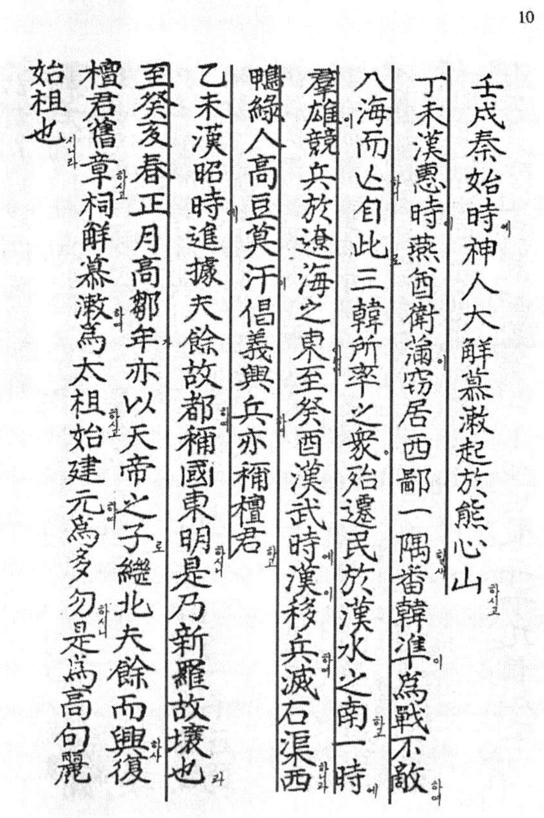

[그림 109] ≪환단고기≫ 광오이해사본(1979년) 〈태백일사〉〈환국본기〉 신라 자료

西鴨綠人高豆莫汗이 倡義興兵하여
서 압 록 인 고 두 막 한　 창 의 흥 병

亦稱檀君하고
역 칭 단 군

乙未漢昭時에 進據夫餘故都하여
을 미 한 소 시　 진 거 부 여 고 도

稱國東明하시니 是乃新羅故壤也라.
칭 국 동 명　　 시 내 신 라 고 양 야

[해석解釋]

　　임술(BC 239)년, 진시황 때 신인 대해모수大解慕漱가 웅심산熊心山에서 일어
났다. 정미(BC 194)년, 한漢나라 혜제惠帝 때 연나라 추장 위만이 서쪽 변방의
일부 땅을 빼앗아 웅거하였다. 이에 번한番韓의 왕 준準이 그와 맞서 싸웠으
나 당하지 못하고 바다로 도망하였다. 이로부터 삼한三韓이 거느리는 백성들
은 한수漢水 이남으로 대부분 옮겨 살았다. 이후로 한때 군웅이 요해遼海의 동
쪽에서 군사를 겨루더니, 계유(BC 108)년, 한무제 때 한나라가 쳐들어와 위만
의 손자 우거왕을 멸하니, 서압록 사람 고두막한高豆莫汗이 의병을 일으켜 자
신도 또한 단군이라고 칭하였다. 을미(BC 86)년, 한나라 소제昭帝 때 고두막한
은 부여의 옛 서울을 점령하여 나라를 동명東明이라 칭하니, 이곳은 신라의
옛 땅이다.

　　여기에서 요해遼海, 서압록西鴨綠의 정확한 위치를 파악하여 보고자 한다.
고구려시대 압록강鴨綠江은 지금의 요하(遼河, 랴호허)이다. 압록수鴨綠水, 요수
遼水, 요하遼河, 마자수, 청하, 구려하, 용만, 혼돈강 등 여러 이름으로 불렀다.
위 지도에서 보듯이 영금하에서 수원이 형성되어 적봉시를 지나 노합하와
합류하고 서랍목륜하와 만나서 서요하가 되고 동요하와 합류하여 요하가 된
다. 요하의 동쪽을 '요동遼東', 요하의 서쪽을 '요서遼西' 지방으로 불러왔다.
그렇다면 여기에서 서압록西鴨綠이 바로 서요하西遼河이다. 고두막한은 서요

하 지역 출신이다. 이 지역이 신라의 옛 땅이다.

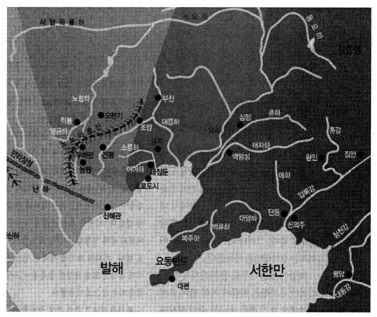

[그림 110] 요하의 상류 서요하와 동요하

⑪ 선비이국(鮮卑爾國, Seonbi-guk)

선패국鮮稗國[33] 선비이국鮮卑爾國 시위국豕韋國, 통고사국通古斯國은 같은 나라를 부르는 호칭이다. 중국학자가 최근에 ≪진시황은 몽골어를 하는 여진족이었다≫[34]라는 제목으로 출간한 책에서 주장하는 내용을 살펴 보고자 한

---

33 선패국(鮮稗國)에서 패(稗)는 '벼 화(禾) + 비(卑)'로 기록되어 있다. 그러나 '벼 화' 대신 '나무목(木) + 비(卑)' 자, 즉 비(椑) 자를 패(稗) 자로 잘못 기록하지 않았나 추측해 본다. 선패국(鮮稗國)은 역사 기록이 없다.

34 ≪비교연구학으로 밝혀낸 중국 북방민족들의 원류 진시황은 몽골어를 하는 여진족이었다.≫ 주학연(朱學淵) 지음, 문성재 역주 우리역사연구재단

다. 저자 주학연은 〈비교언어학으로 밝혀낸 중국 북방민족들의 원류〉라는 내용에서 '아시아 = 조선' 역사 연구에 상당한 연결고리를 갖고 있다는 사실을 말하고 있다. '선비족과 그 언어'라는 주제에서 〈선비鮮卑〉는 시베리아(Siberia)의 어원이라는 것이다.

'선비(鮮卑 = 사비(師比, sabi, savi) = 서비犀毗 = 석백錫伯 = 석위錫韋 = 실위室韋'와 같은 말이다. 여기에서 사비(師比, sabi, savi)는 시비(sibi, xibi), 시비르(sibir), 시베리아(Siberia)로 변형되어 시베리아의 어원이 되었다는 것이다.

선비鮮卑는 선패국鮮稗國, 선비이국鮮卑爾國이다. 석위錫韋, 실위室韋는 시위국豕韋國이다. 통고사국通古斯國은 통구스(Tungus)족을 의미한다. 시베리아(Siberia)는 서쪽 우랄산맥에서 동쪽 극동아시아 끝까지이다. 위 주장은 12환국 중 열한번째 선비이국鮮卑爾國이 그들의 강역을 부르게 되는 이름이 국명에서 발전되었다는 사실을 증명하는 것이다.

[도표 034] 선비국鮮卑國 기록

사서목록	저자	중요기록
삼국사기	김부식	유리왕 십일년
단군세기 檀君世紀	행촌 이암	삼십이세 단군
태백일사 고구려본기	일십당 이맥	수나라 선비鮮卑
태백일사 대진국본기	일십당 이맥	선비鮮卑 모용외慕容廆
중국사고지도집 中國史稿地圖集	곽매약 郭沫若	선비 鮮卑

1) ≪삼국사기≫ 선비鮮卑 기록

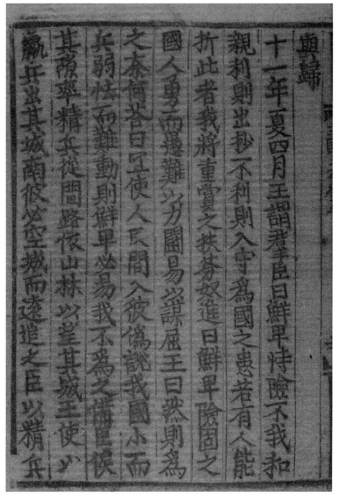

[그림 111] ≪삼국사기≫ 1537년 옥산서원본(보물525호)에 기록되어 있는 고구려국과 선비국의 관련 자료

[원문原文]

十一年夏四月王謂羣臣曰 **鮮卑** 恃險不我和親
십 일 년 하 사 월 왕 위 군 신 왈   선 비   시 험 부 아 화 친

利則出抄不利則入守爲國之患若有人能折此者
리 즉 출 초 부 리 즉 입 수 위 국 지 환 약 유 인 능 절 차 자

我將重賞之 扶芬奴 進曰 **鮮卑** 險固**之國**人勇
아 장 중 상 지 부 분 노 진 왈 선 비 험 고 지 국 인 용

而愚難以力鬪易以謀屈
이 우 난 이 력 투 역 이 모 굴

[해석解釋]

11년(서기전9년) 여름 4월에 왕이 여러 신하들에게 말하기를 "**선비鮮卑**가 험준함을 믿고 우리와 화친하지 않고, 이로우면 나와서 노략질하고 불리하면 들어가 지켜서 나라의 걱정거리가 되었다. 만일 누가 이들을 굴복시킬 수 있다면 나는 장차 그에게 후한 상을 줄 것이다."라고 하였다. 부분노扶芬奴가 나와서 아뢰기를 "**선비鮮卑**는 험준하고 견고한 **나라**이고 사람들이 용감하나 어리석으므로, 힘으로 싸우기는 어렵고 꾀로 굴복시키기는 쉽습니다." 하였다.

≪삼국사기≫〈권제십삼〉〈고구려본기〉〈제일第一〉〈유리왕琉璃王〉십일년하4월十一年夏四月 부분노扶芬奴의 계책으로 선비를 굴복시킨 기록을 살펴보고자 한다.

위 기록에 **선비험고지국鮮卑險固之國**이라고 기록하고 있다. 선비국은 험준하고 견고한 나라라는 것이다. 이 선비국은 고대 몽고 지역에 살던 유목 민족의 하나이다. 전국시대의 동호東胡의 한 부족으로서, 한漢나라 초에 흉노匈奴가 동호東胡를 공격한 후에는 흉노匈奴의 지배 하에 들어가 서자목륜하西剌木倫河 유역에서 유목생활을 하였다. 후한後漢 환제桓帝 연간(147년~167년)에 단석괴檀石槐에 의해 통합되었으나, 후에 다시 분열하였다. 진대晉代에는 모용慕容·걸복乞伏·독발禿髮·척발拓跋 씨 등이 중심이 되어 중국 문명을 취하면서 화북華北에 들어가 거주하게 되었다. 선비국은 오호십육국五胡十六國시대에는 전연前燕, 후연後燕, 서진西秦, 서량西涼 등 나라를 화북에 세웠으며, 척

발씨拓跋氏의 북위北魏는 전 화북을 통일하였다.

선비국鮮卑國도 십이환국의 일원으로 그 본류가 바로 구환족이었음을 알 수 있다.

2) 〈단군세기〉 선비산鮮卑山에 대한 기록

선비鮮卑는 옛날 동호東胡의 지파支派로, 선비산鮮卑山을 의지해 살았으므로 '선비족鮮卑族'이라고 부르게 된 것이다. 조선 후기의 학자 안정복은 《동사강목東史綱目》에서 "선비산鮮卑山의 동쪽에 있기에 조선朝鮮이라고 하였다. 조朝란 동東쪽이라는 뜻이다."라고 해석하였다. 또한 조朝는 달月이 지면 날이 밝아온다는 뜻이다. 날이 밝아온다는 것은 해日가 떠오른다는 말이며, 해는 동東쪽에서 떠오른다. 그러므로 조선朝鮮이라 하였다는 것이다. 의미있는 해석이다.

[원문原文]

壬子元年이라.
임 자 원 년

甲寅三年이라. 鮮卑山酋長們古가 入貢하니라.
갑 인 삼 년　　　선 비 산 추 장 문 고　　　입 공

[해석解釋]

32세 추밀단군의 재위 원년은 임자년(환기 6349년, 신기개천 3049년, 단군기원 1485년, BC 849년)이다. 재위3년 갑인년(단기 1487년, BC 847년)에 선비산鮮卑山 추장 문고們古가 공물을 바쳤다.

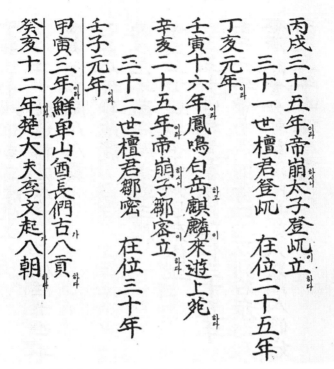

[그림 112] 〈단군세기〉 선비산鮮卑山에 대한 기록으로 32세 추밀단군의 재위 원년이다.

3) 〈태백일사〉〈고구려본기〉 선비鮮卑

선비족의 한 갈래인 우문宇文씨가 북위北魏에서 갈라진 서위西魏를 빼앗아 세운 나라가 북주北周이다. 후에 북주의 양견35楊堅이 왕이 되어 나라 이름을 수隋로 고쳤다. 양광楊廣은 수나라(569년~618년)의 2세왕 수양제隋煬帝의 이름 이다. 수양제隋煬帝때 고구려 침략의 실패로 수나라가 망하게 된다.

---

35 수문제 양견(隋文帝 楊堅, 541 ~ 604)으로 수양제의 선제(先帝)이다.

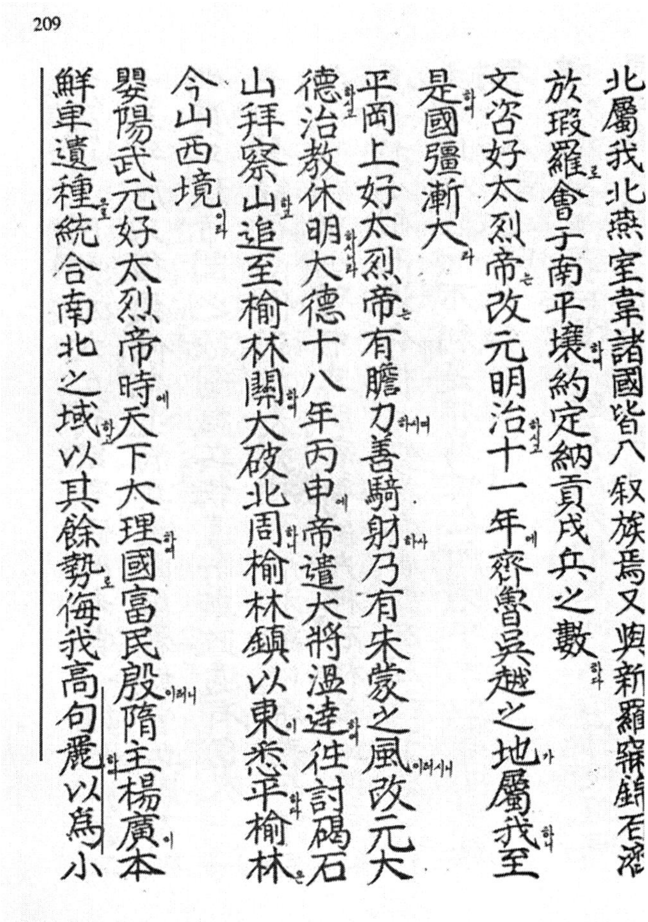
北屬我北燕室韋諸國皆八叙族焉又與新羅寐錦百濟
於瑕羅로會于南平壤하야約定納貢戍兵之數하라
文咨好太烈帝는改元明治하시고十一年에齊魯吳越之地가屬我하니至
是하여國疆漸大라
平岡上好太烈帝는有膽力하시며善騎射하사乃有朱蒙之風이러시니改元大
德하시고治教休明하시니라大德十八年丙申에帝遣大將溫達하야往討碣石
山拜察山하고追至楡林關하야大破北周하니楡林鎭以東이悉平하니楡林은
今山西境이라
嬰陽武元好太烈帝時에天下大理하야國富民殷이러니隋主楊廣이本
鮮卑遺種으로統合南北之域하고以其餘勢로侮我高句麗하야以爲小

[그림 113] 〈태백일사〉〈고구려본기〉 선비鮮卑 기록 수隋나라 왕 양광楊廣은 본래 선비족의 후손이다.

[원문原文]

隋主楊廣이 本鮮卑遺種으로 統合南北之域하고
수주양광 본선비유종 통합남북지역

以其餘勢로 侮我高句麗하여
기기여세 모아고구려

영양무원호태열제(고구려 26세 영양제, 단기 2923~2951년, 590~618년) 때이다. 수
隋나라 왕 양광楊廣은 본래 선비족의 후손이다. 양광이 남북을 통합하고 그
여세를 몰아 우리 고구려를 깔보고

4) 〈태백일사〉〈대진국본기〉 선비鮮卑

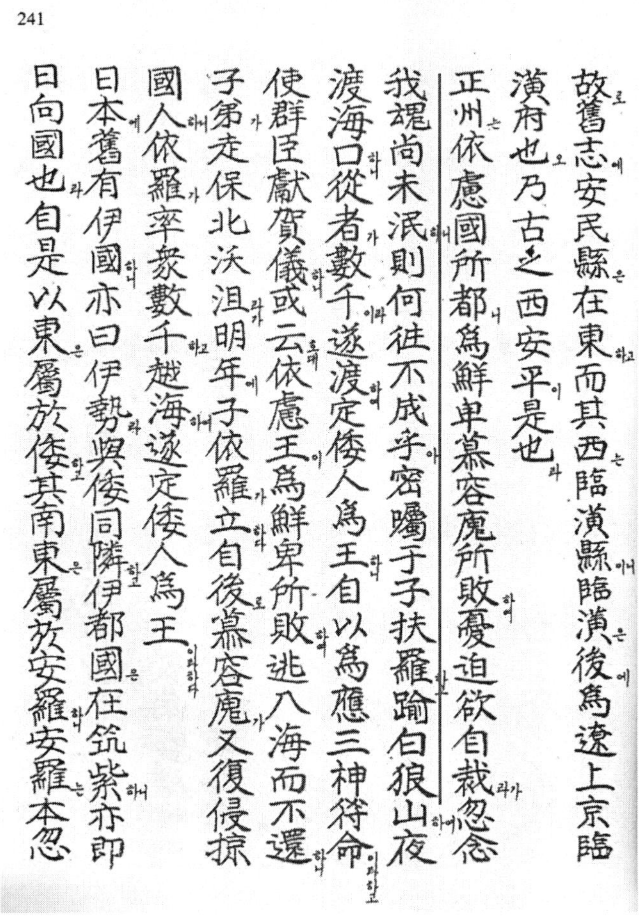

241

故舊志安民縣在東而其西臨浿縣臨浿後爲遠上京臨
浿府也乃古之西安平是也
正州依慮國所都爲鮮卑慕容廆所敗憂迫欲自裁忽念
我魂尚未泯則何徒不成乎密囑于子扶羅踰白狼山夜
渡海口從者數千遂渡定倭人爲王自以爲應三神符命
使群臣獻賀儀或云依慮王爲鮮卑所敗逃入海而不還
子弟走保北沃沮明年子依羅立自後慕容廆又復侵掠
國人依羅率衆數千越海遂定倭人爲王
日本舊有伊國亦曰伊勢與倭同隣伊都國在筑紫亦卽
日向國也自是以東屬於倭其南東屬於安羅安羅本忽

[그림 114] 〈태백일사〉〈대진국본기〉에 선비鮮卑 모용외慕容廆의 기록이 있다.

선비국鮮卑國이 통고사국通古斯國으로도 불리고 있는데, 이는 초기 동호국東胡國을 중국 발음인 '둥후스(Tung-hus)'를 음차하여 적은 것이 통고사국通古斯國이었다는 설이 있다. 지금도 퉁구스(Tungus)로 불린다.

正州는 依慮國所都니
정 주   의 려 국 소 도

爲鮮卑慕容廆所敗하여 憂迫欲自裁라가
위 선 비 모 용 외 소 패   우 박 욕 자 재

정주正州는 의려국依慮國이 도읍한 땅이다. 의려국 왕이 선비鮮卑 모용외慕容廆에게 패한 뒤 핍박당할 것을 근심하여 스스로 목숨을 끊으려 하였다.

5) ≪중국사고지도집中國史稿地圖集≫ 선비鮮卑

1996년 중국지도출판사에서 곽매약이 주편한 ≪중국사고지도집≫ 50페이지 서진시기형세(西晉時期形勢, 282年) 지도에 **선비鮮卑** 지명과 **우문선비字文鮮卑**, **척발선비拓跋鮮卑 서부선비西部鮮卑** 등이 나와 있다. ≪중국사고지도집≫의 기록에서 중요한 사항은 위치도 고려해 볼 수 있으나 국가의 존재를 확인할 수 있다는 것이다.

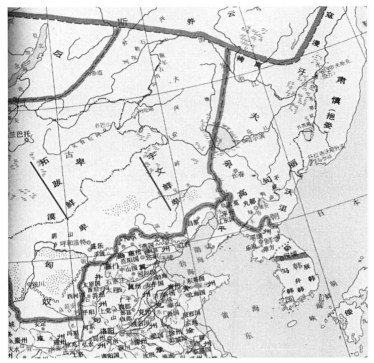

[그림 115] ≪중국사고지도집≫ 50쪽 선비 지명과 우문선비字文鮮卑, 척발선비拓跋鮮卑 서부선비西部鮮
卑 등이 표시되어 있다.

⑫ 수밀이국(須密爾國, Sumiri-guk)

십이환국의 열두번째 나라인 수밀이국須密爾國에 대한 기록을 찾아 보고자
한다. 환국은 BC 7197년부터 BC 3897년까지 존속되다가 배달국으로 계승
된다. 우리나라 사서에 기록된 자료와 중앙아시아 메소포타미아문명에 남
아 있는 기록을 같이 찾아 연구해 보고자 한다. 〈단군세기〉 십오세단군 기록
과 이십칠세단군 기록에 수밀이국須密爾國이 남아 있다. 두 기록 외에는 추가
적인 역사 기록은 찾을 수 없었다. 다만, 수메르문명과의 연관성에 대한 많
은 주장들이 있어 같이 살펴보고자 한다.

[도표 035] 수밀이국須密爾國 기록

사서목록	저자	중요기록
단군세기 檀君世紀	행촌 이암	십오세十五世 단군
단군세기 檀君世紀	행촌 이암	이십칠세二十七世 단군

1) 〈단군세기〉 십오세단군十五世檀君 대음代音

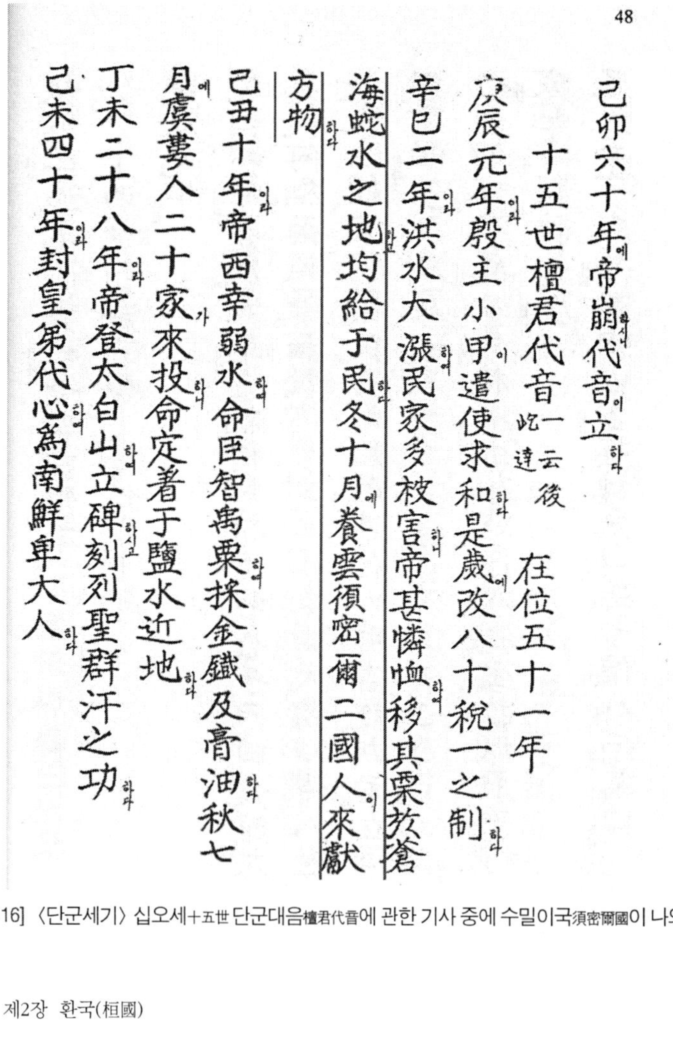

48

己卯六十年에帝崩하시니代音이立하다

十五世檀君代音 一云後屹達 在位五十一年

庚辰元年이라殷主小甲이遣使求和하다是歲에改八十稅一之制하다

辛巳二年이라洪水大漲하여民家多被害하니帝甚憐恤하여移其粟於蒼海蛇水之地하고均給于民하다冬十月에養雲須密爾二國人이來獻方物하다

己丑十年이라帝西幸弱水하여命臣智禹粟採金鐵及膏油하다秋七月에虞婁人二十家가來投하니命定著于鹽水近地하다

丁未二十八年이라帝登太白山하여立碑하시고刻列聖群汗之功하다

己未四十年이라封皇弟代心하여爲南鮮卑大人하다

[그림 116] 〈단군세기〉 십오세十五世 단군대음檀君代音에 관한 기사 중에 수밀이국須密爾國이 나와 있다.

행촌 이암(李嵒, 1297~1364)이 찬한 〈단군세기〉에 12환국 중에서 열두번째로 언급된 수밀이국須密爾國에 대한 기록이 남아 있다.

辛巳二年이라
신 사 이 년

洪水大漲하여 民家多被害하니 帝甚憐恤하여
홍 수 대 창   민 가 다 피 해   제 심 연 휼

移其粟於蒼海蛇水之地하고 均給于民하다.
이 기 속 어 창 해 사 수 지 지   균 급 우 민

冬十月에 養雲須密爾二國人이 來獻方物하다.
동 시 월   양 운 수 밀 이 이 국 인   내 헌 방 물

재위 2년 신사(단군기원 674년, BC 1660년)년에 홍수가 크게 나서 민가에 많은 피해를 주었다. 단군께서 심히 불쌍히 여기시어 곡식을 창해蒼海 사수蛇水 땅으로 옮겨 백성에게 균등하게 나누어 주게 하셨다. 겨울 10월에 양운국과 수밀이국須密爾國 두 나라 사람이 와서 방물을 바쳤다.

2) 〈단군세기〉 이십칠세단군二十七世檀君 두밀豆密

행촌 이암(李嵒, 1297~1364년)이 찬한 〈단군세기〉에 12환국 중에서 열두번째로 언급된 수밀이국須密爾國에 대한 기록이 남아 있다.

甲申元年이라
갑 신 원 년

天海水溢하고 斯阿蘭山이 崩하다.

천해수일 사아란산 붕

是歲에 須密爾國과 養雲國과
시세 수밀이국 양운국

句茶川國이 皆遣使하여 獻方物하다.
구다천국 개견사 헌방물

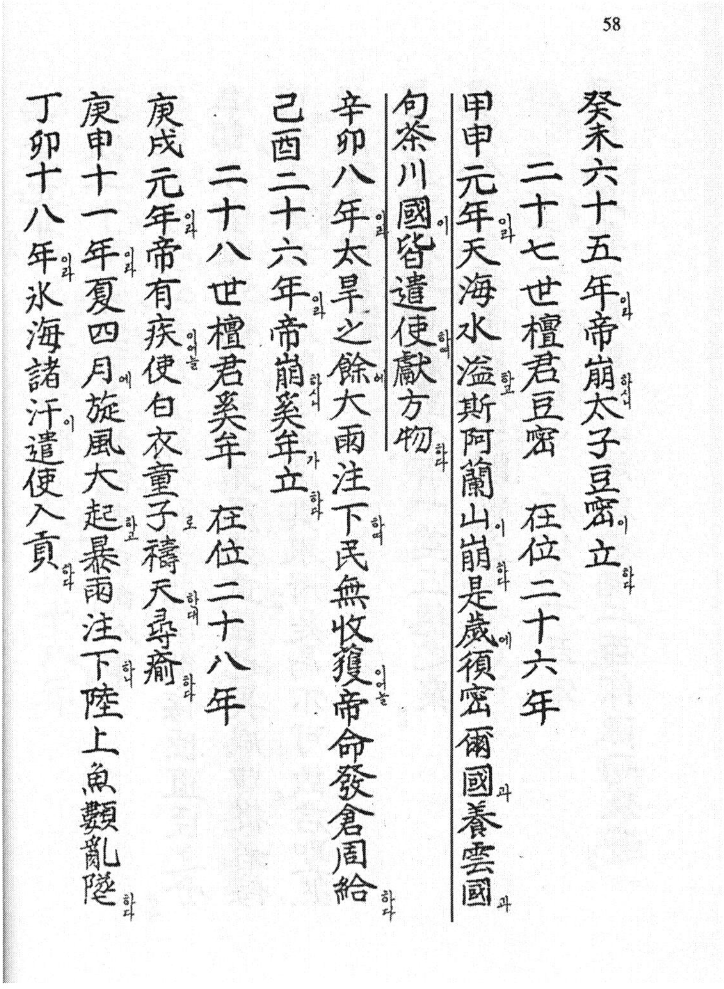
58

癸未六十五年이라 帝崩하시니 太子豆密이 立하다

二十七世 檀君豆密 在位二十六年

甲申元年이라 天海水溢하고 斯阿蘭山이 崩하다 是歲에 須密爾國과 養雲國과 句茶川國이 皆遣使하여 獻方物하다

辛卯八年이라 太旱之餘에 大雨注下하여 民無收穫이어늘 帝命發倉周給하다

己酉二十六年이라 帝崩하시니 奚牟가 立하다

二十八世 檀君奚牟 在位二十八年

庚戌元年이라 帝有疾이어늘 使白衣童子로 禱天하대 尋瘉하다

庚申十一年이라 夏四月에 旋風大起하고 暴雨注下하니 陸上魚類亂墜하다

丁卯十八年이라 氷海諸汗이 遣使入貢하다

[그림 117] 〈단군세기〉 이십칠세二十七世 단군두밀檀君豆密에 관한 기사 중에 수밀이국須密爾國이 나와 있다.

이십칠세二十七世 두밀단군의 재위 원년은 갑신(甲申, 환기桓紀 6201년, 신시개천 2901년, 단군기원 1337년, BC 997년)이다. 천해天海의 물이 넘치고 사아란산斯阿蘭山이 무너졌다. 이 해에 수밀이국須密爾國, 양운국, 구다천국句茶川國이 모두 사신을 보내 방물方物을 바쳤다.

십오세 단군에 이어 이십칠세 두밀단군조에서도 수밀이국須密爾國에 대한 기사가 보이는 것은 수밀이국須密爾國의 존속이 지속되고 있음을 보여준다.

3) 수밀이국須密爾國과 수메르(Sumer)

수메르 문명의 기원에 대한 정설은 없다. 다만 자신들을 스스로 '검은 머리의 사람들(Sag gi ga)'이라고 불렀으며, '동방의 고원 산악지대인 안샨(Anshan)[36]으로부터 넘어왔다.'고 한다. 수메르인들은 자신들이 사는 곳을 수메르(Sumer)[37]라고 부르지 않았다. 수메르(Sumer)라는 말은 아카드어(Akkadian language)[38]로 아시리아인들과 바빌로니아인들이 불렀던 지명이다. 그들은 자신들의 땅을 키엔기르(kiengir)라고 불렀다. 키(Ki)는 땅, 엔기르(Engir)은 통치자이란 뜻으로 '통치자의 땅'이란 뜻이다. 수메르문명은 BC 5000년 경에 시작되어 BC 3500년에 도시국가를 형성하고 고대문명이 발달하였다. 이 때는 환국桓國시대이다. BC 1750년 바빌로니아 6대왕 함무라비왕에 의하여 멸망당하게 된다. 수메르인들은 BC 3200년 경부터 문자를 사용하기 시작하였

---

36 안(An)은 하늘, 샨(shan)은 산이다. 즉 하늘산(天山)을 의미한다.

37 이 지역의 옛 이름이 슈메룸이었다. 구약성서에서는 이 지역을 쉬나르(시날) 땅이라고 부른다(데이비드 롤, 《문명의 창세기》, 64쪽).

38 아카드어 (akkadītum)는 셈어족이며 고대 메소포타미아 특히 아시리아인과 바빌로니아인들이 사용하였다. 최초의 검증된 셈어족의 언어인 아카드어는 고대 수메르어에서 유래한 설형문자를 사용하였다. 언어의 이름은 메소포타미아 문명의 주요 중심지 고대도시 아카드에서 유래하였다.

으며, 후에 점토판에 쐐기 모양으로 자국을 낸 설형문자楔形文字로 발전하였다. 이 점토판 설형문자에 많은 기록이 잘 보전되어 있다. 천지창조의 설화를 담은 에누마엘리쉬(Enuma Elish)와 길가메시 서사시 등 수백 편의 문화유산이 문자로 기록되었다. 씨름과 순장殉葬 제도, 1923년 발굴된 황금투구의 왕이 상투를 틀고 있었다는 점과 아래와 같은 언어의 유사점을 살펴보면, 환국의 일부 부족이 인구 증가로 인하여 천산天山산맥에서 중앙아시아 지역으로 남하하여 문명을 개척한 것으로 추정해 볼 수 있다. 그러나 여기에 대해서는 많은 고고학적 실증 연구가 필요하다.

[도표 036] 수메르어와 한국어의 언어 비교

수메르어 발음과 뜻	한국어 발음과 뜻
아누(Annu 신神)	하느님上帝
안(An 천天)	하늘天
기르(Gir) 길路	길路
아비(Abi) 아버지	아비(아버지)
움마(Uhma) 어머니	엄마(어머니)
나(Na) 나我	나我
니므(Nim) 님任	님任

어떤 연유로 다른 부족에 의하여 수메르(Sumer)라고 불리게 되었을까? 수밀이국須密爾國과 수메르(Sumer)를 같은 국명으로 봐야 할까? 또한 BC 1750년 함무라비왕으로부터 침략을 받아 멸망당한 수메르(Sumer)에서 90년 후에 십오세단군, BC 1660년과 754년이 지난 이십칠세단군, BC 997년에 단군조선에 사신을 보내게 되었는지는 의문 사항이다. 혹 멸망한 후에 일부 부족이 고향 땅 동방으로 다시 이주하게 되었는지 등에 대한 추가 연구가 필요한 과제이다. 그러나 사료의 부족으로 더 이상은 추정할 수 없음을 안타깝게 생각한다.

⑬ 십이환국 연구의 의미

환국桓國은 구환족九桓族이 주축이 되어 열두 나라인 십이환국으로 나뉘어 있었다. 그 나라들의 위치는 환국의 터전인 백산白山, 즉 지금의 천산天山산맥의 물이 모여드는 천해天海인 발하슈호 동쪽 지역의 땅으로 천산산맥에서 동쪽 바다와 만나는 연해주 지역까지 광활한 지역이었다. 그 역사의 흔적으로 12나라의 이름이 기록으로 남아 있다. 그 12나라의 이름이 ≪환단고기≫에 소개되어 있다. 그 나라 이름들을 많은 역사 기록에서 찾아 보았다. 쉽지 않는 작업이었으며, 논쟁이 될 부분이 있을 것이다. 그러나 역사연구에서 가능성을 가지고 찾아 나서다 보면 많은 역사적 진실을 찾을 수 있을 것이다. 다행히도 많은 역사 기록물에서 열두 나라의 국명을 기록하고 있었다. 그 흩어져 있던 기록들을 도표로 정리하여 보았다.

[도표 037] 십이환국 기록 사서史書 정리 도표

十二桓國	卑離國 (비리국)	養雲國 (양운국)	寇莫汗國 (구막한국)	句茶川國 (구다천국)	一羣國 (일군국)	虞婁國 (우루국)	客賢汗國 (객현한국)	句牟額國 (구모액국)	賣句餘國 (매구여국)	斯納阿國 (사납아국)	鮮卑國 (선비국)	須密爾國 (수밀이국)
三國志 陳壽	卑離國			瀆盧國								
四夷傳 晉書	卑離國	養雲國	寇莫汗國		一羣國							
蕭愼氏 晉書			寇莫汗國									
遼史	卑離國											
北狄傳 新唐書						虞婁國						

十二桓國	卑離國(비리국)	養雲國(양운국)	寇莫汗國(구막한국)	勾茶川國(구다천국)	一羣國(일군국)	虞婁國(우루국)	客賢汗國(객현한국)	勾牟額國(구모액국)	賣勾餘國(매구여국)	斯納阿國(사납아국)	鮮稗國(선비국)	須密爾國(수밀이국)
三國史記 高句麗本紀				勾茶川國					賣勾餘國		鮮稗國	
廣開土 太皇碑文	卑離國						客賢汗國	勾牟額國	賣勾餘國			
檀君世紀 15世檀君		養雲國				虞婁國					鮮稗國	須密爾國
檀君世紀 21世檀君		養雲國			一羣國							
檀君世紀 27世檀君		養雲國		勾茶川國								須密爾國
檀君世紀 32世檀君											鮮稗國	
北夫餘記 3世檀君					一羣國							
桓國本紀 太白逸史				勾茶川國					賣勾餘國			
神市本紀 太白逸史										尸羅		
大辰國本紀 太白逸史						虞婁國					鮮稗國	

十二桓國	卑離國 (비리국)	養雲國 (양운국)	寇莫汗國 (구막한국)	勾茶川國 (구다천국)	一羣國 (일군국)	虞婁國 (우루국)	客賢汗國 (객현한국)	勾牟額國 (구모액국)	賣勾餘國 (매구여국)	斯納阿國 (사납아국)	鮮稗國 (선비국)	須密爾國 (수밀이국)
太白逸史 高句麗本紀										斯盧	鮮稗國	
中國史稿 地圖集	卑離國	養雲國	寇莫汗國								鮮稗國	
朝鮮王朝 實錄										尸羅		
三聖記全 上篇										新羅		
기록	5	5	3	4	3	3	1	1	3	4	6	2

십이환국이 조각처럼 흩어져서 기록되어 있었지만, 흩어진 기록들을 모아보면 역사적으로 존재했던 나라라는 것을 증명하기에 충분하리라 생각된다. 십이환국이 존재했던 정확한 위치에 대한 연구는 앞으로의 과제이다. 일부는 상세하게 기록되어 위치를 추적할 수 있지만 기록의 부족으로 정확한 위치를 추청하기에도 어려운 나라들이 있다. 많은 역사연구가들의 노력으로 상세하게 밝혀질 12환국의 역사를 기대하여 본다.

제3절 환화(桓花)

무궁화無窮花의 학명學名은 히비스쿠스 시리아쿠스 린네우스(Hibiscus syriacus Linnaeus)이다. 학명에서 히비스쿠스(Hibiscus)는 속명屬名이다. 속명의 기원은 이집트의 히비스신(Hibis神)을 닮았다(cus)는 뜻으로, 곧 히비스신(Hibis神)처럼 아름답다는 뜻이다.

[그림 118] 히비스 신전(Temple of Hibis)은 이집트 카르가(Kharga) 시에서 북쪽으로 약 2Km 거리에 있다. 카리자 오아시스(Kharijah Oasis)에서 가장 규모가 큰 고대 이집트 신전이다.

히비스 신전(Temple of Hibis)은 테베(Thebe)의 삼신三神인 아몬(Amon), 무트(Mut), 콘스(Khonsu)에게 봉헌된 고대 이집트(Egypt) 신전神殿으로, 건축은 이집트 제26왕조 시대인 BC 588년 시작되어, 이 지역을 정복한 페르시아 다리우스(Darius) 1세(BC 550~486) 때인 BC 522년에 완공되었다.[39]

[그림 119] 시리아(Syria) 다마스쿠스(Damascus) 국립박물관(National Museum) 고대 왕궁의 궁성 유물 사진으로 궁성 장식 문양으로 무궁화꽃과 잎 모양으로 새겨져 있다.

[그림 120] 시리아(Syria) 다마스쿠스(Damascus) 국립박물관 정문으로 사용하고 있는 고대 왕궁의 궁성 성벽 상반부에 있는 무궁화 문양, 무궁화 사진과 비교하여 보았다.

---

[39] 이 단락에서 테베(Thebe)는 태백太白 문화가 전파되어 그 이름 그대로 사용하고 있다.

학명學名의 두번째로 나오는 종명種名은 시리아쿠스(syriacus)이다. 그 의미는 시리아(Syria) 지역의 꽃이란 의미를 내포하고 있다. 시리아(Syria)에 있는 다마스쿠스(Damascus) 국립박물관에는 고대 왕궁의 궁성宮城 유물이 전시되어 있다. 그 궁성 유물에 장식되어 있는 문양이 바로 시리아쿠스(syriacus) 무궁화 문양紋樣이다.

[그림 121] 시리아(Syria) 다마스쿠스(Damascus) 국립박물관 정문으로 사용하고 있는 고대 왕궁의 궁성 성벽 상반부에 있는 무궁화 문양을 확대한 사신이다.

시리아가 원산지라는 의견에 대해서는 이론을 내세우는 학자들도 있지만, 이런 고대 유물은 시리아 지역에서 무궁화를 많이 볼 수 있었다는 역사적 사실을 설명해 주고 있다. 시리아(Syria)는 아시아 중에서 서아시아 지역이다. 지금의 이란, 이라크, 터키, 카자흐스탄, 키르기스스탄, 우즈베키스탄, 신장 위구르 자치구 등 중앙아시아 지역에서도 무궁화를 많이 볼 수 있다. 이 지역은 환국桓國시대에 구환족九桓族이 뿌리를 내린 지역이다.

세번째 단어 린네우스(Linnaeus)는 명명자命名者의 이름이다. 무궁화 학명을 붙인 학자는 스웨덴의 식물학자 린네(1707~1776)이다.

무궁화의 꽃 이름은 '샤론의 장미(The Rose of Sharon)'라고 부른다. 여기에서 샤론(Sharon)은 이스라엘의 평야지대 이름이다. 즉 이스라엘과 시리아 지역에 피는 무궁화꽃을 '샤론의 장미'라고 불렀다는 것이다.

무궁화의 역사적 기록들과 분포 지역을 살펴보고자 한다. 한반도는 무궁화의 자생지가 아니다. 역사적 사료들을 주도면밀하게 살펴보면 충분히 역사적 사실을 알아 낼 수 있다. 환국시대에 국화로 선정되어 환화桓花로 불렀다면 국화國花의 역사는 무려 9,000년이라는 인류 최초이자 최고의 역사를 가지게 되는 셈이다. 무궁화의 역사가 바르게 입증되면 유구한 역사에 대한 자긍심은 우리에게 무한한 미래 발전의 원동력이 될 것이다. 국가도 민족의 사기土氣가 충천되면 더욱 발전하기 때문이다.

[도표 038] 시대별 무궁화 기록과 역사

역사서	무궁화꽃 이름	역사 기록
태백일사 太白逸史	환화 桓花	환국 桓國
성경 聖經	샤론의 장미	The Rose of Sharon
산해경 山海經	훈화초 薫華草	군자국 君子國
단군세기 檀君世紀	환화 桓花	5세 단군 구을 五世 檀君 丘乙
단기고사 檀奇古史	근수 槿樹	5세 단제 구을 五世 檀帝 丘乙
단군세기 檀君世紀	환화 桓花	11세 단군 도해 十一世 檀君 道奚
단군세기 檀君世紀	천지화 天指花	13세 단군 흘달 十三世 檀君 屹達
규원사화 揆園史話	훈화 薫華	15세 단군 벌음 十五世 檀君 伐音

역사서	무궁화꽃 이름	역사 기록
단군세기 檀君世紀	환화 桓花	16세 단군 위나 十六世 檀君 尉那
시경 詩經	순화 舜華	정풍 鄭風
고운 최치원 선생 문집	근화향 槿花鄉	신라 효공왕(897년)

① 무궁화 기록 ≪환단고기≫ 환화桓花

[원문原文]

盖處衆之法이 無備有患이오 有備無患이니
개 처 중 지 법　　무 비 유 환　　　유 비 무 환

必備豫自給하고 善羣能治하여 萬里同聲에
필 비 예 자 급　　　선 군 능 치　　　만 리 동 성

不言化行일새
불 언 화 행

於是에 萬方之民이 不期而來會者가 數萬이라
어 시　　만 방 지 민　　불 기 이 래 회 자　　수 만

衆이 自相環舞하고 仍以推桓仁하여
중　　자 상 환 무　　　잉 이 추 환 인

坐於桓花之下積石之上케 하고 羅拜之하니
좌 어 환 화 지 하 적 석 지 상　　　　　나 배 지

山呼聲溢하고 歸者如市라
산 호 성 일　　　귀 자 여 시

是爲人間最初之頭祖也시니라
시 위 인 간 최 초 지 두 조 야

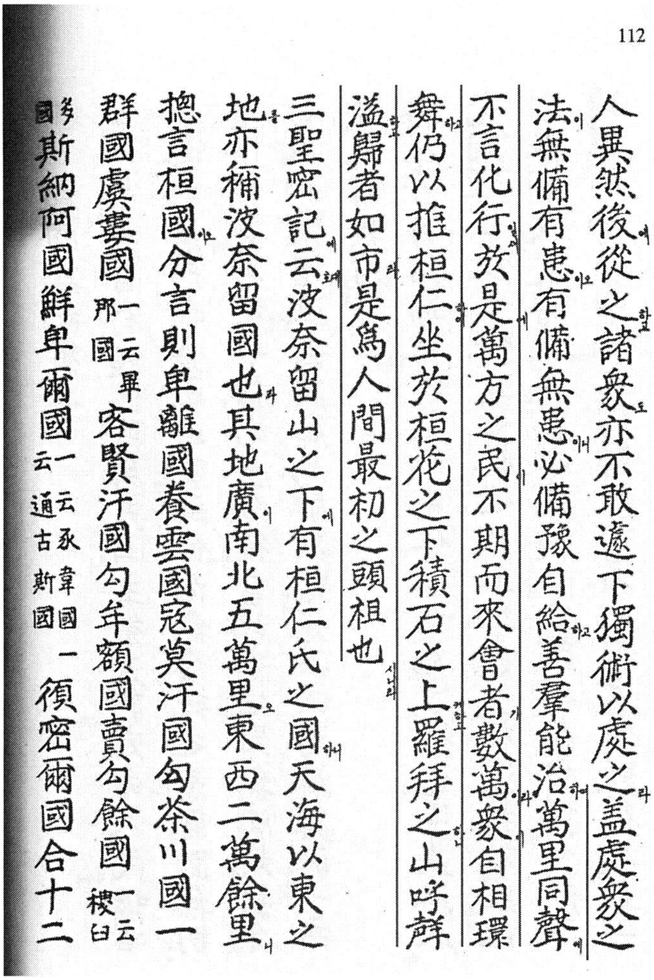

人異然後從之하니諸衆이亦不敢遠下하야獨術以處之하니盖處衆之
法은無備有患이요有備無患이니必備豫하야自給善羣能治萬里同聲하야
不言化行하야於是萬方之民이不期而來會者數萬衆이自相環
舞하며仍以推桓仁하야坐於桓花之下積石之上하고羅拜之하니山呼聲
溢하야歸者如市하니是爲人間最初之頭祖也라

三聖密記에云波奈留山之下에有桓仁氏之國하니天海以東之
地를亦稱波奈留國也라其地廣이南北五萬里요東西二萬餘里
摠言桓國이요分言則卑離國養雲國寇莫汗國勾茶川國一
群國虞婁國一云畢那國客賢汗國勾年賣勾餘國一云次韋國櫻曰
國斯納阿國鮮卑爾國云一通古斯國一云永韋國須密爾國合十二

[그림 122] ≪환단고기≫ 광오이해사본(1979년) 〈태백일사〉 〈환국본기〉에 환화桓花에 대한 기록이
있다.

[해석解釋]

　대개 백성을 다스리는 법은 대비가 없으면 우환이 뒤따르고 대비가 있으
면 우환이 없는 것이니, 반드시 만일을 대비하여 먼저 준비하고 백성들을 선
善으로 대하여 능히 잘 다스리면, 만리나 떨어져 있어도 같은 소리를 내며, 말
하지 않아도 교화敎化가 행하여 지느니라!

이때에 만방의 백성들이 기약하지 않았는데도 와서 모인 사람들이 수만 명이라! 수많은 백성들이 서로 둥글게 모여 춤을 추고 환인을 추대하였다. 환인桓仁께서 **환화(桓花, 무궁화)** 아래에 돌을 쌓고 그 위에 앉으시니, 모든 백성들이 늘어서서 절을 하였다. 기뻐하는 백성들의 소리가 넘쳐 산에 가득하였다. 귀화해 오는 자들이 저자를 이룰 정도였다. 이 분이 바로 인간 최초의 우두머리 조상이시다.

≪환단고기≫〈태백일사〉〈환국본기〉에는 환국桓國의 나라꽃(桓花)에 대한 기록이 있다. 환국桓國시대의 국화國花였다. 그러나 이 기록에서는 환화桓花에 대한 구체적인 꽃의 모양이나 특성에 대한 상세 묘사가 없다. 단지 환국桓國의 거주 지역이 천산天山 지역이니 지금의 신장 위구르 차지구(동투르키스탄)나 천산산맥 주변 국가인 카자흐스탄, 우즈베키스탄, 키르기스스탄 지역이다.

[그림 123] 우즈베키스탄(Uzbekistan)의 수도 타슈켄트(Toshkent) 독립광장에 핀 무궁화[40]. 사진 속 무궁화는 붉은색 계열의 무궁화이다.

---

[40] http://juankwon.blog.me/150175689125 블로그 사진 인용

[그림 124] 우즈베키스탄(Uzbekistan) 사마르칸트(Samarkand) 야외 카페에 핀 무궁화[41]. 중앙아시아에 자연스럽게 분포되어 있다.

[그림 125] 키르기스스탄(Kyrgyzstan) 오쉬(Osh) 국립공연장 필하모니 정원에 핀 무궁화

최근 중앙아시아 5개국과 중국 신장 위구르 자치구 여행 관련 서적들이 많이 출간되고 있다. 여행 기록을 살펴보면[42] 중간 중간에 중앙아시아 지역에

---

41 http://wonja22.blog.me/20070178961 블로그 인용

서 무궁화를 발견한 사진 기록들이 있다.

중앙아시아와 서아시아, 중국, 인도 지역에 서식하고 있는 무궁화가 어떻게 극동아시아의 땅 한반도에 살고 있는 한민족의 국화國花가 되었는가? 한반도는 무궁화의 원산지가 아니다. 어떤 역사적 스토리가 있기에 원산지도 아닌 꽃이 국화가 되었는가? 이는 역사를 잊어버렸기 때문에, 우리 민족의 이동 경로조차 정확하게 밝히지 못하고 있기 때문이다.

시리아와 인접하고 있는 서아시아 지역의 터키와 그리스 지역에도 가로수로 볼 수 있을 정도로 많은 무궁화가 서식하고 있다. 9천 년 전에 천산天山산맥에서 시작한 환국桓國의 주류 세력은 중국대륙 서안西安 지역을 거쳐 중국 동부 그리고 만주를 거쳐 한반도로 들어와 한민족으로 살아가고 있으며, 천산지역에 남아 있던 구환족들은 세력을 규합하여 흉노족, 투르크(돌궐)족, 몽고족 등이 중심이 되어 중앙아시아와 서아시아 일대를 점령하고 터전을 삼고 살아 가고 있다. 최초의 나라 환국桓國에서 국화國花로 삼았던 무궁화는 지금도 한반도와 중앙아시아, 서아시아 그리고 서남아시아 지역에 분포되어 있다. 구환족의 이동 경로와 이주 지역에 분포되어 있다.

② 무궁화 기록 ≪성경≫ A rose of Sharon

무궁화에 대한 기록이 구약성서에 소개되어 있다. 샤론의 장미(a rose of Sharon)로 되어 있다.

I am a **rose of Sharon**, a lily of the valleys
(성경NIV 아가서 2장 1절)

나는 **샤론의 장미**, 골짜기에 핀 백합꽃이라오.

---

42 ≪중앙아시아 육로 여행, 내가 꿈꾸는 그곳≫, 이정민지음, 이담, 2011년, 60쪽 197쪽, 오쉬 (Osh)에서 가로수가 된 무궁화 기록 참조

이 노래는 솔로몬왕이 지은 노래이다. 솔로몬왕은 이스라엘 고대 왕국의 3대왕(BC ? ~ BC 912년)인데, 그의 노래가 ≪구약성서≫ 〈아가서〉에 'A rose of Sharon(샤론의 장미, 무궁화)'로 소개되고 있다. 성경의 의미는 시리아 지역에 무궁화가 있었다는 결정적인 증거가 될 수 있다. 구환족은 천산 지역에서 중앙아시아 지역으로 이주하였으며 현재의 중동 지역인 서남아시아 지역으로 이주하면서 무궁화도 이동하게 된다. 식물학적으로 무궁화는 쌍자엽식물강 아욱목 아욱과 무궁화속에 속하며, 내한성耐寒性 낙엽관목이다. 4월에 개엽이 되는데, 이 개엽 시기는 한반도에 봄이 오는 3월이 아니라 위도 45° 지역으로 4월에 봄이 오는 곳이다. 꽃은 홑, 반겹 등으로 아주 여러 가지이고, 꽃 색깔도 분홍, 빨강, 보라, 흰색 등 다양하다. 꽃은 7월에서 10월까지 100여 일간 계속 피고 진다. 특히 아침에 피고 저녁에 지는 특징을 갖고 있다.

③ ≪산해경山海經≫ 훈화초薰華草 기록

[원문原文]

君子國在其北, 衣冠帶劍, 食獸,
군 자 국 재 기 북   의 관 대 검   식 수

使二大虎 在旁, 其人好讓不爭
사 이 대 호 재 방   기 인 호 양 부 쟁

有薰(或作菫)華草, 朝生夕死
유 훈 (혹 작 근) 화 초   조 생 석 사

一日在肝楡之尸北
일 일 재 간 유 지 시 북

[해석解釋]

군자국君子國은 그 곳의 북방에 있으며, 의복을 갖추어 입고, 머리에는 관冠을 하고, 허리에는 대帶를 하고 검劍을 차고 있다. 짐승을 사냥하여 식량으로 삼으며 큰 호랑이 두 마리를 방에 가까이 두고 부리며, 그 사람들은 양보하기를 좋아하고 서로 싸우기를 싫어한다. 훈화초薰華草가 있는데 아침에 피었다가 저녁에는 지는 꽃이다. 하루 종일 꽃이 진지하게 유지되다가 해질 무렵 꽃이 죽어 떨어진다.

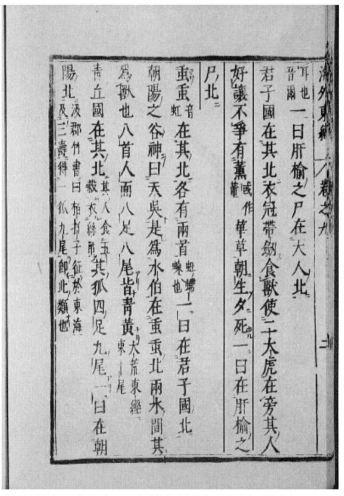

[그림 126] ≪산해경≫ 〈해외동경海外東經〉에 소개된 훈화초薰華草 기록. 미약서사尾陽書肆 문광당장文光堂藏에서 출판한 사료. 일본 와세다대학조도전대학,早稻田大學 도서관 자료 복사본

혹은 훈화초를 '무궁화 근董' 자로 사용하기도 한다. 즉 근화초董華草라고도 한다. 이는 진나라 곽박郭璞의 주석에 있는 글이다. 즉 훈화초는 무궁화다.

≪산해경山海經≫에 "훈화초가 있는데 아침에 피었다가 저녁에는 지는 꽃이다."라는 기록이 있다. 이 기록에서 훈화초의 특징을 아침에 피었다가 저녁에 지는 꽃이라고 설명하고 있다. 이는 무궁화꽃의 특징을 정확하게 설명하고 있는 것이다.

무궁화꽃의 독특한 생태적 특징은 그 기록에서 다른 꽃과는 쉽게 구별할 수 있다. 또한 '아침에 피었다가 저녁에 지는' 꽃의 특징으로 인하여 '조생석사朝生夕死, 조생석운朝生夕隕, 조개모락화朝開暮落花, 조생모락화朝生暮落花'라는 이름으로 불렸다. 즉 꽃의 생태적 특징을 묘사한 글이 꽃의 이름으로 쓰이는 것이다.

해가 있는 시간대에 핀다는 의미로 '일급日及, 일화日華'이란 이름으로도 불렸다. 이런 이름들은 무궁화에만 있는 특이한 생태적 이름이다. 또한 생태적인 색상을 구별하여 무궁화 단椴, 무궁화 나무 친櫬으로 쓰기로 하였는데, 특히 무궁화꽃이 흰색 계통을 단椴이라 하였으며, 붉은 계통을 친櫬이라 하였다.

군자의 나라에 많이 피어 있는 이 무궁화꽃은 집의 울타리로 흔히 사용하고 있어 '번리초藩蘺草'라는 이름으로도 불리고 있다. 그만큼 흔히 볼 수 있을 정도로 많이 심고 가꾸었다는 의미이다. 무궁화는 실제 가지를 잘라서 심어도 살고, 잘못하여 꺼꾸로 심어도 살며, 비스듬히 심어도 살아서 잘 자라는 꽃이다. 그래서 '쉬울 이易' '살 생生', 즉 '이생易生'이라는 이름도 가지고 있다.

이렇게 다양한 이름을 가지고 있는 것은 그만큼 역사도 깊고 오랜 세월 동안 구환족의 대표적인 꽃으로 사랑받았음을 뜻한다.

위 기록에 군자의 나라 사람들에 대한 특징을 정확하게 묘사하고 있다. 아래 고구려 사신도로 밝혀진 아프라시압(Afrasiab)의 벽화를 살펴보면 쉽게 알 수 있다.

[그림 127] 머리에는 새의 깃털로 꽂은 모자인 조우관鳥羽冠을 쓰고, 허리에 혁대革帶를 하고 있으며, 환두대도環頭大刀라는 칼을 허리에 차고 있는 고구려 사신의 모습, 우즈베키스탄(Uzbekistan) 사마르칸드(Samarkand) 아프라시압(Afrasiab) 궁전의 서벽에서 1965년 발굴된 벽화 모사도, 국립중앙박물관 '동서문명의 십자로-우주베키스탄의 고대 문화' 전시회 자료

≪산해경≫에 상세하게 군자국君子國 사람들의 모습을 설명하고 있다. 그 모습 그대로 그려져 있는 고구려 사신의 벽화는 군자국은 어느 나라 사람들이 세운 나라인지 정확하게 알려 주고 있다. 환국桓國과 신시배달국神市倍達國, 단군조선, 북부여北夫餘, 고구려高句麗로 국통이 이어지고 있는 것이다.

④ ≪단군세기≫ 5세 단군 구을 환화 기록

[원문原文]

丁丑十六年이라 親幸藏唐京하사
정 축 십 육 년   친 행 장 당 경

封築三神壇하시고 多植桓花하다.
봉 축 삼 신 단   다 식 환 화

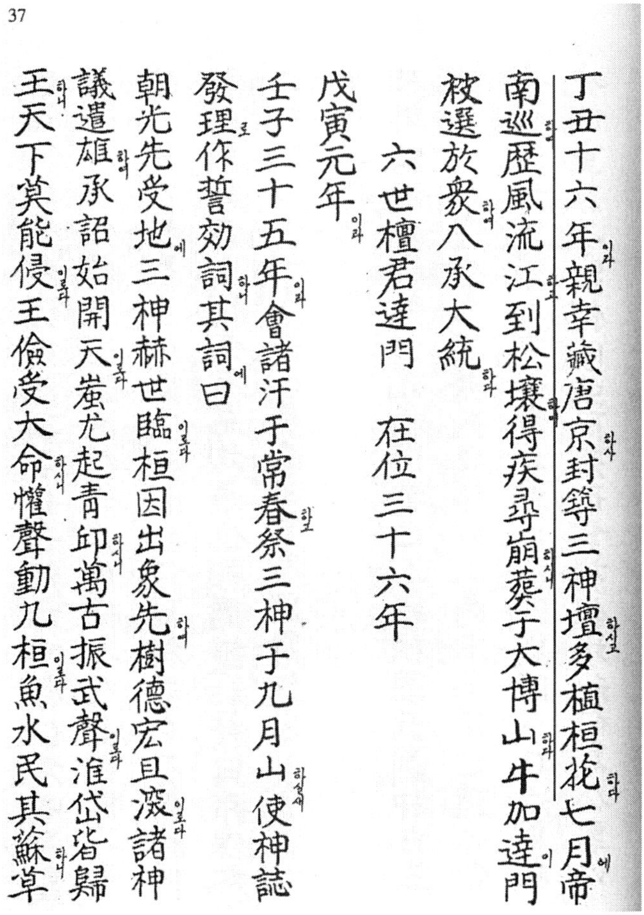

丁丑十六年親幸藏唐京封崇三神壇多植桓花七月帝

南巡歷風流江到松壤得疾尋崩葬于大博山牛加達門

攷選放衆八承大統

六世檀君達門　在位三十六年

戊寅元年

壬子三十五年會諸汗于常春祭三神于九月山使神誌

發理作誓効詞其詞曰

朝光先受地三神赫世臨桓因出象先樹德宏旦滋諸神

議遣雄承詔始開天崇尤起青卯萬古振武聲淮岱皆歸

王天下莫能侵王儉受大命懽聲動九桓魚水民其蘇草

[그림 128] ≪환단고기≫ 광오이해사본(1979년) 〈단군세기〉에 환화桓花에 대한 기록이 있다.

[해석解釋]

단군조선 5세 단군 구을丘乙 재위 16년 정축년(BC 2084) 단군께서 친히 장당경에 순행하사 삼신단三神壇을 봉축하시고 환화桓花를 많이 심으시니라.

인류 최초의 국가인 환국桓國은 BC 7197년~BC 3897년까지 3301년 존속되었다. 이때 나라꽃으로 환화桓花를 많이 심으셨다. 환국桓國을 계승하여 신시배달국神市倍達國이 BC 3897년~2333년까지 1,565년 존속되다가 이어 단군조선이 BC 2333년에 건국되었다. 단군조선 5대 단군이신 구을단군 때에도 그 전통을 그대로 계승하여 BC 2084년에 환화桓花, 즉 무궁화를 많이 심는 행사를 행하였다는 기록이다.

이 기록은 삼신단三神壇을 봉축하고 주변에 환화桓花를 많이 심었다는 내용이다. 하늘에 천제를 지내시는 곳에 환화桓花를 심었다는 것은 나라를 대표하는 꽃을 의미한다. 즉 국화인 셈이다. 이 전통은 단군조선시대 내내 지속되었다.

⑤ ≪단기고사檀奇古史≫ 근수槿樹 기록

저자 반안군왕盤安郡王 대야발大野勃은 대진국 발해의 시조인 대조영大祚榮의 동생이다. 발해 제10대 선황제宣皇帝 대인수(大仁秀 819~830)가 반안군왕盤安郡王 대야발大野勃의 4대손이다. 15대 마지막 황제까지 줄곧 대야발의 직계로 이어졌다.

> [단군조선 5세 단제 구을丘乙 16년에 임금께서 고역산古歷山에 행차하시어 제천단祭天壇을 쌓으시며 주변에 근수槿樹를 많이 심고 7월에 임금께서 비류강沸流江을 지나 강동江東에서 승하하시니 거기에 장사하였다. 태자가 왕위에 오르니 제6세 단제이시다.[43]]

'무궁화 근槿'자와 '나무 수樹'라고 기록하고 있다. 무궁화에 대한 기록이 이렇게 역사적으로 장구한 세월 동안 우리 한민족과 함께하고 있었으며, 우리 민족의 이주 경로를 따라 무궁화도 함께 이주하였다. 비록 한반도가 원산지는 아니어도 이주하면서 함께 가져온 것이다. 단군조선은 삼한으로 다스렸다. 이름하여 대륙삼한大陸三韓이다. 특히 신라는 삼한 중 변한弁韓의 후예이

---

43 ≪단기고사≫, 대야발 지음, 고동영 옮김, 한뿌리, 1986년, 28쪽 인용

다(구당서, 신당서 기록). 즉 단군조선의 변한에서 신라로 이어진 것이다. 대륙 신라에서 반도신라로 이주하면서 근수槿樹도 이주하게 된다.

⑥ ≪단군세기≫ 11세 단군 도해 환화 기록

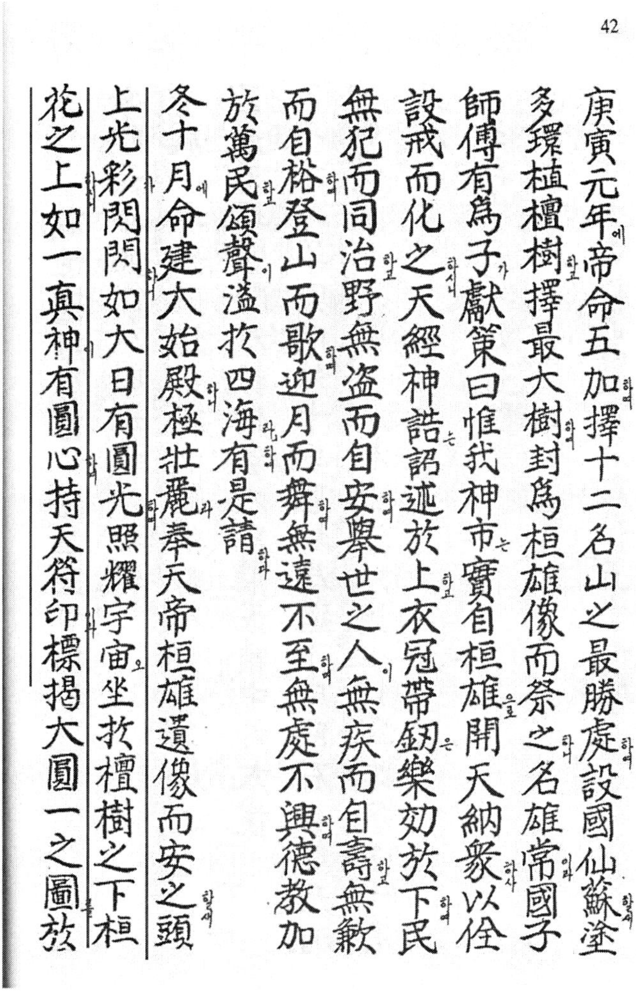

42

庚寅元年帝命五加擇十二名山之最勝處設國仙蘇塗
多環植檀樹擇最大樹封爲桓雄像而祭之名雄常國子
師傅有爲子獻策曰惟我神市實自桓雄開天納衆以佺
設戒而化之天經神誥詔述於上衣冠帶劒樂効於下民
無犯而同治野無盜而自安擧世之人無疾而自壽無歡
而自裕登山而歌迎月而舞無遠不至無處不興德教加
放萬民頌聲溢扵四海有是諸
冬十月命建大始殿極壯麗奉天帝桓雄道像而安之頭
上光彩閃閃如大日有圓光照耀宇宙坐扵檀樹之下桓
花之上如一眞神有圓心持天符印標揭大圓一之圖放

[그림 129] ≪환단고기≫ 광오이해사본(1979년) 〈단군세기〉에 환화桓花에 대한 기록이 있다.

冬十月에 命建大始殿하니 極壯麗라
동 십 월　명 건 대 시 전　　극 장 려

奉天帝桓雄遺像而安之할새 頭上光彩가 閃閃하니
봉 천 제 환 웅 유 상 이 안 지　　두 상 광 채　섬 섬

如大日有圓光하여 照耀宇宙오
여 대 일 유 원 광　　조 요 우 주

坐於檀樹之下桓花之上하시니
좌 어 단 수 지 하 환 화 지 상

如一眞神이 有圓心하여 持天符印이라.
여 일 진 신　유 원 심　　지 천 부 인

[해석解釋]

　단군조선 11세 단군 도해道奚 재위 원년인 경인(BC 1891)년 겨울 10월에 대시전大始殿을 건축하도록 명하셨다. 준공되니 지극히 웅장하고 화려하였다. 천제환웅天帝桓雄의 유상遺像을 대시전 안에 봉헌하니 머리 위에 광채가 찬란하여 마치 태양의 둥근 광명이 온 우주를 환하게 빛추는 것 같았다. 신단수神檀樹 아래 환화 위에 앉아 계시니, 마치 진신眞神 한 분이 하늘 같은 둥근 마음으로 천부인天符印을 손에 쥐고 계신다.

　위 기록은 대시전大始殿에 천제환웅天帝桓雄을 환화桓花, 즉 무궁화 위에 모셨다는 점이다. 신시배달국神市倍達國의 건국시조이신 천제환웅天帝桓雄을 국화인 무궁화 위에 모셨다는 것은 배달국 때에도 환화를 국화로 삼았다는 기록인 것이다.

⑦ ≪단군세기≫ 13세 단군 흘달 환화 기록

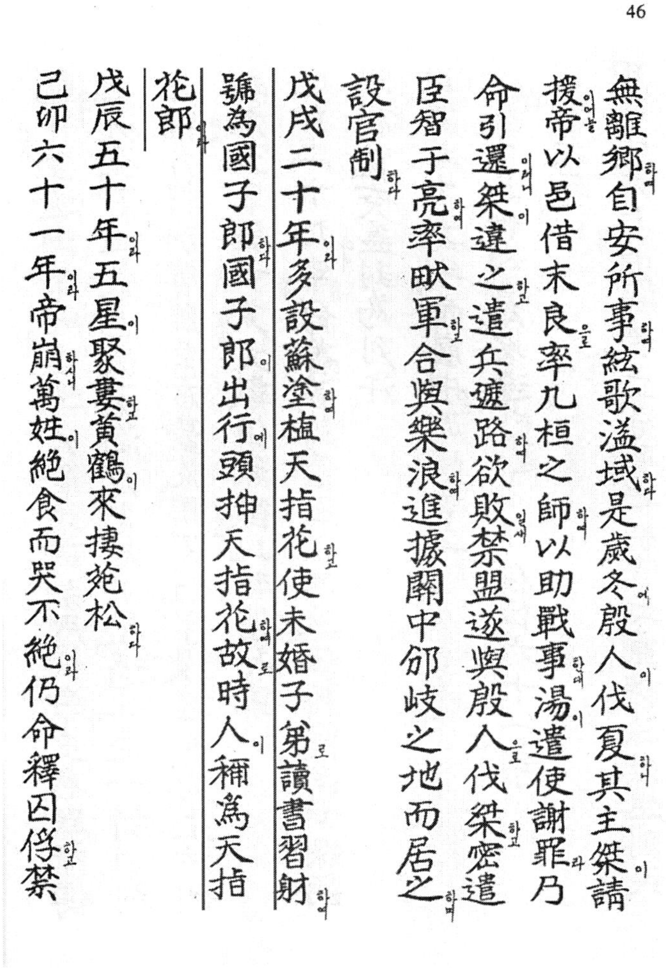

無離鄉自安所事絃歌溢域是歲冬殷人伐夏其主桀請
援帝以邑借末良率九桓之師以助戰事湯遣使謝罪乃
命引還桀違之遣兵遮路欲敗禁盟遂與殷人伐桀密遣
臣智于亮率畎軍合與樂浪進據關中邠岐之地而居之
設官制
戊戌二十年多設蘇塗植天指花使未婚子弟讀書習射
號為國子郎國子郎出行頭抑天指花故時人補為天指
花郎
戊辰五十年五星聚婁黃鶴來棲苑松
己卯六十一年帝崩萬姓絕食而哭不絕仍命釋囚俘禁

[그림 130] ≪환단고기≫ 광오이해사본(1979년) 〈단군세기〉에 천지화天指花에 대한 기록이 있다.

[원문原文]

戊戌二十年이라　多設蘇塗하여　植天指花하고
무술이십년　　　다설소도　　　식천지화

使未婚子弟로 讀書習射하여 號爲國子郞하다
사 미 혼 자 제　　독 서 습 사　　호 위 국 자 랑

國子郞이 出行에 頭揷天指花하니
국 자 랑　　출 행　　두 삽 천 지 화

故로 時人이 稱爲天指花郞이라
고　　시 인　　칭 위 천 지 화 랑

[해석解釋]

단군조선 13세 단군 흘달屹達 재위 20년 무술(BC 1763)년 소도蘇塗를 많이 설치하고 천지화天指花를 심으셨다. 미혼 자제를 모아 독서와 활쏘기를 시키시니 그들을 국자랑國子郞이라 불렀다. 국자랑이 출행할 때 머리에 천지화를 꽂았다. 그런 고로 그 당시 사람들이 천지화랑天指花郞이라 불렀다.

천지화天指花라는 기록은 유일하게 ≪단군세기≫에만 나오는 기록이다. 환국桓國의 환桓은 하늘을 의미한다. 이름하여 환국桓國을 파내류국波奈留國이라 불렀다. 파내류는 하늘이다. 그래서 환화桓花는 하늘꽃이다. 하늘을 가르키는 꽃이다. 다른 말로 바꾸면 천지화이다. 하늘을 가르키는 꽃, 하늘 꽃, 하늘을 의미한 꽃 무궁화다. 천지화를 머리에 꽂았으니 천지화랑이라 불렀다는 기록은 신라 화랑의 근원이 단군조선의 천지화랑임을 알 수 있다.

⑧ ≪규원사화揆園史話≫ 훈화薰華 기록

≪규원사화≫는 조선 숙종 2년(1675) 3월 10일에 북애자가 저술한 것이다. 단군기檀君記 기록 중에 무궁화에 대한 내용은 다음과 같다.[44]

---

44 ≪규원사화揆園史話≫ 북애자지음, 민영순옮김, 도서출판 다운샘 134쪽 인용

庚寅歲 壬儉伐音 元年 種薰華於階下以爲亭
경 인 세 임 검 벌 음 원 년 종 훈 화 어 계 하 이 위 정

　경인년은 단군임검(제15세 단군) 벌음 원년이다. 훈화薰華를 뜰 아래 심어 정
자를 만들었다.

　≪단군세기≫에는 대음代音단군이라 기록되었으며, ≪규원사화≫에는
벌음伐音단군조에 훈화薰花라는 기록이 있다. 훈화 기록은 ≪산해경≫의 "훈
화초薰華草" 기록과 같다. 단군조선시대의 여러 기록들을 살펴보면 단군조선
시대에 환화桓花, 천지화天指花, 훈화薰花, 근수槿樹로 불렀다. 네 가지 꽃 이름
은 바로 단군조선시대의 국화였던 무궁화의 옛 이름임을 알 수 있다.

⑨ ≪단군세기≫ 16세 단군 위나 환화 기록

戊戌二十八年이라
무 술 이 십 팔 년

會九桓諸汗于寧古塔하사
회 구 환 제 한 우 영 고 탑

祭三神上帝하실새 配桓因桓雄蚩尤
제 삼 신 상 제　　　 배 환 인 환 웅 치 우

及檀君王儉而享之하시고 五日大宴할새
급 단 군 왕 검 이 향 지　　　 오 일 대 연

與衆으로 明燈守夜하며 唱經踏庭하며
여 중　　　 명 등 수 야　　 창 경 답 정

一邊列炬하며 一邊環舞하여 齊唱愛桓歌하니
일변열거 일변환무 제창애환가

愛桓은 卽古神歌之類也라.
애환 즉고신가지류야

先人이 指桓花而不名하고 直曰花라
선인 지환화이불명 직왈화

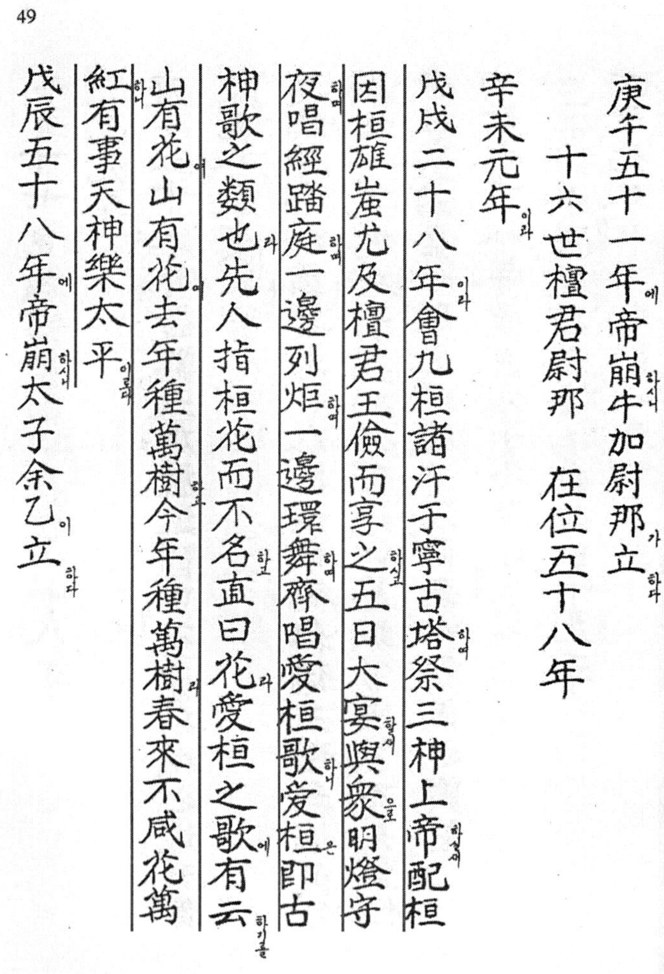
49

庚午五十一年에 帝崩하시니 牛加尉那가 立하다
十六世檀君尉那 在位五十八年
辛未元年이라
戊戌二十八年이라 會九桓諸汗于寧古塔하여 祭三神上帝하실새 配桓因桓雄蚩尤及檀君王儉而享之하시고 五日大宴할새 與衆으로 明燈守夜하며 唱經踏庭하며 一邊列炬하며 一邊環舞하며 齊唱愛桓歌하니 愛桓은 卽古神歌之類也라 先人이 指桓花而不名하고 直曰花라 愛桓之歌에 有云하기를
山有花여 山有花여 去年種萬樹하고 今年種萬樹라 春來不咸花萬紅하니 有事天神樂太平이로다
戊辰五十八年에 帝崩하시니 太子余乙이 立하다

[그림 131] ≪환단고기≫ 광오이해사본(1979년) 〈단군세기〉에 천지화天指花에 대한 기록이 있다.

愛桓之歌에 有云
애 환 지 가　유 운

山有花여 山有花여
산 유 화　산 유 화

去年種萬樹하고 今年種萬樹라
거 년 종 만 수　금 년 종 만 수

春來不咸花萬紅하니
춘 래 불 함 화 만 홍

有事天神樂太平이로다.
유 사 천 신 낙 태 평

[해석解釋]

　16세 단군 위나尉那 재위 28년 무술(BC 1583)년 단군께서 구환족의 모든 왕을 영고탑에 모이게 하셨다. 삼신 상제님께 천제를 봉행하시고 환인천제 환웅천황과 치우천황 단군왕검을 배향하셨다. 5일 간 큰 잔치를 베풀어 백성들과 더불어 불을 밝히고 밤을 새워 경전을 노래하고 마당밟기를 하셨다. 애환愛桓은 고신가古神歌의 한 종류이다. 옛 선인들이 환화桓花를 가리켜 이름을 짓지 않고 그냥 꽃이라 하였다. 애환가에 전하는 노래말이 있으니 이러하다.

　산에는 꽃이 피었네! 꽃이 피었네
　지난해 만 그루 심었고 금년에도 만 그루 심었다네
　봄이 찾아와 불함산에 꽃이 온통 붉게 피었네
　천신을 섬기고 태평세월 즐겨 보세.

　애환가愛桓歌 가사에는 매년 식목植木 행사를 했다는 기록이 있다. 무궁화 나무는 수명이 짧아 평균40~50년 정도이다. 물론 강원도 강릉 방동리 천연기념물 제520호로 지정된 100년 넘은 무궁화도 있지만 평균은 50여 년이다. 수명이 짧아 매년 심는 행사가 필요한 것이 아니었나 생각된다. 또한 온통 붉게 피었다는 기록은 적단심계 무궁화꽃으로 사료된다.

⑩ ≪시경詩經≫ 순화舜華 기록

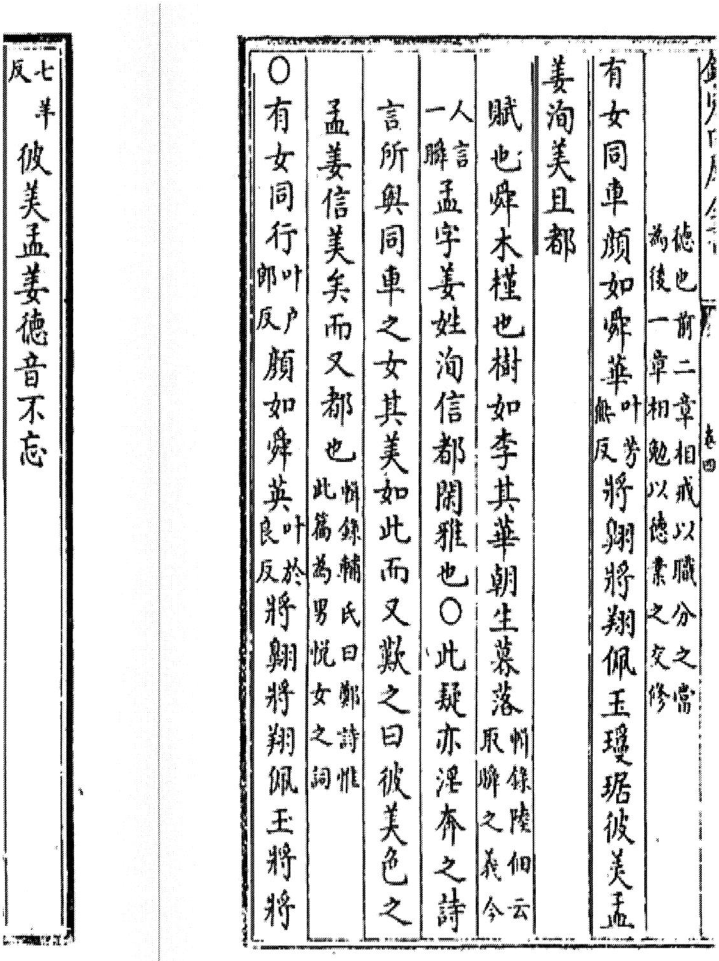
德也前二章相戒以職分之當為後一章相勉以德業之交修

有女同車顔如舜華(叶芳無反)將翱將翔佩玉瓊琚彼美孟姜洵美且都

賦也舜木槿也樹如李其華朝生暮落(附錄陸佃云取瞬之義今人言一瞬)孟字姜姓洵信都閑雅也○此疑亦淫奔之詩言所與同車之女其美如此而又歎之曰彼美色之孟姜信美矣而又都也(附錄輔氏曰鄭詩惟此篇為男悅女之詞)

○有女同行(叶户郎反)顔如舜英(叶於良反)將翱將翔佩玉將將(七羊反)彼美孟姜德音不忘

[그림 132] ≪흠정사고전서欽定四庫全書≫≪시경소의회통권사詩經疏義會通卷四≫≪시경詩經≫〈정풍鄭風〉유녀동거有女同車) 자료

有女同車 顏如舜華 將翱將翔
유 녀 동 거 안 여 순 화 장 고 장 상

佩玉瓊琚 彼美孟姜 洵美且都
패 옥 경 거 피 미 맹 강 순 미 차 도

有女同行 顏如舜英 將翱將翔
유 녀 동 행 안 여 순 영 장 고 장 상

佩玉將將 彼美孟姜 德音不忘
패 옥 장 장 피 미 맹 강 덕 음 불 망

[해석解釋]

　함께 수레를 탄 여인이 있어 얼굴이 무궁화꽃처럼 고와라! 왔다 갔다 거닐면 차고 있는 패옥이 눈부시도다. 저 아름다운 강씨 집 맏딸이여! 진실로 아름답고 어여쁘구나!

　함께 동행하는 여인이 있어 얼굴이 무궁화꽃처럼 고와라! 왔다 갔다 거닐면 차고 있는 패옥이 찰랑 찰랑대니 저 아름다운 강씨 집 맏딸이여! 정다운 그 소리 잊지 못하여라!

　≪시경詩經≫은 중국에서 가장 오랜된 시집으로 주周나라 초기(BC 1046)부터 춘추春秋 초기 시대까지 민간에서 불리던 민요民謠와 송가頌歌를 기록한 것이다. ≪시경≫〈정풍鄭風〉의 '유녀동거有女同車' 노래에 무궁화꽃 기록이 있다. 순화舜華, 순영舜英은 무궁화꽃 이름이다. 민간에서 불리던 노래속에 무궁화꽃은 아름다움의 상징으로 비유되고 있다.

⑪ ≪고운선생문집≫ 근화향槿花鄉 기록

　신라 효공왕(897년)이 문장가 고운 최치원孤雲 崔致遠에게 작성시켜 당나라에 보낸 국서國書 가운데 "근화향槿花鄕 : 무궁화의 나라. 신라를 일컬음)은 겸양하고 자중하지만, 호시국楛矢國, 발해는 강폭함이 날로 더해간다."고 한 것이 있다. ≪고운선생 문집孤雲先生文集≫ 권 1, 〈사불허북국거상표謝不許北 國居上表〉에 있는 기록이다.

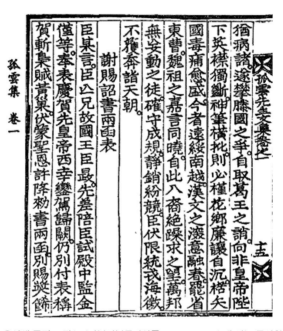

[그림 133] ≪고운선생 문집≫ 권1, 〈사불허북국거상표謝不許北國居上表〉에 있는 근화향槿花鄕 기록

[원문原文]

向非 皇帝陛下 英襟獨斷。 神筆橫批
향 비 황 제 폐 하　 영 금 독 단　　 신 필 횡 비

則必槿花鄕 廉讓自沈。 楛矢國毒痛愈盛
즉 필 근 화 향 염 양 자 침　 호 시 국 독 부 유 성

[해석解釋]

　만약에 황제 폐하께서 홀로 영단英斷을 내려 신필神筆로 거부하는 비답을

내리시지 않았던들 필시 근화향槿花鄉의 나라, 즉 무궁화의 나라인 신라는 염치와 겸양 정신은 자연히 시들해졌을 것이요, 호시국楛矢國, 발해의 독기와 심술은 더욱 기승을 부리게 되었을 것입니다.

≪고운선생 문집≫ 권1, 〈사불허북국거상표謝不許北國居上表〉에 나와 있는 기록이다. 신라 효공왕(897년)때 기록으로 보아 무궁화를 근화槿花라 하였음을 확인할 수 있다. 또한 자신의 나라인 신라를 무궁화꽃 본향의 나라라고 칭한 것은 오랜 역사성을 상징하는 것이다.

통일신라 이후 한민족은 고려와 조선으로 이어지고 있다. 고려와 조선의 여러 사서와 서책에도 많은 무궁화 관련 기록들이 전해 지고 있다. 이처럼 유구한 역사를 같이한 구환족의 국화인 환화桓花, 즉 무궁화의 전통을 계승 발전시켜야 할 것이다.

⑫ 무궁화 기록의 의미

무궁화無窮花는 다른 꽃들과는 다르게 많은 이름을 가지고 있다. 이는 무궁화가 유구한 역사를 가지고 있다는 의미이다. 구환족 백성들은 나라꽃 무궁화를 환국桓國의 꽃 환화桓花라 불렀으며, 단군조선시대에는 근수槿樹, 천지화天指花, 훈화薰花라고 불렀으며, 신라시대에는 근화槿花, 조선시대에는 무궁화라고 하였다.

중국 지역은 무궁화를 ≪산해경≫ 훈화초薰華草 기록처럼 훈화초라고 불렀으며, ≪시경≫ 〈정풍鄭風〉의 '유녀동거有女同車' 노래에 '안여순화顔如舜華와 안여순영顔如舜英'으로 기록[45]하고 있다. 순화舜華는 '무궁화 순舜', '꽃 화華'

---

[45] ≪합본 사서오경合本 四書五經≫ 유정기, 태평양출판공사, 1983년, ≪시경≫ 〈정풍〉 437쪽 인용

로 무궁화꽃이며, 순화舜花로도 불리고 있다. 현재는 목근木槿, 목근화木槿花, 근화槿花로 사용하고 있다.

유구한 9,000년의 역사와 더불어 한민족과 함께 해온 우리나라 꽃 무궁화. 우리의 삶의 터전이 환국 천산天山에서 신시배달국神市倍達國 태백산太白山으로, 단군조선의 송화강, 백악산, 장당경 아사달로 이동할 때도 나라꽃의 전통은 계승되어 오늘날의 국화國花가 되었다. 무궁화의 전통은 역사에서 민족사와 함께 가르쳐야 할 중요한 역사적 사실이다.

참고문헌

〈원전原典〉

- ≪환단고기(桓檀古記)≫, 광오이해사, 1979년
- ≪환단고기(桓檀古記)≫, 배달의숙, 1983년
- ≪환단고기(桓檀古記)≫현토원본, 상생출판, 2010년
- ≪삼국유사(三國遺事)≫〈파른본〉
- ≪삼국유사(三國遺事)≫〈정덕본〉
- ≪삼국사기(三國史記)≫
- ≪제왕운기(帝王韻紀)≫
- ≪규원사화(揆園史話)≫
- ≪응제시주(應製詩註)≫
- ≪조선왕조실록(朝鮮王朝實錄)≫
- ≪세종실록지리지(世宗實錄地理志)≫
- ≪동사보유(東史補遺)≫
- ≪부도지(符都誌)≫
- ≪동국통감(東國通鑑)≫
- ≪동국사략(東國史略)≫
- ≪해동역사(海東繹史)≫
- ≪신증동국여지승람(新增東國輿地勝覽)≫
- ≪약천집(藥泉集)≫

- ≪풍암집화(楓巖輯話)≫
- ≪수산집(修山集)≫
- ≪유헌집(游軒集)≫
- ≪해동악부(海東樂府)≫
- ≪고려사(高麗史)≫
- ≪고운집(孤雲集)≫
- ≪한석봉천자문(韓石峯千字文)≫
- ≪해동지도(海東地圖)≫
- ≪신단민사(神檀民史)≫
- ≪사기(史記)≫
- ≪상서대전(尙書大傳)≫
- ≪삼국지(三國志)≫
- ≪진서(晉書)≫
- ≪한서(漢書)≫
- ≪후한서(後漢書)≫
- ≪요사(遼史)≫
- ≪장자(莊子)≫
- ≪사기색은(史記索隱)≫
- ≪대만교육부이체자자전(臺灣敎育部異體字字典)≫
- ≪금석문자변이(金石文字變異)사전≫
- ≪강희자전(康熙字典)≫
- ≪신당서(新唐書)≫
- ≪화한삼재도회(和漢三才圖會)≫
- ≪흠정서역동문지(欽定西域同文志)≫
- ≪한서역제국도(漢西域諸國圖)≫
- ≪중국도(中國圖)≫

- ≪대청광여도(大淸廣輿圖)≫
- ≪최신중화형세(最新中華形勢)≫
- ≪대명구변만국인적노정전도(大明九邊萬國人跡路程全圖)≫
- ≪청고지도(淸古地圖)≫
- ≪가욕관외진적이리합도(嘉峪關外鎭迪伊犁合圖)≫
- ≪증보청국여지전도(增補淸國輿地全圖)≫
- ≪광여도(廣輿圖)≫
- ≪청국지지(淸國地誌)≫
- ≪산해경(山海經)≫
- ≪신이경(神異經)≫
- ≪경판천문전도(京板天文全圖)≫
- ≪포박자(抱朴子)≫
- ≪초학기(初學記)≫
- ≪전운옥편(全韻玉篇)≫
- ≪동삼성(東三省)지도≫
- ≪만한신도(滿韓新圖)≫
- ≪우공구주산천지도(禹貢九州山川之圖)≫
- ≪동아대륙도(東亞大陸圖)≫
- ≪중화인민공화국지도집(中華人民共和國地圖集)≫
- ≪서인도 제도의 역사(Historia de las Indias)≫
- ≪대한성서공회 공동번역성경≫
- ≪사서오경(四書五經)≫

〈단행본〉

- 김원중, ≪삼국유사(三國遺事)≫, 민음사, 2007년
- 김경수, ≪제왕운기(帝王韻紀)≫, 역락, 1999년

- 민영순, ≪규원사화(揆園史話)≫, 다운샘, 2008년
- 안경전, ≪환단고기(桓檀古記)≫, 상생출판, 2012년
- 이강식, ≪환국, 신시, 고조선조직사≫, 상생출판, 2014년
- 김은수, ≪부도지(符都誌)≫, 한문화, 1986년
- 윤치원, ≪부도지(符都誌)≫, 대원출판, 2002년
- 임승국, ≪한단고기≫, 정신세계사, 1986년
- 전형배, ≪환단고기≫, 코리언북스, 1998년
- 이일봉, ≪실증한단고기≫, 정신세계사, 1998년
- 한재규, ≪만화한단고기1,2,3≫, 북캠프, 2003년
- 문재현, ≪환단고기≫, 바로보인, 2005년
- 고동영, ≪환단고기≫, 한뿌리, 2005년
- 고동영, ≪신단민사(神檀民史)≫, 한뿌리, 1986년
- 고동영, ≪단기고사(檀奇古史)≫, 한뿌리, 1986년
- 양태진, ≪환단고기≫, 예나루, 2009년
- 김은수, ≪환단고기≫, 가나출판사, 1985년
- 이중재, ≪상고사의 새발견≫, 동신출판사, 1994년
- 이민수, ≪환단고기≫, 한뿌리, 1986년
- 김영돈, ≪홍익인간과 환단고기≫, 유풍출판사, 1995년,
- 지승, ≪우리상고사기행≫, 학민사, 2012년
- 태산, ≪금문신고 1권~7권(金文新考)≫, 미래교류, 2011년
- 신용우, ≪환단고기를 찾아서 1권~3권≫, 작가와 비평, 2013년
- 郭沫若, ≪中國史稿地圖集≫上,下册 中國地圖出版社, 1996년
- 정현진, ≪천년왕국 수시아나에서 온 환웅≫, 일빛. 2006년
- 손성태, ≪아즈텍의 역사, 제도, 풍습 및 지명에 나타나는 우리말연구(라틴아메리카연구)≫, 배재대학교, 2009년
- 한창건, ≪석가모니는 단군족이었다≫, 홍익출판기획, 2003년

- 신유승, ≪갑골문자로 푼 신비한 한자≫, 성채출판사, 2008년
- 정재승, ≪바이칼 한민족의 시원을 찾아서≫, 정신세계사, 2003년
- 이규태, ≪실크로드를 따라 성자의 발길따라≫, 동광출판사, 1985년
- 박창범, ≪하늘에 새긴 우리역사≫, 김영사, 2002년
- 이문영, ≪만들어진 한국사≫, 파란미디어, 2010년
- 기세춘, ≪장자(莊子)≫, 바이북스, 2006년
- ≪동아일보≫, 朝鮮史槪講, 1923.10.01
- ≪동아일보≫, 壇君論, 1926.05.06
- ≪동아일보≫, 초원실크로드 대조사, 1991.06.22
- ≪동아일보≫, 다시 보는 한국역사⟨7⟩, 2007.05.19
- ≪매일경제신문≫, 기원전4~5C 유물, 1990.04.18
- ≪EBS≫, 위대한 바빌론, 2013년
- 김지선, ≪신이경(神異經)≫, 지만지고전천줄, 2008년
- 성삼제, ≪고조선 사라진 역사≫, 동아일보사, 2005년
- 장진근, ≪만주원류고≫, 파워북, 2008년
- 한창건, ≪환국배달조선사신론≫, 홍익출판기획, 2012년
- 이찬등 8명 ≪사회과부도≫, 교학사, 1983년
- 도면회 등 7명, ≪고등학교 한국사≫, 비상교육, 2010년
- 張金奎, ≪흉노제국이야기≫, 아이필드, 2010년
- 박시인, ≪알타이신화≫, 청노루, 1994년
- 김영주, ≪단군조선사≫, 대원출판, 1987년
- 박문기, ≪대동이1≫, 정신세계사, 1987년
- 박문기, ≪대동이1≫, 정신세계사, 1988년
- 박문기, ≪숟가락≫, 정신세계사, 1999년
- 박문기, ≪맥이≫, 정신세계사, 1996년
- 이영희, ≪노래하는 역사≫, 조선일보사, 1994년

- 블라지미르, ≪알타이의 제사유적≫, 학연문화사, 1999년
- 블라지미르, ≪알타이의 암각예술≫, 학연문화사, 2003년
- 몰로딘, ≪고대알타이의 비밀≫, 학연문화사, 2000년
- 데레비안코, ≪알타이의 석기시대 사람들≫, 학연문화사, 2003년
- 김용만, ≪고구려의 발견≫, 바다출판사, 1998년
- 신채호, 조선상고사, 비봉출판사, 2006년
- 장 보테로, ≪메소포타미아≫, 시공사, 1998년
- 허대동, ≪고조선 문자≫, 경진, 2011년
- 허대동, ≪고조선 문자2≫, 경진, 2013년
- 양종현, ≪백년의 여정≫, 상생출판, 2009년
- 이병도, 최태영, ≪한국상고사입문≫, 고려원, 1989년
- 이송은, ≪중국환상세계≫, 들녘, 2000년
- 김경묵, ≪이야기 세계사≫, 청아출판사, 2002년
- 이도학, ≪한국고대사 그 의문과 진실≫, 김영사, 2001년
- 데이비드 롤, ≪문명의 창세기≫, 해냄출판사, 1999년
- 今書龍, ≪檀君考≫, 近澤, 1929년
- 今書龍, ≪朝鮮古史の硏究≫, 國書刊行會, 1937년
- 한창건, ≪한국고대사발굴≫, 홍익출판기획, 2013년
- 류부현, ≪삼국유사의 교감학적 연구≫, 한국학술정보, 2007년
- 시오노 나나미 ≪로마 멸망 이후의 지중해 세계≫, 한길사, 2009년
- 朱學淵, ≪비교언어학으로 밝혀낸 중국 북방민족들의 원류≫, 우리역사 연구재단, 2009년
- 강희남, ≪새번역 환단고기≫, 법경원, 2008년
- 서완석, ≪환단고기의 진실성입증≫, 샘, 2009년
- Hausdorf, Hartwig, ≪The Chinese Roswell≫, New Paradigm Books, 1998년

- 필립코펜스, ≪사라진 고대 문명의 수수께끼≫ 이종인 옮김, 책과 함께, 2014년
- http://www.bosniapyramid.com 홈페이지
- 최용범, ≪하룻밤에 읽는 한국사≫, 중앙M&B출판㈜, 2001년
- 정형진, ≪신라왕족≫, 일빛, 2005년
- 이정민, ≪중앙아시아 육로여행 내가 꿈꾸는 그곳≫, 이담, 2012년